Pretty Little

SARA SHEPARD

Pretty Little Liars 3

PERFECTIE

the house of books

Oorspronkelijke titel
Perfect

Oorspronkelijke uitgave
HarperCollins

Vertaling
Willeke Lempens

Vormgeving omslag
Studio Marlies Visser

Omslagbeeld
Getty Images

Opmaak binnenwerk
ZetSpiegel, Best

ISBN 978 90 443 3627 6
NUR 284/285
D/2008/8899/95

www.thehouseofbooks.com

Voor Ali

Zoekt en gij zult vinden – wat niet gezocht wordt, zal onontdekt blijven.

Sophocles

HOU JE VRIENDEN IN DE BUURT...

Is het jou weleens overkomen dat een vriend of vriendin zich tegen je keerde? Totaal veranderde – van iemand die je dacht te kennen, in iemand... anders? En dan bedoel ik niet een vriendje van de kleuterschool, dat groter en slungelig en lelijk en puisterig wordt; of een vriendinnetje van zomerkamp, met wie je niets meer hebt als ze in de kerstvakantie komt logeren; nee, zelfs niet zo'n meid die zich losmaakt uit jullie clubje, om gothic te worden of zo'n muesli-etend 'de-paden-op-de-lanen-in'-typje. Nee, dan bedoel ik je hartsvriendin – degene van wie jij alles weet en die alles van jou weet. Op een dag verandert ze ineens... in een volkomen ander iemand.

Nou, dat soort dingen gebeuren. In Rosewood bijvoorbeeld.

'Pas maar op, Aria. Straks blijft je gezicht nog zo staan!' Spencer Hastings trok het papier van een sinasijsje en stak het in haar mond. Ze doelde op het dronkenpiratengezicht dat haar vriendin Aria Montgomery trok, terwijl ze haar Sony Handycam probeerde scherp te stellen.

'Je lijkt mijn moeder wel, Spence,' lachte Emily Fields, frunnikend aan haar T-shirt. Er stond een plaatje van een kuiken met een duikbril op en de tekst: *Instant Swim Chick: just add water!* Haar vriendinnen hadden haar eigenlijk verboden in dit soort belachelijke shirts rond te lopen. 'Instant zwemgek: slechts loser toevoegen!' had Alison DiLaurentis gegrapt toen Emily binnenkwam.

'Roept die van jou dat ook altijd?' vroeg Hanna Marin, terwijl ze het vlekkerige stokje van haar ijsje weggooide. Hanna at altijd sneller dan de rest. 'Straks blijft je gezicht nog zo staan,' bootste ze haar eigen moeder na.

Alison bekeek haar van top tot teen en grinnikte toen: 'Je moeder had je beter kunnen waarschuwen dat je kónt zo zou blijven!'

Hanna's gezicht betrok. Ze trok snel aan het roze-wit gestreepte T-shirt dat ze van Ali had geleend, en dat maar bleef opkruipen en een witte streep buik liet zien. Alison tikte met haar teenslipper tegen Hanna's been. 'Geintje!'

Het was een vrijdagavond in mei, aan het eind van de brugklas. De vriendinnen Alison, Hanna, Spencer, Aria en Emily hadden zich verzameld in de chique woonkamer van Spencers ouders. Op de salontafel stond een doos ijslolly's, een grote fles Dr. Pepper Cherry-Vanilla-light en al hun mobieltjes lagen er bij elkaar. Toen Ali een maand geleden met een gloednieuw LG-klaptelefoontje op school was verschenen, waren de anderen nog dezelfde dag naar de winkel gerend om er net zo een te kopen. En ze hadden er ook allemaal – net als Ali – een roze leren hoesje omheen. Behalve Aria. Haar hoesje was van roze mohair: zelf gebreid.

Aria stoeide wat met de zoomknop van de camera. 'Ach, mijn gezicht blijft heus niet zo staan. Ik ben me gewoon aan het concentreren. Dit wordt voor de eeuwigheid, hoor: voor als we beroemd zijn!'

'Nou, we weten allemaal dat ík dat ab-so-luut word,' zei Alison. En ze trok haar schouders naar achteren en draaide haar hoofd, om haar zwanenhals goed te laten uitkomen.

'Waarmee word jij beroemd dan?' zei Spencer uitdagend – en hatelijker dan ze waarschijnlijk bedoelde.

'O, gewoon. Ik krijg mijn eigen programma: als een slimmere, knappere versie van Paris Hilton.'

Spencer snoof. Maar Emily tuitte peinzend haar bleke lippen en

Hanna knikte vol overtuiging. Hé, dit was immers Ali: die bleef heus niet hangen in Rosewood, Pennsylvania! Ook al barstte Rosewood naar de meeste maatstaven van de glamour – alle inwoners leken wel figuranten in een fotosessie voor de *Town & Country* – iedereen wist dat Ali nog iets grootsers te wachten stond.

Nog maar anderhalf jaar geleden had ze hun aan de vergetelheid ontrukt, om hun beste vriendin te worden. En met Ali aan hun zij waren ze dé meiden van Rosewood Day geworden, de privéschool die ze allen bezochten. Ze hadden nu vreselijk veel macht: zíj bepaalden wie er cool was en wie niet, zíj gaven de mooiste feesten, zíj pikten de beste plekjes in de studiezaal in, zíj waren kandidaat voor de leerlingenraad en wonnen vervolgens met een overweldigend aantal stemmen... Nou ja, dat laatste gold natuurlijk alleen voor Spencer. Jazeker, afgezien van een paar merkwaardige wendingen – en het per ongeluk blind maken van Jenna Cavanaugh, iets waar ze allemaal met enorm veel moeite níét aan probeerden te denken – was hun leven compleet veranderd: van acceptabel in perfect...

'Zullen we een talkshow doen?' stelde Aria voor. Zij had zichzelf benoemd tot officiële filmer van de vriendinnenclub – een van de vele dingen die zij later worden wilde, was namelijk de nieuwe Jean-Luc Godard, een of andere vage Franse regisseur. 'Ali, jij was beroemd en Spencer, jij was de interviewer.'

'O, en dan was ik de visagiste,' riep Hanna en ze begon meteen in haar rugzak te zoeken naar haar make-uptas van stipjesvinyl.

'En ik deed het haar!' Emily duwde een lok van haar roodblonde bob achter haar oren en wipte vlug naast Ali. 'Wat heb je toch schitterend haar, *chérie*,' zei ze met een nep-Frans accent.

Ali trok haar ijsje uit haar mond. 'Mmm... betekent *chérie* niet vriendinnetje?'

De anderen lachten, maar Emily trok bleek weg. 'Nee, dat is *petite amie*.' Ze was de laatste tijd nogal lichtgeraakt als Ali haar voor de gek hield – iets waar ze eerder nooit last van had gehad.

'Oké,' zei Aria, terwijl ze de camera op de juiste hoogte zette. 'Zijn jullie er klaar voor?'

Spencer plofte op de bank en zette een nepdiamanten tiara – nog van nieuwjaar of zo – op haar hoofd. Ze zat al de hele avond met dat ding te spelen.

'Die mag jij niet op!' beet Ali haar toe.

'O? Hoezo niet?' zei Spencer, terwijl ze de kroon recht zette.

'Daarom niet! Omdat ík hier de prinses ben.'

'En waarom mag jij altijd de prinses spelen?' bromde Spencer. De anderen reageerden een beetje nerveus. Spencer en Ali konden niet zo goed meer met elkaar overweg en niemand wist waarom.

Ali's mobieltje meldde zich. Ze stak haar hand ernaar uit, klapte het open en draaide zich om, zodat niemand kon meekijken. 'Ach, wat lief...' Haar vingers vlogen over de toetsen terwijl ze een sms'je terugstuurde.

'Wie sms je?' klonk Emily iel.

'Kan ik niet zeggen, sorry,' zei Ali, zonder op te kijken.

'Kún je niet zeggen?' deed Spencer verbolgen. 'Hoe bedoel je?'

Ali keek haar aan. 'Sorry, prinses, maar je hoeft niet álles te weten, hoor.' Toen klapte ze haar telefoontje weer dicht en legde het op de leren bank. 'Nog even wachten, Aria, ik moet plassen.' En ze vloog de woonkamer uit, naar het toilet op de gang, waarbij ze onderweg het stokje van haar ijsje in de prullenbak mikte.

Zodra ze de toiletdeur op slot hoorden draaien, opende Spencer haar mond: 'O, zou je haar soms niet willen vermóórden?'

De anderen schrokken zichtbaar. Zij gaven nooit af op Ali. Dat was net zo'n heiligschennis als de vlag van Rosewood Day midden op het schoolplein in de fik steken of toegeven dat je Johnny Depp ook weer niet zó'n stuk vond... maar eigenlijk best oud en eng.

O natuurlijk, diep vanbinnen dachten ze er weleens anders over. Ze hadden Ali dit voorjaar een stuk minder vaak gezien. Zij ging nu meer om met de highschoolmeiden van haar hockeyteam en vroeg Aria, Emily, Spencer en Hanna nooit om samen met hen te lunchen of te winkelen in de King James Mall.

En Ali was geheimen gaan krijgen: geheime sms'jes, geheime telefoontjes, geheim gegiechel over dingen die ze hun weigerde te vertellen. Soms zagen ze opeens dat Ali online was, maar als ze haar dan probeerden te msn'en, reageerde ze nooit.

En zij hadden nog wel hun hele ziel aan Ali blootgelegd! Ze hadden haar dingen verteld die de anderen niet mochten weten; dingen waarvan ze niet wilden dat ze werden ontdekt – in de verwachting dat zij hetzelfde zou doen. Want had Ali hun een jaar geleden, na het Voorval Met Jenna, niet laten beloven dat ze elkaar alles zouden vertellen – werkelijk alles – tot in de eeuwigheid?

Ze bedachten maar liever niet hoe het, als het zo doorging, straks in de tweede klas zou zijn. Maar dat betekende nog niet dat ze Ali haatten!

Aria draaide een lange, donkere haarlok om haar vingers en lachte nerveus. 'Nou... soms, omdat ze zo knap is.' Ze drukte op de aan-knop van de camera.

'Ja, en omdat ze maatje nul heeft,' voegde Hanna eraan toe.

'Ik bedoel maar!' riep Spencer. Ze gluurde naar Ali's mobieltje, dat tussen twee bankkussens in lag. 'Willen jullie haar sms'jes ook lezen?'

'Ikke wel,' fluisterde Hanna.

Emily stond op van de armleuning van de bank. 'Ik weet het niet, hoor...' zei ze, langzaam wegschuivend van het telefoontje – alsof het alleen al verdacht was dat ze er dichtbij zat.

Spencer pakte het ding en keek nieuwsgierig naar het lege schermpje. 'Ah, kom op! Willen jullie dan niet weten wie haar net sms'te?'

'Waarschijnlijk gewoon Katy,' fluisterde Emily. Katy was een van Ali's nieuwe hockeyvriendinnen. 'Leg 'm nou terug, Spencer!'

Maar Aria haalde haar camera van het statief en liep naar Spencer toe. 'Kom, we doen het gewoon.'

Ze kwamen allemaal om Spencer heen staan. Deze klapte het telefoontje open en drukte op een toets. 'Mmm... beveiligd.'

'Weet jij haar code?' vroeg Aria, al filmend.

'Wat dacht je van haar geboortedatum?' fluisterde Hanna. Ze nam de telefoon van Spencer over en drukte de cijfertjes in. Maar het scherm veranderde niet. 'Wat nu?'

Ze hoorden Ali's stem al voordat ze haar zagen. 'Wat doen jullie daar?'

Hanna gooide het telefoontje vlug terug op de bank en zette toen zo onverhoeds een stap achteruit dat ze tegen de salontafel knalde.

Ali stampte de woonkamer binnen; haar wenkbrauwen vormden een woeste V. 'Zaten jullie soms in mijn mobieltje te gluren?'

'Natuurlijk niet!' riep Hanna uit.

'Jawel,' gaf Emily toe en ze liet zich op de bank zakken en sprong toen meteen weer op. Aria schonk haar een waarschuwende blik en verstopte zich toen weer achter de lens van haar camera.

Maar Ali was alweer afgeleid. Spencers oudere zus Melissa, laatstejaars op de highschool, kwam vanuit de garage de keuken binnen – met aan haar arm een tasje van Otto, een afhaalrestaurant in de buurt, en achter haar haar verrukkelijke vriend, Ian. Ali rechtte haar rug; Spencer streek door haar blonde haar en zette haar tiara recht.

Ian stapte de woonkamer binnen. 'Ha meiden!'

'Hoi,' zei Spencer, net iets te enthousiast. 'Hoe is-ie, Ian?'

'Best,' zei Ian met een grijns. 'Leuke kroon!'

'Goh, dank je!' zei Spencer en ze knipperde een paar maal met haar koolzwarte wimpers.

Ali rolde met haar ogen. 'Kan het nog subtieler?' kreunde ze zacht.

Maar het was nu eenmaal moeilijk om níét op Ian te vallen, met zijn blonde krullen, perfecte spierwitte tanden en verrukkelijke blauwe ogen. En geen van hen was die voetbalwedstrijd al vergeten, waarbij hij halverwege van shirt was gewisseld en ze vijf glorieuze seconden lang zijn blote borstkas hadden kunnen bewonderen. En bijna iedereen was het erover eens dat Ians goddelijkheid totaal niet was besteed aan Melissa, die vreselijk preuts was en veel te veel op haar moeder probeerde te lijken.

Ian plofte op de bank naast Ali. 'Wat zijn jullie aan het doen?'

'O, niks bijzonders,' zei Aria, terwijl ze de camera bijstelde. 'We maken een film.'

'Een film?' zei Ian met een geamuseerde blik. 'Mag ik ook meedoen?'

'Natuurlijk,' zei Spencer vlug en ze plofte aan de andere kant van Ian neer.

Ian grijnsde recht in de camera. 'Nou, wat moet ik zeggen?'

'Eh, we doen een talkshow,' legde Spencer uit. Ze keek even naar Ali, om haar reactie te peilen, maar die liet niets blijken. 'Ik ben de gastvrouw; jij en Ali zijn mijn gasten. Ik zal jou eerst nemen.'

Toen Ali schamper snoof, werden Spencers wangen net zo knalroze als haar Ralph Lauren-T-shirt. Maar Ian reageerde niet op haar onbedoelde dubbelzinnigheid. 'Oké dan, barst maar los.' Spencer ging wat rechter zitten en sloeg haar gespierde benen over elkaar, als een echte talkshowpresentatrice. Toen pakte ze de roze microfoon van Hanna's karaokeapparaat en hield hem ter hoogte van haar kin. 'Welkom bij de Spencer Hastings Show! Voor mijn eerste vraag...'

'Vraag hem eens wie zijn lievelingsdocent op Rosewood is!' riep Aria.

Ali veerde op. 'Mmm, da's misschien juist een goeie vraag voor jóú, Aria. Vraag hem maar eens of hij het ook met een van zijn docenten zou willen aanleggen... op een lege parkeerplaats of zo...'

Aria's mond viel open. Hanna en Emily, die bij het dressoir stonden, keken elkaar niet-begrijpend aan.

'Ach, al mijn leraren zijn flut,' zei Ian traag, zich geheel onbewust van wat er speelde.

'Ian, kun je mij álsjeblieft even komen helpen?' riep Melissa vanuit de keuken, gevolgd door gerammel.

'Heel even nog!' riep Ian terug.

'Ian!' klonk het geërgerd.

'Ja, ik weet er een!' riep Spencer, terwijl ze haar lange blonde haren over haar schouders gooide. Ze genoot ervan dat Ian meer aandacht had voor haar dan voor Melissa. 'Wat wil je het liefst als afstudeercadeau?'

'Ian!' siste Melissa met opeengeklemde kaken. Spencer wierp door de dubbele keukendeur een blik op haar zus. Het lampje van de koelkast wierp een spookachtige schaduw op haar gezicht. 'Ik... heb... je... hier... nodig!'

'Ja, ja, rustig maar,' antwoordde Ian en hij negeerde haar weer. 'Eh, ik zou heel graag leren basejumpen.'

'Basejumpen?' riep Aria. 'Wat is dat nou weer?'

'Met een parachute van een hoog gebouw springen,' legde Ian uit.

Toen hij begon te vertellen over Hunter Queenan, een van zijn vrienden die het weleens had gedaan, bogen de meiden gretig naar hem toe. Aria zoomde in op zijn kaaklijn, die wel uit steen gehouwen leek. Even flitste haar blik naar Ali, die naast Ian voor zich uit zat te staren. Verveelde ze zich soms? Ze had zeker wat beters te doen: dat sms'je ging natuurlijk over een of ander spannend plan met haar oudere vriendinnen.

Toen keek Aria weer naar Ali's mobieltje, op het kussen naast haar arm. Wat hield ze toch voor hen verborgen? Wat voerde ze in haar schild?

Zou je haar soms niet willen vermóórden? Terwijl Ian maar doorkletste, echode die vraag van Spencer door Aria's hoofd. Diep vanbinnen wist ze dat ze er allemaal zo over dachten: dat het misschien beter was als Ali gewoon ineens... weg was... in plaats dat ze hen langzaam liet stikken.

'Volgens Hunter geeft basejumpen een ongelooflijke kick,' eindigde Ian. 'Beter dan wat dan ook... ínclusief seks.'

'Ian!' siste Melissa nu waarschuwend.

'Wauw, klinkt geweldig,' zei Spencer en ze keek om Ian heen naar Ali. 'Vind je ook niet?'

'Jazeker,' zei Ali met een slaperige blik (ze leek wel in trance of zo). 'Geweldig.'

De rest van die week was één drukte geweest: toetsen, feestjes plannen, nog wat samen kletsen, nog wat meer spanningen. En toen, op de avond van de laatste dag van de brugklas, was Ali verdwenen. Zomaar. De ene minuut was ze er nog, de andere... weg.

De politie zocht heel Rosewood af naar aanwijzingen. De vier meiden werden apart van elkaar verhoord. Er werd hun gevraagd of Ali zich soms vreemd had gedragen, of er onlangs iets ongewoons was gebeurd. Ze hadden allemaal lang en diep nagedacht. Die avond van haar verdwijning was wel vreemd geweest, ja. Ali had hen allemaal gehypnotiseerd en was de woonschuur uit gerend nadat zij en Spencer een stomme ruzie hadden gekregen over de gordijnen... om nooit meer terug te keren. Maar waren er nog meer vreemde avonden geweest? Ze dachten allemaal even aan die avond dat ze Ali's inbox hadden proberen te kraken, maar verwierpen hem meteen weer. Zodra Ian en Melissa waren vertrokken, had Ali weer normaal gedaan. Ze hadden een danswedstrijd gehouden en met Hanna's karaokeapparaat gespeeld en waren Ali's mysterieuze sms'jes helemaal vergeten.

Vervolgens vroeg de politie of ze dachten dat iemand uit Ali's omgeving haar iets zou willen aandoen. Hanna, Aria en Emily hadden allemaal aan hetzelfde gedacht: Spencer die bromde: Zou je haar soms niet willen vermóórden? Maar nee: dat was een grapje geweest. Toch?

'Nee, er was niemand die Ali iets wilde aandoen,' zei Emily, terwijl ze de ongerustheid in haar hoofd probeerde weg te duwen.

'Absoluut niet,' antwoordde ook Aria, terwijl haar blik die van de potige agent naast haar op de schommelbank ontweek.

'Ik geloof van niet,' zei Hanna, terwijl ze aan het lichtblauwe armbandje frunnikte dat Ali na Jenna's ongeluk voor hen allemaal had gemaakt. 'Ali had met niet zoveel mensen een sterke band. Alleen met ons. En wij waren allemaal stapelgek op haar.'

Oké, Spencer leek boos op Ali te zijn. Maar waren ze dat diep vanbinnen niet allemaal? Ali was perfect – mooi, slim, sexy, onweerstaanbaar – en zij was bezig hen te dumpen. Misschien haatten ze haar daar wel om. Maar dat wilde nog niet zeggen dat ze haar daarom weg wensten!

Maar toch, het is gek wat je allemaal over het hoofd ziet – al ligt het vlak voor je.

1

SPENCERS INSPANNINGEN WORDEN BELOOND

Spencer Hastings zou op een maandagochtend om halfzeven eigenlijk nog lekker in bed moeten liggen. Ze zat echter in de blauw-groene wachtkamer van een therapeut – en voelde zich een beetje alsof ze in een aquarium zat. Haar oudere zus Melissa zat op een smaragdgroene stoel tegenover haar. Zij keek even op van haar lesboek *Grondbeginselen der opkomende markten* – Melissa deed de opleiding Bedrijfskunde aan de universiteit van Pennsylvania – en schonk Spencer een moederlijke glimlach.

'Ik voel me veel helderder sinds ik bij dokter Evans kom,' murmelde Melissa, die na Spencer aan de beurt was. 'Ik weet zeker dat jij haar ook zult mogen. Ze is ongelooflijk.'

Dát was me allang duidelijk, dacht Spencer hatelijk; iedereen die een heel uur onafgebroken naar Melissa kon luisteren, was ongelooflijk.

'Maar voor jou is ze misschien wel wat heftig, Spence,' waarschuwde haar zus, terwijl ze haar boek dichtklapte. 'Ze gaat je van alles over jezelf vertellen, dingen die je misschien helemaal niet horen wilt.'

Spencer ging wat verzitten. 'Ik ben geen zes meer, hoor! Ik kan heus wel tegen een beetje kritiek.'

Melissa trok één wenkbrauw op, om te laten zien dat ze zich dat ten zeerste afvroeg. Spencer verstopte zich maar achter het tijdschrift *Philadelphia* en vroeg zich af waarom ze hier ook alweer zat. Haar moeder, Veronica, had voor haar een afspraak gemaakt bij een therapeut (die van Melissa dus), nadat Spencers vroegere vriendin Alison DiLaurentis dood was gevonden en Toby Cavanaugh zichzelf van het leven had beroofd. Maar Spencer verdacht haar ervan dat deze afspraak tevens was bedoeld om uit te vinden waarom zij haar zus' vriendje, Wren, had versierd. Ze voelde zich prima. Heus. En was naar de therapeut van je ergste vijand gaan, niet net zoiets als de plastisch chirurg van een lelijkerd bezoeken? Ze vreesde dan ook dat ze haar allereerste therapiesessie zou verlaten met het geestelijk equivalent van afzichtelijke nepborsten...

Op dat moment zwaaide de deur open en stak een tengere blondine met een schildpadbril, een zwarte broek en een zwarte tuniek haar hoofd om de hoek.

'Spencer?' zei de vrouw. 'Ik ben dokter Evans. Kom erin.'

Spencer stapte de spreekkamer binnen. Deze was licht, schaars gemeubileerd en leek gelukkig in niets op de wachtkamer. Ze zag een zwartleren bank, een grijze suède stoel en op een groot bureau stonden een telefoon, een chroomkleurige lamp met een kromme hals, een stapel bruinpapieren mappen en zo'n drinkend vogeltje met een gewichtje eraan dat meneer Craft, haar aardrijkskundeleraar, beslist leuk zou vinden. Dokter Evans zette zich in de suède stoel en gebaarde dat Spencer op de bank mocht gaan zitten.

'Zo,' zei de dokter toen, 'ik heb al heel veel over jou gehoord.'

Spencer trok haar neus op en wierp een vluchtige blik richting wachtkamer. 'Van Melissa zeker.'

'Nee, van je moeder.' Dokter Evans sloeg een rood notitieblok open. 'Volgens haar heb jij in je leven nogal wat meegemaakt, zeker de laatste tijd.'

Spencer concentreerde zich op de bijzettafel naast de bank. Op het tafeltje stonden een schaal met snoepjes, een doos Kleenex – natuurlijk – en zo'n IQ-spelletje waarbij je steeds over een pennetje heen moest springen tot je er nog maar eentje over had. Thuis hadden ze er precies zo eentje gehad. Toen Ali en zij het een keer samen hadden opgelost, dachten ze dat ze geniaal waren. 'Ach, ik geloof dat ik het wel red,' mompelde ze. 'Ik ben niet van plan om zelfmoord te plegen of zoiets.'

'Een goede vriendin van je is overleden; een buurmeisje zelfs. Dat kan toch niet makkelijk zijn?'

Spencer legde haar hoofd tegen de rugleuning van de bank en keek omhoog. Het plafond was zo bobbelig gepleisterd dat het wel een puber met acne leek. Misschien moest ze inderdaad eens met iemand praten – thuis kon ze immers niets kwijt over Ali, Toby of die enge berichten die ze steeds kreeg van die akelige stalker, die zich simpelweg 'A' noemde. En haar oude vriendinnen ontliepen haar ook al sinds ze had bekend dat Toby al die tijd had geweten dat zij degenen waren die zijn stiefzus Jenna blind hadden gemaakt – iets wat ze drie lange jaren voor hen had verzwegen.

Maar Toby's zelfmoord was alweer drie weken geleden en er was bijna een maand verstreken sinds die bouwvakkers Ali's lichaam hadden opgegraven. Ze kon er al een stuk beter mee omgaan – vooral omdat A eindelijk was verdwenen: ze had niets meer van hem of haar vernomen sinds Foxy, Rosewoods grote liefdadigheidsbal. In het begin had dat zwijgen haar nog nerveus gemaakt – misschien was het wel de stilte voor de storm – maar hoe meer tijd eroverheen ging, hoe meer ze begon te ontspannen. Haar gemanicuurde nagels hadden zich losgemaakt uit de muis van haar hand, ze sliep weer met haar bureaulamp uit, voor haar laatste wiskundeproefwerk had ze een 10 gekregen en voor een essay over Plato's *Republiek* een 9. Haar breuk met Wren – die haar had gedumpt voor Melissa (die hem op haar beurt weer had gedumpt) – deed al niet meer zoveel pijn en thuis was iedereen weer even afwezig als altijd. Ja, zelfs het feit dat Melissa bij hen logeerde zolang een legertje werklui haar huis in het centrum van Philly opknapte, was bijna draaglijk.

Misschien was de nachtmerrie wel voorbij.

Spencer wiebelde met haar tenen in haar kniehoge laarzen van bruingeel geitenleer. Ze voelde zich eigenlijk best op haar gemak bij dokter Evans, maar vroeg zich af of ze haar ook over A moest vertellen. Want waarom zou ze daarmee op de proppen komen, terwijl A net uit haar leven was verdwenen?

'Nee nee, zeker niet. Maar Alison was al jaren vermist; mijn leven heeft intussen niet stilgestaan,' antwoordde ze ten slotte. Misschien begreep dokter Evans wel dat ze geen zin had om te praten en zou ze de sessie eerder afbreken.

De dokter maakte een notitie; Spencer vroeg zich af waarover. 'Ik heb ook gehoord dat er tussen jou en je zus iets was met een vriendje.'

Spencers nekharen kwamen overeind toen ze dacht aan Melissa's verdraaide versie van het Wren-debacle. Daarin lag zij vast in Melissa's bed slagroom van Wrens blote buik te likken, terwijl haar zus machteloos moest toekijken. 'O, dat stelde niet zoveel voor,' bromde ze.

Dokter Evans liet haar schouders zakken en schonk Spencer net zo'n 'mij-hou-je-niet-voor-de-gek-hoor'-blik als haar moeder altijd gebruikte. 'Hij had eerst verkering met je zus, is het niet? En jij ging achter haar rug met hem om?'

Spencer klemde haar tanden op elkaar. 'Ja, ja, ik weet dat ik fout zat. Oké? Ik hoef niet nóg een preek!'

Dokter Evans keek haar recht in de ogen. 'Nee hoor, ik ga je helemaal geen preek geven. Misschien...' zei ze, met haar vinger tegen haar wang, 'misschien had jij er wel je redenen voor.'

Spencers ogen werden wijd. Hoorde ze dat nu goed? Suggereerde dokter Evans werkelijk dat zij niet honderd procent schuldig was? Mmm, misschien was die 175 dollar toch niet zo godgeklaagd voor een uurtje therapie...

'Doen jij en je zus eigenlijk weleens wat samen?' vroeg de dokter na een korte stilte.

Spencer stak haar hand uit naar de snoepjesschaal en pakte een Hershey's Kiss. Ze trok het zilverpapiertje er in één lange krul vanaf, kneep het samen en stopte het snoepje in haar mond. 'Nee, nooit. Alleen als onze ouders erbij zijn – maar dan praat Melissa dus nooit tegen mij. Dan schept ze alleen maar op over wat ze allemaal heeft gedaan en zaagt maar door over die dodelijk saaie verbouwing van haar.' Spencer keek dokter Evans recht aan. 'Ik denk dat u ook wel weet dat mijn ouders een huis in de Old City voor haar hebben gekocht – voor het behalen van haar collegediploma.'

'Ja, dat weet ik.' Dokter Evans strekte haar armen boven haar hoofd en twee ronde zilveren armbanden schoven richting haar elleboog. 'Fascinérend onderwerp!'

En toen... gaf ze Spencer een knipoog.

Spencers hart sloeg een slag over. De voors en tegens van sisal of jute konden dokter Evans dus ook niet boeien. Yes!

Ze praatten nog een tijdje en Spencer genoot er steeds meer van, totdat dokter Evans op de klok boven haar bureau wees (met een afbeelding van Salvador Dalí's beroemde smeltende uurwerken), ten teken dat haar tijd erop zat. Ze namen afscheid, waarna Spencer de spreekkamerdeur opende al wrijvend over haar hoofd – alsof de therapeute dit letterlijk had opengebroken om in haar hersenpan rond te woelen. Maar dat was lang niet zo erg geweest als Spencer had verwacht.

Toen ze de deur had dichtgetrokken en zich omdraaide, zag ze tot haar verbazing haar moeder in de lichtgroene oorfauteuil naast Melissa in het stijlmagazine *Main Line* zitten lezen.

'Mam!' riep ze en ze trok een frons in haar voorhoofd. 'Wat doe jij hier?'

Veronica Hastings zag eruit alsof ze rechtstreeks van hun manege kwam. Ze droeg een wit T-shirt van Petit Bateau, een skinny spijkerbroek en afgetrapte rijlaarzen en had zelfs wat hooi in haar haar. 'Ik heb nieuws,' zei ze.

Haar moeder en Melissa keken vreselijk ernstig. Spencers maag draaide zich om: er was iemand dood, Ali's moordenaar had opnieuw toegeslagen of misschien was A wel terug. Alsjeblieft niet!, dacht ze.

'Ik ben gebeld door meneer McAdam,' zei mevrouw Hastings, terwijl ze opstond. Meneer McAdam was Spencers economiedocent. 'Hij wilde me spreken over een paar essays die jij enkele weken geleden hebt geschreven.' Ze kwam een stapje dichterbij; de geur van haar Chanel No. 5 kriebelde in Spencers neus. 'Spence... hij wil er eentje nomineren voor een Gouden Orchidee!'

Spencer deed verschrikt een stap achteruit. 'Een Gouden Orchidee?'

De Gouden Orchidee was de meest prestigieuze essaywedstrijd van het hele land: het highschoolequivalent van een Oscar! Als ze won, zou zowel *People* als *Time* haar willen interviewen, zouden Yale, Harvard en Stanford haar smeken bij hen te komen studeren. Spencer had de successen van de Gouden Orchidee-winnaars altijd bijgehouden, net zoals anderen beroemdheden volgen. Zo wist ze dat de winnaar van 1998 nu hoofdredacteur van een toonaangevend modetijdschrift was en die van 1994 op zijn achtentwintigste al lid van het Congres.

'Inderdaad!' zei haar moeder met een oogverblindende glimlach.

'O, mijn god.' Spencer voelde zich slap worden. Niet van opwinding, maar van ontzetting: de essays die ze had ingeleverd waren namelijk niet van haar... maar van Melissa. Toen ze de opdracht niet op tijd had kunnen afkrijgen, had A voorgesteld wat van Melissa's oude werk te 'lenen'. En er was de afgelopen weken zoveel gebeurd dat ze er helemaal niet meer aan gedacht had.

Spencer rilde. Meneer McAdam – of Squidward, zoals iedereen hem noemde – was dol op Melissa geweest toen zij bij hem in de klas zat. Hoe kon het dat hij zich haar essays niet herinnerde – zeker niet als ze zo goed waren?

Haar moeder pakte Spencer bij de arm. Spencer kromp ineen – haar moeders handen waren altijd ijskoud. 'We zijn zo trots op je, Spence!'

En toen kon ze zich niet langer inhouden. Ze móést dit opbiechten, voor het te erg werd. 'Mam, ik kan niet...'

Maar mevrouw Hastings luisterde niet. 'Ik heb meteen Jordana gebeld, van de *Philadelphia Sentinel*. Ken je haar nog? Zij heeft een tijdje bij ons op de manege gelest. Maar goed, zij was door het dolle heen: er schijnt namelijk nog nooit iemand uit deze streek te zijn genomineerd. Dus nu wil ze een stuk over je schrijven!'

Spencer kneep even met haar ogen. De *Philadelphia Sentinel*: die krant las iedereen hier!

'Er staat al een afspraak voor het interview plus fotosessie,' ging mevrouw Hastings verder, terwijl ze haar grote donkergele Tod's-tas pakte en met haar autosleutels rammelde. 'Woensdag voor school. Ze brengen een styliste mee. En Uri komt vast wel even langs voor je haar.'

Spencer durfde haar moeder niet aan te kijken, dus staarde ze maar wat naar de leesvoorraad in de wachtkamer: een stapel *New Yorkers* en *Economists* en een groot sprookjesboek lagen te wankelen op een Dubble Bubble-ton vol lego. Nu kon ze dus echt niet meer bekennen dat ze dat essay had gestolen... Maar ach, ze won die Gouden Orchidee toch niet; er waren honderden genomineerden, van de beste highschools, uit het hele land. Ze kwam vast niet eens door de eerste ronde heen.

'K-k-klinkt geweldig,' stamelde ze.

En toen paradeerde haar moeder de deur uit.

Spencers blik bleef nog even hangen bij de wolf, voor op het sprookjesboek. Ze had vroeger precies zo'n boek gehad. De wolf droeg een negligé en een muts en grijnsde vuil naar een naïef kijkende blonde Roodkapje. Spencer had er altijd nachtmerries van gekregen.

Melissa schraapte haar keel. Toen Spencer opkeek, keek haar zus haar recht in de ogen.

'Proficiat, Spence,' zei ze vlak. 'De Gouden Orchidee... da's niet misselijk.'

'Dank je,' zei Spencer. De uitdrukking op Melissa's gezicht kwam haar akelig bekend voor. En toen zag ze het opeens: het was precies dezelfde blik als die van de Grote Boze Wolf.

2

ALWEER ZO'N SEKSUEEL GELADEN DAGJE BIJ ENGELS

Aria Montgomery nam maandagochtend net plaats in het Engelse lokaal, toen het door het open raam begon te ruiken alsof het ging regenen. Toen de geluidsinstallatie kraakte, keek iedereen naar het speakertje aan het plafond.

'Hallo, leerlingen! Hier spreekt Spencer Hastings, jullie vice-klassenvertegenwoordiger van de onderbouw!' Spencers stem kwam luid en duidelijk door. Ze klonk parmantig en zelfbewust, alsof ze een cursus Aankondigen had gevolgd. 'Ik wil iedereen er even aan herinneren dat de Rosewood Day Hamerhaaien morgen zwemmen tegen de Drury Academy Palingen. Het is de belangrijkste wedstrijd van het seizoen, dus toon allemaal je enthousiasme en kom het team aanmoedigen!' En na een korte stilte: 'Yeah!'

Er werd gegniffeld in de klas; een onaangename rilling trok over Aria's rug. Ondanks alles wat er was gebeurd – de moord op Alison, de zelfmoord van Toby, A – was Spencer nog steeds voorzitter of vicevoorzitter van elke club die er maar was. Maar Aria vond haar enthousiasme nu nogal... nep klinken. Zij kende immers een kant van haar die de anderen níét kenden: Spencer had jarenlang geweten dat Ali Toby Cavanaugh bedreigde, om te voorkomen dat hij de waarheid vertelde over Jenna's ongeluk. En Aria kon het haar maar niet vergeven dat ze zoiets gevaarlijks voor de rest van hen had verzwegen.

'Oké, jongens,' zei Ezra Fitz, Aria's docent Engels, en hij schreef in zijn hoekige handschrift op het bord: *De rode letter*. Hij zette er vier strepen onder.

'In dit meesterwerk van Nathaniel Hawthorne bedriegt Hester Prynne haar echtgenoot en dwingen de inwoners van haar dorp haar om een grote, rode, vernederende "A" op haar borst te dragen, zodat niemand vergeet wat voor vreselijks zij heeft gedaan.' Meneer Fitz draaide zich om en duwde zijn vierkante bril op zijn haviksneus omhoog. 'Wie kent er een verhaal met hetzelfde thema: iemand die uit de gratie raakt; mensen die worden bespot of verstoten vanwege een fout die ze hebben gemaakt?'

Noel Kahn stak zijn hand op; zijn Rolex gleed van zijn pols naar beneden. 'Die aflevering van *The Real World*, waarin de huisgenoten die getikte meid wegstemmen?'

De hele klas barstte in lachen uit; meneer Fitz stond er wat verbouwereerd bij. 'Jongens, dit is wel een les voor gevorderden, hoor!' Hij wendde zich tot Aria's rij. 'Aria, jij? Enig idee?'

Aria dacht na. Nou... haar eigen leven was een prima voorbeeld. Nog niet zo lang geleden woonde ze met haar familie nog heel harmonieus in IJsland, was Alison nog niet officieel dood en bestond A nog niet. Maar toen, tijdens een afschuwelijke lawine van gebeurtenissen die zes weken geleden was begonnen, was ze teruggverhuisd naar dat bekakte Rosewood, was Ali's lichaam onder een betonnen plaat achter haar oude huis gevonden en had A het grootste geheim van de familie Montgomery verraden: dat Aria's vader, Byron, haar moeder, Ella, had bedrogen met een van zijn studentes, Meredith. Dat nieuws kwam bij Ella zo hard aan dat ze Byron prompt het huis uit schopte. Dat ze vervolgens ontdekte dat Aria dit geheim al drie jaar voor haar verzweeg, hielp ook niet echt: de relatie tussen moeder en dochter was sinds die tijd een stuk minder warm en zacht.

Maar het kon natuurlijk altijd nog erger. Aria had al drie weken geen sms'jes meer van A ontvangen, en hoewel Byron nu zelfs met Meredith scheen samen te wonen, was Ella wel weer tegen haar gaan praten. En Rosewood was ook nog niet overspoeld door buitenaardse wezens – hoewel het na alle vreemde dingen die er in dit stadje hadden plaatsgevonden, Aria niets zou verbazen als dat het volgende was dat ging gebeuren.

'Aria?' drong meneer Fitz aan. 'En?'

Mason Byers kwam Aria te hulp. 'En Adam en Eva dan, met die slang?'

'Goed zo,' zei meneer Fitz afwezig. Zijn blik bleef nog even bij Aria hangen, voordat hij zich wist los te rukken. Aria voelde haar wangen warm en kriebelig worden. Ze had meneer Fitz – oftewel Ezra – ontmoet in het studentencafé Snooker's, toen ze allebei nog niet wisten dat hij haar nieuwe leraar Engels was. Hij was degene die er een eind aan had gemaakt. Later had Aria ook nog ontdekt dat hij een vriendin in New York had. Toch koesterde ze geen wrok. Het ging erg goed met haar nieuwe vriend, Sean Ackard, die lief en aardig was en ook nog eens een stuk.

Trouwens, Ezra was de beste leraar Engels die Aria ooit had gehad. In de eerste maand van het schooljaar had hij vier fantastische boeken op de leeslijst gezet én had hij de klas een parodie laten spelen op *The Sandbox* van Edward Albee. Binnenkort gingen ze een *Desperate Housewives*-achtige versie van *Medea* doen, dat Griekse drama waarin een moeder haar eigen kinderen vermoordt. Ezra wilde namelijk dat ze buiten de geijkte paden dachten. En laat dat nou net Aria's sterkste kant zijn! Alleen noemde Noel Kahn haar nu niet langer Finland, maar Kontkruipertje. Toch voelde het goed om je weer druk te maken over schoolzaken; soms vergat ze bijna dat het met Ezra eens zo ingewikkeld was geweest.

Totdat hij haar zo'n scheve grijns schonk, natuurlijk. Dan kon ze het niet helpen dat ze opeens weer vlinders voelde – een paar maar.

Hanna Marin, die recht voor Aria zat, stak haar hand op. 'En dat boek over die twee hartsvriendinnen dan, waarin er eentje opeens gemeen wordt en het vriendje van die ander afpakt?'

Ezra krabde op zijn hoofd. 'Het spijt me... maar ik geloof niet dat ik dat boek ken.'

Aria balde haar vuisten. Zij wist precies wat Hanna bedoelde. 'Voor de laatste keer, Hanna: ik heb Sean niet van jou afgepakt! Het was allang úít tussen jullie!'

De klas gniffelde. Hanna rechtte haar schouders. 'Ik geloof dat er hier iemand een beetje egocentrisch is,' bromde ze, zonder zich om te draaien, tegen Aria. 'Wie zei dat ik het over jou had?'

Maar Aria wist dat ze gelijk had. Toen ze terugkwam uit IJsland, had ze tot haar verbijstering gezien dat Hanna was veranderd van Ali's mollige, onbeholpen lakei in een knappe, slanke, in design geklede godin. Hanna leek opeens alles te hebben wat ze altijd had gewild: samen met haar nieuwe hartsvriendin Mona Vanderwaal – eveneens een getransformeerde tuttemiep – heerste ze over de hele school en had ze zelfs Sean Ackard weten in te pikken, de jongen naar wie ze al sinds groep acht liep te smachten. Aria was echt pas achter hem aan gegaan nadat ze had gehoord dat hij door Hanna was gedumpt. Ze was er echter algauw achtergekomen dat het precies andersom was gegaan.

Aria had eigenlijk gehoopt dat zij en haar oude vriendinnen weer bij elkaar zouden komen, zeker omdat ze allemaal berichtjes van die geheimzinnige A hadden ontvangen. Maar ze praatten niet eens met elkaar – het was weer net als in die rare, tobberige weken vlak na Ali's verdwijning. Aria had hun niet eens verteld wat A haar familie had aangedaan. De enige ex-hartsvriendin met wie ze nog een beetje vriendschappelijk omging, was Emily Fields – al begon die op een gegeven moment altijd te jammeren dat ze zich zo schuldig voelde over Toby's dood, totdat Aria uiteindelijk had geroepen dat ze dat echt grote onzin vond.

'In ieder geval,' zei Ezra, terwijl hij op elke voorste tafel een stapel exemplaren van *De rode letter* legde om naar achter door te geven, 'wil ik dat iedereen deze week hoofdstuk één tot en met vijf leest en dan een essay schrijft over een van de thema's uit het begin van dit boek. Drie pagina's, vrijdag inleveren. Oké?'

Iedereen kreunde en begon door elkaar te praten. Aria liet het boek in haar jakbonten tas glijden.

Toen Hanna naar haar schoudertas op de vloer reikte, tikte Aria haar dunne, bleke arm aan. 'Hé, het spijt me. Echt.'

Hanna trok haar arm terug, perste haar lippen opeen en propte *De rode letter* in haar tas. Toen dit niet meteen lukte, gromde ze gefrustreerd.

Er klonk een klassiek deuntje door de luidspreker, wat betekende dat de les voorbij was. Hanna sprong van haar stoel alsof hij in brand stond; Aria stond traag op, duwde haar pen en notitieblok in haar tas en liep naar de deur.

'Aria?'

Ze draaide zich om. Ezra stond tegen zijn eiken bureau geleund, zijn versleten aktetas van cognackleurig leer ter hoogte van zijn heup. 'Alles goed?' vroeg hij.

'Sorry van daarnet,' zei Aria. 'Hanna en ik hebben wat problemen. Het zal niet weer gebeuren.'

'Al goed, joh.' Ezra zette zijn mok Indiase thee neer. 'Maar vérder ook alles goed?'

Aria beet op haar onderlip en dacht er heel even over hem te vertellen wat er allemaal speelde. Maar waarom zou ze? Voor hetzelfde geld was hij net zo'n smeerlap als haar vader. Als hij echt een vriendin in New York had, had hij die immers bedrogen toen hij háár versierde.

'Ja hoor, alles in orde,' bracht ze uit.

'Mooi zo. Je doet het in de les in ieder geval geweldig,' zei hij met een glimlach – en Aria zag zijn twee ondertanden, die heel schattig scheef stonden.

'Jazeker, ik vermaak me wel,' zei ze en ze wilde de klas uit lopen. Maar toen verstapte ze zich op haar superhoge laarzen en wankelde richting Ezra's bureau. Hij greep haar vliegensvlug bij haar middel en trok haar overeind... en tegen hem aan. Zijn lichaam voelde warm en veilig en hij rook erg lekker – naar chilipoeder, sigaretten en oude boeken.

Aria trok zich snel terug.

'Gaat het?' vroeg Ezra.

'Ja hoor,' zei ze, sjorrend aan haar schoolblazer. 'Sorry.'

'Geeft niet, hoor,' antwoordde Ezra, zijn handen diep in de zakken van zijn jasje stekend. 'Nou, dan eh... zie ik je wel weer.'

'Ja, tot ziens.'

Aria liep het klaslokaal uit. Haar ademhaling ging snel en oppervlakkig. Misschien verbeeldde ze het zich, maar ze wist bijna zeker dat hij haar iets langer had vastgehouden dan had gehoeven. En ze wist zeker dat ze dat wel prettig had gevonden.

3

SLECHTE PUBLICITEIT BESTAAT NIET

Maandagmiddag zaten Hanna Marin en haar beste vriendin Mona Vanderwaal tijdens de lunchpauze aan het hoektafeltje van Steam, de koffiebar van Rosewood Day, te doen waar ze het beste in waren: roddelen over mensen die niet zo geweldig waren als zij.

Mona tikte Hanna aan met haar chocoladekoekje. Voor Mona was voedsel eerder een soort rekwisiet dan iets om te eten. 'Die Jennifer Feldman hééft me een paar stronken, vind je ook niet?'

'Ja, arme meid,' deed Hanna gespeeld meelijdend. 'Stronken' was Mona's term voor benen-als-boomstammen: dikke, vormeloze dijen en kuiten, van de knieën tot aan de enkels.

'En in die schoenen lijken haar voeten wel te dik gevulde worstjes!' kakelde Mona.

Hanna grinnikte, terwijl ze toekeek hoe Jennifer, lid van het duikteam, op de muur tegenover hen een poster ophing met de tekst: MORGEN ZWEMWEDSTRIJD! ROSEWOOD DAY HAMERHAAIEN TEGEN DRURY ACADEMY PALINGEN! Haar enkels waren inderdaad afzichtelijk. 'Dat krijg je dus als meiden met te dikke enkels op Louboutins proberen te lopen,' zuchtte Hanna. Zij en Mona waren duidelijk wél van het fragiel-beënkelde, elfachtige type voor wie Christian Louboutin zijn schoeisel ontwierp.

Mona nam een grote slok van haar Americano en trok haar Gucci-agenda uit haar auberginekleurige Botkier-tas. Hanna knikte instemmend. Ze hadden vandaag nog wel wat meer te doen dan mensen afkraken. Zoals het plannen van niet één, maar wel twee feestjes: een voor hen tweetjes en een voor de rest van de Rosewood Day-elite.

'Eerst het belangrijkste.' Mona trok het dopje van haar pen. 'Onze Frenniversary. Wat doen we vanavond? Winkelen, massage, etentje?'

'Alledrie,' antwoordde Hanna. 'En we moeten absoluut naar Otter.' Otter was een nieuwe, hyperchique boetiek in het winkelcentrum.

'O ja, ik ben dol op Otter,' was Mona het met haar eens.

'En waar gaan we dan eten?' vroeg Hanna.

'Bij Rive Gauche natuurlijk,' zei Mona luid om boven de herrie van de koffiemolen uit te komen.

'Je hebt gelijk; daar geven ze ons vast wel wijn.'

'Vragen we ook jongens?' zei Mona en haar blauwe ogen glinsterden. 'Eric Kahn blíjft me maar bellen. Misschien kan Noel dan voor jou komen?'

Hanna fronste haar voorhoofd. Hoewel aantrekkelijk, ongelooflijk rijk én lid van de megasexy clan van Kahn-broers, was Noel niet direct haar type. 'Nee, geen jongens,' besloot ze. 'Hoewel dat van Eric wel heel cool voor je is.'

'O, dit wordt een waanzinnige Frenniversary!' Mona grijnsde zo breed dat ze kuiltjes in haar wangen kreeg. 'Niet te geloven dat het alweer de derde is!'

Hanna glimlachte. De Frenniversary was de dag waarop Hanna en Mona herdachten dat ze drieëneenhalf uur met elkaar aan de telefoon hadden gehangen: het duidelijkste bewijs van hun hartsvriendinnenschap. Hoewel ze elkaar al sinds de kleuterschool kenden, hadden ze tot de try-outs van de cheerleaders – een paar weken voor het begin van de tweede klas – nooit echt met elkaar gepraat. Op dat moment was Ali al twee maanden zoek en waren Hanna en haar oude vriendinnen zo ver uit elkaar gegroeid dat ze had besloten Mona maar eens een kans te geven. En daar had ze geen spijt van gekregen: Mona bleek grappig, sarcastisch en ze bleek – ondanks haar voorliefde voor dierenrugzakken en Razorstepjes – stiekem net als Hanna de *Vogue* en de *Teen Vogue* te verslinden. Binnen een paar weken waren ze eruit: zij werden elkaars beste vriendin en gingen ervoor zorgen dat ze de populairste meiden van de hele school werden. En dat was hun nog gelukt ook.

'En dan de grotere plannen,' zei Mona. Ze pakte een lege pagina in haar agenda voor zich en zong 'Sweet seventeen', op de melodie van MTV's *My Super Sweet Sixteen.*

'Ja, dat wordt echt heftig!' deed Hanna opgetogen. Mona was zaterdag jarig en ze had nu bijna alle bijzonderheden van het feest rond. Ze ging het houden in het Hollis Planetarium – waar overal telescopen stonden, zelfs op de toiletten. Ze had een dj geboekt, een cateraar ingehuurd... ja, er waren zelfs mensen van een trapezeschool – zodat de gasten letterlijk over de dansvloer konden zweven – en een cameraman, die het hele feest zou filmen en zijn beelden rechtstreeks zou webcasten op een Jumbotronscherm. En Mona had ervoor gezorgd dat haar gasten enkel via hun uitnodiging konden weten dat ze werden geacht in avondkleding te verschijnen. Als er iemand in spijkerbroek of Juicysportkleding verscheen, mocht de beveiliging hem of haar niet al te omzichtig weigeren.

'Ik heb zitten denken,' zei Mona, terwijl ze haar servet in haar lege kartonnen koffiebekertje propte. 'Het is misschien een beetje erg last minute, maar ik wil graag een hofhouding.'

'Een hofhouding?' Hanna trok een van haar perfect geëpileerde wenkbrauwen op.

'Ja joh, schitterend excuus om bij Saks die fantastische Zac Posen-jurk te kopen, waar jij al weken bij staat te kwijlen! Morgen gaan we passen. En dan zetten we een tiara op en laten alle jongens voor ons buigen.'

Hanna onderdrukte een giechel. 'Maar we hoeven toch niet het bal te openen of zoiets, hè?' Toen ze vorig jaar met Mona naar Julia Rubensteins hoffeest was geweest, had Julia hen een dansje laten doen met een stelletje mannelijke fotomodellen van D-niveau.

Hanna's danspartner rook naar knoflook en vroeg haar. zonder omwegen of ze met hem naar de garderobe ging. Ze had hem het hele feest lopen ontwijken.

Mona lachte schamper en brak haar koekje in stukjes. 'Zou ik zoiets sufs verzinnen?'

'Nee, natuurlijk niet.' Hanna legde haar kin op haar handen. 'Maar ik ben toch wel de enige hofdame, hè?'

Mona rolde met haar ogen. 'Dat spreekt voor zich!'

Hanna trok haar schouders op. 'Tja, ik zou ook niet weten wie je nog meer zou kunnen vragen.'

'We moeten alleen nog zorgen dat je een afspraakje hebt.' Mona stopte een piepklein stukje van het koekje in haar mond.

'Ik heb geen zin in iemand van Rosewood Day, hoor,' zei Hanna vlug. 'Misschien vraag ik wel iemand van Hollis. Of neem ik er zelfs meer mee.' Haar ogen begonnen te glanzen. 'Misschien laat ik me wel de hele avond door een stel jongens ronddragen, als een soort Cleopatra.'

Mona gaf haar een high five. 'Dá's pas een idee!'

Hanna kauwde op haar rietje. 'Ik vraag me af of Sean ook komt.'

'Geen idee.' Mona trok een wenkbrauw op. 'Zeg, je bent toch wel over hem heen, hè?'

'Tuurlijk, joh.' Hanna gooide haar kastanjebruine haren over haar schouder. Er laaide nog steeds bitterheid in haar op als ze bedacht hoe Sean haar had gedumpt voor die belachelijk lange 'ik-ben-een-kontkruiperige-leerling-Engels-en-denk-dat-ik-heel-wat-ben-omdat-ik-in-Europa-heb-gewoond' Aria Montgomery. Maar goed, hij wist niet wat hij miste. Nu de jongens wisten dat ze weer beschikbaar was, druppelden er om de paar minuten nieuwe mogelijke afspraakjes in de inbox van haar BlackBerry.

'Mooi zo,' zei Mona. 'Want jij bent véél te sexy voor hem, Han.'

'Weet ik,' lachte Hanna vals en ze gaven elkaar nog een high five. Toen ze achteroverleunde, voelde ze een weldadig warme golf van geruststelling door haar lichaam stromen. Je zou niet zeggen dat het een maand geleden nog een beetje wankel was geweest tussen haar en Mona. Stel je voor: Mona had gedacht dat zij liever vriendinnen was met Aria, Emily en Spencer dan met haar!

Oké, ze hád een paar dingen voor Mona verzwegen. Maar het meeste had ze gewoon opgebiecht: dat ze zichzelf af en toe 'zuiverde', de problemen met haar vader, haar twee arrestaties en dat ze zich op Noel Kahns feest voor Sean had uitgekleed, waarna hij haar had afgewezen. Ze had het allemaal flink afgezwakt, bang dat Mona haar om haar afschuwelijke geheimen weer aan de kant zou schuiven, maar Mona was er gewoon overheen gestapt. Ze had geroepen dat elke diva zo nu en dan in de problemen raakte. Dus had Hanna besloten dat ze zich zorgen om niks had gemaakt. Wat maakte het ook uit dat het uit was met Sean? Wat kon het haar ook schelen dat ze haar vader sinds Foxy niet meer had gesproken? Wat deed het er ook toe dat ze nog steeds vrijwilligerswerk deed in meneer Ackards brandwondenkliniek, omdat ze zijn auto in de prak had gereden? Wat dan nog dat haar ergste vijanden, Naomi Zeigler en Riley Wolfe, wisten dat ze last van vreetbuien had en allerlei geruchten over haar door de hele school hadden verspreid? Zij en Mona waren nog steeds vier handen op één buik én A was opgehouden haar te stalken!

Langzaam begon iedereen de koffiebar te verlaten, wat betekende dat de pauze er bijna op zat. Toen ze samen met Mona naar de uitgang paradeerde, realiseerde Hanna zich dat ze regelrecht op Naomi en Riley af liep, die verstopt hadden gezeten achter de gigantische, kolkende Frappuccino-machine. Maar ze weigerde zich te laten kennen en probeerde met opgeheven hoofd door te lopen.

'Brááááák,' zei Naomi in het voorbijgaan in Hanna's oor.

'Jéssessss,' siste Riley meteen daarna.

'Let maar niet op hen, Han,' zei Mona luid. 'Zij zijn gewoon pissig, omdat jij wel in die Rich and Skinny-spijkerbroek van Otter past en zij niet.'

'Geeft niks,' zei Hanna opgewekt en ze stak haar neus in de lucht. 'Én ik heb gelukkig geen ingetrokken tepels.'

Naomi's mond trok strak. 'Dat kwam door mijn beha,' siste ze tussen haar tanden door. Hanna had een week eerder, toen ze zich samen hadden staan omkleden voor gym, haar ingetrokken tepels gezien. Misschien was het inderdaad gekomen door die idiote beha van haar, maar ach, in de liefde én de strijd om de populariteit is alles geoorloofd.

Over haar schouder wierp Hanna Naomi en Riley een hooghartige en tegelijk meewarige blik toe. Ze voelde zich als een koningin die twee smoezelige deernen op hun plek zette. Tevreden zag ze dat Mona hun exact zo'n blik toewierp. Ze waren niet voor niets hartsvriendinnen.

4

GEEN WONDER DAT EMILY'S MOEDER ZO STRENG IS

Omdat Emily Fields de dag voor een wedstrijd nooit zwemtraining had, kwam ze na school meteen naar huis, waar ze drie voorwerpen op het kalkstenen keukeneiland aantrof: twee nieuwe blauwe Sammy-baddoeken voor Emily en haar zus Carolyn, precies op tijd voor de grote wedstrijd tegen Drury morgen... en een paperback met de titel *Het is niet eerlijk – wat te doen als je je vriendje kwijtraakt*. Er zat een geel briefje op: *Emily, dacht dat je hier misschien wat aan had. Ben om zes uur terug. Mam.*

Emily bladerde er afwezig in. Niet lang nadat Alisons lichaam was gevonden, was haar moeder haar gaan verrassen met dit soort kleine oppeppertjes, zoals een boek getiteld *1001 dingen die je doen glimlachen,* een grote doos Prismacolor-kleurpotloden en een walrusknuffel (als kind was ze helemaal maf geweest van die beesten). Na Toby's zelfmoord had ze haar echter alleen nog maar zelfhulpboeken gegeven. Haar moeder scheen te denken dat ze het moeilijker had met Toby's dood dan met die van Ali – waarschijnlijk omdat ze dacht dat Toby en Emily iets met elkaar hadden gehad.

Emily liet zich op een van de witte keukenstoelen zakken en sloot haar ogen. Vriendje of niet, Toby's dood achtervolgde haar wel. Elke avond als ze tijdens het tandenpoetsen in de spiegel keek, dacht ze hem achter zich te zien staan. Ze beleefde die noodlottige avond steeds maar weer opnieuw: die avond dat hij haar had meegenomen naar Foxy. Toen ze Toby had verteld dat ze verliefd was geweest op Alison, had hij bekend dat hij blij was dat ze dood was – waarop zij dadelijk had aangenomen dat hij Ali's moordenaar was en had gedreigd de politie te bellen. Tegen de tijd dat ze besefte hoezeer ze ernaast zat... was het al te laat geweest.

Emily bleef even zitten luisteren naar de geluiden van hun lege huis. Toen stond ze op, pakte de draadloze telefoon van het aanrecht en toetste een nummer in. Maya nam al na één keer op.

'Carolyn is bij Topher,' zei Emily zacht. 'En mijn moeder is naar een vergadering van de oudercommissie. We hebben een heel uur.'

'De kreek?' fluisterde Maya.

'Jep.'

'Zes minuten,' zei Maya. 'Time me maar.'

Twee minuten later was Emily de achterdeur uit geglipt en over hun grote, glibberige gazon de bossen in gedoken, richting de afgezonderde kreek. Aan de rand van het water lag een gladde, platte steen – een perfecte zitplaats voor twee meiden. Emily en Maya hadden de geheime kreek twee weken geleden ontdekt en verstopten zich hier sindsdien zo vaak ze konden.

Na precies vijf minuten en vijfenveertig seconden dook Maya tussen de bomen op. Ze zag er als altijd weer enig uit, in haar eenvoudig witte T-shirt, lichtroze minirokje en rode suède Pumagympen (hoewel het al oktober was, was het buiten nog zeker 26 graden). En ze droeg haar haar in een staart, waardoor haar puntgave, karamelkleurige gezicht een glansrol kreeg.

'Hoi!' riep ze, lichtelijk buiten adem. 'En? Onder de zes minuten?'

'Nou... maar nét!' zei Emily plagerig.

Ze kropen naast elkaar op het rotsblok. Even zaten ze samen te zwijgen. Het was hier in het bos zoveel stiller dan een eind verderop, op straat. Emily probeerde niet te denken aan hoe ze nog maar een paar weken geleden door ditzelfde bos van Toby was weggerend. Ze concentreerde zich op het water dat over de stenen flonkerde en de bomen die aan de puntjes net oranje begonnen te worden. Ze had ooit een bijgeloof verzonnen over de hoge boom die ze helemaal achter in hun tuin nog net zien kon: als zijn bladeren in het najaar geel werden, werd het nieuwe schooljaar goed; als ze rood werden, werd het flut. Maar dit jaar waren ze oranje – betekende dat dan dat het maar zozo werd? Ze had allerlei soorten bijgeloof; voor haar gevoel zat de wereld vol met tekens – niets was toeval.

'Ik heb je gemist,' fluisterde Maya in haar oor. 'Ik zag je vandaag op school nergens.'

Er trok een rilling door Emily's lichaam toen Maya's lippen langs haar oorlel streken. Ze schoof een beetje dichter naar haar toe. 'Ik weet het. Ik heb jou ook overal gezocht.'

'Heb je je biologiepracticum overleefd?' vroeg Maya, terwijl ze haar pink rond die van Emily krulde.

'Mm-mm.' Emily's vingers gleden over Maya's arm naar boven. 'En hoe was jouw geschiedenisproefwerk?'

Maya trok haar neus op en schudde haar hoofd.

'Zo beter?' Emily gaf Maya een piepklein zoentje op haar mond.

'Nou... dan zul je toch beter je best moeten doen,' antwoordde Maya verleidelijk. En ze sloeg haar groengele kattenogen neer en stak een hand naar Emily uit.

Dit hadden ze afgesproken: zo vaak ze konden hier samenkomen en een beetje zitten, strelen, zoenen... Want hoe hard Emily ook haar best deed om Maya uit haar leven te bannen, ze kon het niet. Maya was geweldig. Zij leek in niets op haar ex, Ben – of welke jongen dan ook met wie ze ooit iets had gehad. Het had iets troostends om hier naast elkaar bij de kreek te zitten. Ze waren niet alleen samen, maar ook elkaars beste vriendin; dit was hoe het moest voelen als je een stelletje was.

Ze maakten zich weer van elkaar los. Maya trok een van haar gympen uit en stak een teen in het water. 'We zijn gister weer in ons huis getrokken.'

Emily haalde diep adem. Nadat die bouwvakkers Ali's lichaam in Maya's nieuwe achtertuin hadden ontdekt, was de familie St. Germain in een hotel getrokken, om de media te ontlopen. 'Raar gevoel zeker?'

‘Gaat wel,’ zei Maya schouderophalend. ‘O, maar moet je horen: er loopt een stalker rond!’

‘Wát?’

‘Ja, dat vertelde een van de buren mijn moeder vanochtend. Er is iemand die door alle tuinen rent en overal naar binnen kijkt.’

Emily voelde een steek in haar buik. Dit herinnerde haar ook aan Toby: toen ze nog in groep 8 zaten, was hij dat akelige joch dat bij iedereen door het raam stond te gluren – het liefst bij Ali. ‘Man of vrouw?’

Maya schudde haar hoofd. ‘Weet ik niet.’ Ze blies tegen haar krullerige pony. ‘Ik zweer je: dit stadje is de mafste plek van de hele aardbol!’

‘Je zult Californië wel missen,’ zei Emily zacht. Daarna zweeg ze en keek hoe een stel vogels opvloog uit een nabije eikenboom.

‘Nee hoor, helemaal niet,’ zei Maya en ze raakte Emily’s pols aan. ‘In Californië hebben ze immers geen Emily’s.’

Emily leunde naar voren en kuste Maya zacht. Ze hielden hun lippen zeker vijf seconden tegen elkaar aan. Daarna kuste Emily Maya’s oorlel en Maya Emily’s onderlip. Toen trokken ze zich weer terug en glimlachten naar elkaar. De middagzon tekende grappige vlekjes op hun wangen. Toen kuste Maya Emily’s neus, haar slapen, haar nek. Emily sloot haar ogen; Maya kuste haar oogleden. Emily ademde diep in. Maya’s ranke vingers gleden langs Emily’s kaaklijn – het voelde alsof duizenden vlinders met hun vleugeltjes tegen haar huid fladderden. Ze kon nog zo hard haar best doen om zichzelf ervan te overtuigen dat dit met Maya verkeerd was, het was het enige wat goed aanvoelde.

Maya trok zich weer terug. ‘Ik heb een voorstel.’

Emily grijnsde. ‘Een voorstel nog wel... Klinkt serieus.’

Maya verstopte haar handen in haar mouwen. ‘Wat dacht je ervan als we de boel eens wat opengooiden?’

‘Opengooien?’ herhaalde Emily.

‘Ja.’ Maya streek met haar vinger over Emily’s arm; Emily kreeg er kippenvel van. Ze rook Maya’s bananenkauwgum – een geur die ze inmiddels bedwelmend vond. ‘Ik bedoel dat we bij jou thuis... en op school... ach, gewoon... Ik weet dat jij er nog niet aan toe bent om... je weet wel, hiermee naar buiten te treden, Em... maar we kunnen toch niet al onze tijd op dit rotsblok doorbrengen? Wat doen we bijvoorbeeld als het kouder wordt?'

'Dan trekken we een skipak aan,' grapte Emily.

'Toe, even serieus.'

Emily keek hoe een windvlaag de takken tegen elkaar sloeg. De lucht rook opeens naar verbrande bladeren. Ze kon Maya helaas niet bij haar thuis ontvangen: haar moeder had haar heel duidelijk gemaakt dat ze niet wilde dat zij vriendinnen waren – erg genoeg bijna zeker om racistische redenen. Dát kon ze Maya natuurlijk nooit vertellen. En wat dat andere betrof, dat naar buiten treden... uit de kast? Nee. Ze sloot haar ogen en dacht aan de foto die A haar een tijdje terug had ge-sms't: Emily en Maya zoenend in het pasfotohokje op Noel Kahns feestje. Ze huiverde. Nee, ze was er nog niet klaar voor om het iedereen te laten weten.

'Sorry, dat ik zo traag ben,' zei Emily. 'Maar hier voel ik me op dit moment nu eenmaal het beste bij.'

Maya zuchtte. 'Oké,' zei ze, met een Iejoor-achtig stemmetje. 'Dat zal ik dan moeten accepteren.'

Emily staarde in het water. Twee zilverige vissen zwommen dicht naast elkaar: als de ene een bocht maakte, zwenkte de andere mee. Ze leken op zo'n stelletje dat altijd vlug even op de gang moest zoenen en wiens leven zo goed als stilstond als ze niet bij elkaar waren. Bedroefd bedacht ze dat zij en Maya nooit zo zouden kunnen zijn.

'En?' vroeg Maya. 'Al zenuwachtig voor de zwemwedstrijd van morgen?'

'Zenuwachtig?' zei Emily, met een frons in haar voorhoofd.

'Ja. Iedereen komt kijken, hoor.'

Emily haalde haar schouders op. Ze had al wel aan grotere wedstrijden meegedaan. Vorig jaar bij de landskampioenschappen hadden er zelfs camera's gestaan. 'O, daar maak ik me niet druk over.'

'Nou, dan ben je dapperder dan ik.' Maya trok haar gymp weer aan.

Maar dat wist Emily nog zo net niet. Maya durfde van alles: ze negeerde de regels over het verplichte schooluniform en verscheen gewoon elke dag in een wit spijkerjack; als haar ouders even boodschappen waren doen, rookte ze hasj bij haar open slaapkamerraam; ze zei hoi tegen mensen die ze helemaal niet kende... Wat dat aanging, was ze precies Ali: stoutmoedig, stout én moedig (wat waarschijnlijk ook de reden was waarom zij voor hen allebei was gevallen...).

En Maya was vooral dapper over wie ze was, wat ze wilde en bij wie ze wilde zijn. Het kon haar niet schelen als iedereen het wist: zij wilde gewoon bij Emily zijn en niets kon haar tegenhouden.

Misschien dat Emily op een dag net zo dapper kon zijn als Maya. Maar als zij het voor het zeggen had, lag die dag nog ver, ver in de toekomst.

5

ARIA NEEMT EEN DUIK IN DE LITERATUUR

Aria ging op de achterbumper van Seans Audi zitten en begon in haar favoriete toneelstuk van Jean-Paul Sartre te bladeren: *Met gesloten deuren*. Het was maandagmiddag na school en Sean had gezegd dat hij haar wel een lift naar huis wilde geven. Hij moest alleen nog even iets uit het kantoortje van de voetbalcoach pakken... en daar deed hij dus verdomde lang over. Terwijl ze zat door te bladeren naar het tweede bedrijf, stapte er een groepje zo goed als identieke – blond, lange benen, Coach-tas – Typische-Rosewood-Meiden de leerlingenparkeerplaats op. Ze wierpen een korte, argwanende blik op Aria. Kennelijk zeiden haar plateauzolen en grijze gebreide muts met oorkleppen hun dat dit schepsel vast iets snoods in de zin had.

Aria zuchtte. Ze deed echt haar uiterste best om zich weer aan Rosewood aan te passen, maar makkelijk was dat niet. Ze bleef zich een punkerige, vrijdenkende Bratz-pop in nepleer voelen, in een zee van Prachtige-Prinses-van-Ballenland-barbies.

'Je moet niet op de bumper gaan zitten,' zei opeens een stem achter haar. Aria sprong verschrikt op. 'Slecht voor de vering.'

Ze draaide zich om. Een eindje verderop stond Ezra – zijn bruine haar in slordige pieken en zijn blazer nog kreukeliger dan vanochtend. 'O, ik dacht dat jullie literaire types hopeloos waren op het gebied van auto's,' grapte ze.

'Ik zit vol verrassingen,' zei Ezra met een verleidelijke glimlach.

Hij stak zijn hand in zijn versleten aktetas. 'Ik heb iets voor je. Een essay over *De rode letter* dat onderzoekt of overspel in sommige gevallen geoorloofd is.'

Aria nam de kopietjes van hem aan. 'Ik vind niet dat overspel geoorloofd is... of te vergeven,' zei ze zacht. 'Nooit.'

'Nooit is wel erg lang,' mompelde Ezra. Hij stond nu zo dichtbij dat Aria de donkere vlekjes in zijn lichtblauwe ogen kon zien.

'Aria?' Opeens stond ook Sean naast haar.

'O, hoi!' riep Aria geschrokken uit en ze sprong bij Ezra vandaan alsof hij elektrisch geladen was. 'Jij... b-ben je al klaar?'

'Jep,' zei Sean.

Ezra deed een stap naar voren. 'Hallo... Sean, is het niet? Ik ben Ez... ik bedoel, meneer Fitz, de nieuwe docent Engels.'

Sean schudde zijn hand. 'O, ik ben Aria's vriend.'

Er gleed heel even iets – teleurstelling misschien – over Ezra's gezicht. 'Mooi, mooi,' stamelde hij. 'Eh, jij speelt voetbal, hè? Nog proficiat met jullie overwinning van vorige week.'

'Ja,' zei Sean bescheiden, 'we hebben dit jaar een goed team.'

'Mooi,' zei Ezra nogmaals. 'Heel mooi.'

Aria wilde Ezra eigenlijk uitleggen waarom ze met Sean was. Oké, vanbuiten was hij een Typische-Rosewood-Jongen, maar er zat echt meer in... Maar ze wist zichzelf tegen te houden. Ze was Ezra immers geen uitleg schuldig: hij was gewoon haar leraar!

'Kom, we gaan,' zei ze abrupt, trekkend aan Seans arm. Ze wilde hier weg, voordat een van de twee haar voor schut zette. Stel dat Sean een grammaticale blunder maakte, of dat Ezra er uitflapte dat zij iets met elkaar hadden gehad? Dat wist niemand op Rosewood. Niemand behalve A.

Gejaagd kroop Aria op de passagiersstoel van Seans keurige, naar dennen geurende Audi. Ze had het liefst een paar minuutjes alleen gehad om haar gedachten weer wat te ordenen, maar Sean plofte meteen naast haar en kuste haar op de wang. 'Ik heb je gemist vandaag,' zei hij.

'Ik jou ook,' antwoordde Aria automatisch, met dichtgeknepen keel. Toen ze door het zijraam keek, zag ze Ezra op de lerarenparkeerplaats in zijn stokoude Kever stappen. Er zat een nieuwe sticker op zijn bumper – ECOLOGIE NATUURLIJK – en het leek erop dat hij zijn autootje in het weekend had gewassen. Niet dat zij dat bijhield of zo.

Terwijl Sean wachtte tot een paar leerlingen voor hem hun auto uit de parkeerplaats hadden gedraaid, wreef hij over zijn pasgeschoren kaak en frunnikte aan de kraag van zijn perfect passende Penguin-polo. Als Sean en Ezra gedichten waren, dan was Sean een haiku – keurig, eenvoudig, mooi – en Ezra een van William Burroughs verwarde koortsdromen. 'Zullen we voor straks nog iets afspreken?' vroeg Sean. 'Uit eten, beetje chillen met Ella?'

'Laten we uitgaan,' besloot Aria. Het was erg lief van hem dat hij ook graag iets met haar en haar moeder deed. Zo hadden ze een keer met zijn drietjes naar Ella's Truffaut-dvd's zitten kijken – terwijl Sean haar eens had gezegd werkelijk niets van Franse films te begrijpen.

'Ooit zul je toch ook moeten kennismaken met míjn familie.' Sean kon eindelijk de parkeerplaats af, achter een Acura SUV.

'Weet ik, weet ik,' zei Aria. Ze was een beetje nerveus over haar eerste ontmoeting met Seans ouders. Ze had gehoord dat ze gigantisch rijk waren én superperfect. 'Binnenkort, oké?'

'De coach wil dat het voetbalteam morgen naar die grote zwemwedstrijd gaat, om de school aan te moedigen. Jij gaat zeker ook naar Emily kijken, hè?'

'Tuurlijk,' antwoordde Aria.

'Woensdag dan? Kom je dan bij ons eten?'

'Misschien.'

Toen ze de bosweg langs Rosewood Day op draaiden, meldde Aria's Treo zich. Ze trok het ding nerveus tevoorschijn. Als ze een sms'je kreeg, was ze nog altijd bang dat het A weer was – ook al leek deze inmiddels verdwenen. De nieuwe sms kwam echter van een haar onbekend 484-nummer – die van A kwamen altijd van 'nr. onderdrukt'. Ze drukte op 'lezen'.

Aria, we moeten praten. Zullen we vanmiddag om halfvijf afspreken, bij het Kunstengebouw in Hollis? Ik moet wachten tot Meredith klaar is met lesgeven. Ik zou het heel fijn vinden om even met je te kletsen. Je pa, Byron.

Aria staarde vol walging naar het schermpje. Dit was op meerdere niveaus verontrustend. Ten eerste: had haar vader tegenwoordig een mobieltje? Jarenlang had hij die dingen geschuwd en beweerd dat je er hersentumoren van kreeg! Ten tweede: hij had haar ge-sms't! Wat kwam hierna: een MySpace-pagina?

En ten derde... de boodschap zelf. Vooral die toevoeging 'je pa' aan het eind. Dacht hij soms dat ze was vergeten wie hij was?

'Alles goed?' Sean haalde zijn blik heel even van de smalle slingerweg.

Aria las hem Byrons sms'je voor. 'Dat geloof je toch niet?' zei ze toen ze klaar was. 'Het klinkt alsof hij gewoon iemand zoekt om de tijd mee te doden, terwijl hij wacht tot die trut klaar is met haar klasje.'

'Wat ga je doen?'

'Ik ga mooi niet!' Aria rilde toen ze dacht aan de keren dat ze Meredith en haar vader samen had gezien. In de brugklas hadden zij en Ali hen betrapt toen ze in haar vaders auto zaten te zoenen; een paar weken later was ze hen met haar broertje Mike tegen het lijf gelopen in het Victory Brewery-café. Meredith had Aria verteld dat zij en Byron verliefd waren – maar dat was natuurlijk onzin. 'Meredith maakt gezinnen kapot. Ze is nog erger dan Hester Prynne!'

'Wie?'

'Hester Prynne, de hoofdpersoon uit *De rode letter*, het boek dat we voor Engels moeten lezen. Het gaat over een vrouw die overspel pleegt, waarna de hele stad haar links laat liggen. Ik vind dat Rosewood Meredith ook links moet laten liggen. Nee, er zou een schavot midden in Rosewood moeten komen te staan – om haar te kunnen vernederen!'

'Wat dacht je van dat schandpaalding op de kermis?' opperde

Sean, terwijl hij vaart minderde om een fietser te passeren. 'Je weet wel, dat houten apparaat met die gaten voor je hoofd en armen. Daar sluiten ze je in op en dan hang je daar maar. Wij lieten ons daar vroeger altijd in fotograferen.'

'Perfect!' gilde Aria bijna. 'En Meredith verdient het bovendien om "echtgenotendief" op haar voorhoofd gebrandmerkt te krijgen. Alleen een rode A op haar jurk zou nog te subtiel zijn!'

Sean lachte. 'Zo, jij zit echt helemaal in de *De rode letter,* hè?'

'Och, ik weet het niet; ik heb er nog maar acht bladzijden van gelezen.' Opeens werd Aria stil, ze kreeg een idee. 'Wacht eens even. Zet mij maar af in Hollis.'

Sean keek haar van opzij aan. 'Ga je toch naar hem toe?'

'Niet precies,' zei ze met een duivelse grijns.

'Okéééé...' Sean reed door Hollis, een wijk van Rosewood vol bakstenen gebouwen, oude bronzen standbeelden van de stichters van de universiteit en tientallen sjofel-chique studenten op de fiets. Het leek wel alsof het hier altijd najaar was: de kleurige bladerregen paste perfect bij deze omgeving. Op de campus zette Sean zijn auto op een twee-uursplek en keek Aria toen bezorgd aan. 'Je gaat toch niks illegaals doen, wel?'

'Nee, joh.' Aria gaf hem een snelle kus. 'Je hoeft niet op me te wachten. Ik loop wel naar huis.'

Ze rechtte haar schouders en marcheerde naar de hoofdingang van het Kunstengebouw. Haar vaders sms'je flitste door haar hoofd: *Ik moet wachten tot Meredith klaar is met lesgeven.* Meredith had Aria zelf verteld dat ze in Hollis modelschilderen gaf. Ze glipte langs een bewaker – die eigenlijk identiteitsbewijzen moest controleren, maar in plaats daarvan naar een draagbare tv keek waarop een wedstrijd van de Yankees te zien was. De zenuwen gierden Aria door de keel.

Er waren maar drie ateliers groot genoeg voor een modelschilderles, wist Aria, want zij volgde hier al jaren cursussen op zaterdag. En vandaag was er maar eentje in gebruik, dus daar moest ze zijn. Ze gooide de deuren van het lokaal met veel lawaai open, waarna ze meteen werd belaagd door de stank van terpentine en ongewassen kleren. Twaalf leerlingen die met hun ezel in een kring stonden opgesteld, draaiden zich om en staarden haar aan. De enige die zich niet verroerde, was het rimpelige, haarloze en volkomen naakte model in het midden. Met zijn kromme borstkas naar voren en zijn handen op zijn heupen, knipperde hij niet eens met zijn ogen. Aria kon niet anders dan hem een 10 voor de moeite geven.

Toen pas zag ze Meredith: ze zat boven op een tafel bij het achterste raam. Meredith, met haar weelderige bos lang, bruin haar... en die knalroze spinnenwebtattoo op haar pols. Ze zag er sterk en zelfverzekerd uit, met een irritant gezonde gloed op haar wangen.

'Aria!' riep Meredith dwars door de tochtige, spelonkachtige ruimte. 'Wat een verrassing!'

Aria keek om zich heen. Alle leerlingen hadden hun kwasten en verf naast hun doek staan. Ze beende naar de dichtstbijzijnde ezel, greep een grote, waaiervormige kwast, trok hem door een kwak rode verf en stevende toen, al verf morsend, op Meredith af. En voordat iemand kon ingrijpen, schilderde ze een grote, slordige 'A' op de linkerborst van Merediths dunne, katoenen zomerjurk.

'Zo. Nu weet iedereen wat jij hebt gedaan,' gromde ze.

Toen, zonder Meredith de kans te geven te reageren, draaide ze zich om en liep het lokaal uit. Eenmaal weer op het groene gazon van Hollis barstte ze in een triomfantelijk, waanzinnig lachen uit. Het mocht dan geen brandmerk zijn, veel scheelde het niet. *Zo, Meredith, die heb je binnen!*

6

ZUSSENSTRIJD: KOM ER MAAR EENS VAN AF

Maandagmiddag bij de hockeytraining liep Spencer tijdens de warming-up rond het veld een stukje voor haar teamgenoten uit. Het was een ongewoon warme dag geweest en de meiden waren allemaal trager dan anders. Kirsten Cullen maaide met haar armen om haar in te kunnen halen. 'Ik hoorde het van de Gouden Orchidee,' zei ze buiten adem, terwijl ze haar blonde paardenstaart aantrok. 'Geweldig, joh!'

'Dank je,' zei Spencer met gebogen hoofd. Wonderbaarlijk hoe snel dit nieuwtje zich op school had verspreid; ze had het zelf nog maar zes uur geleden van haar moeder gehoord! En sindsdien hadden er al zeker tien mensen iets tegen haar over gezegd.

'Ik hoorde dat John Mayer er op de highschool ook ooit een heeft gekregen,' vervolgde Kirsten. 'Voor een essay voor Muziektheorie, geloof ik.'

'Hmm.' Spencer wist bijna zeker dat John Mayer nooit een Gouden Orchidee had gewonnen, want ze kende elke winnaar van de afgelopen vijftien jaar.

'Ik wed dat jij ook gaat winnen,' zei Kirsten. 'Dan kom je op tv, joh! Mag ik mee als je je debuut maakt bij de *Today Show*?'

Spencer trok haar schouders op. 'Ach, het is eigenlijk een meedogenloze competitie.'

'Joh, hou je mond.' Kirsten gaf haar een klap op de schouder. 'Doe eens niet altijd zo bescheiden.'

Spencer klemde haar kaken op elkaar. Telkens wanneer ze dat Gouden Orchidee-gedoe probeerde te relativeren, reageerde iedereen hetzelfde: Jij wint 'm beslist. Bereid je maar voor op je close-up! Gek werd ze ervan! Ze had het geld in haar portemonnee vandaag al zo vaak gesorteerd dat een van haar briefjes van twintig doormidden was gescheurd.

Coach McCready blies op zijn fluitje en riep: 'Overstappen!' Het team maakte meteen een draai en begon zijwaarts te rennen. Ze leken wel dressuurdeelnemers in de Devon Paardenshow.

'Heb je het gehoord, van de Rosewood-stalker?' vroeg Kirsten, licht puffend – dat overstappen was een stuk lastiger dan het eruitzag. 'Het was gisteravond constant op het nieuws.'

'Ja,' mompelde Spencer.

'Hij zit in jouw buurt; hangt een beetje rond in de bossen daar.'

Spencer ontweek een losse zode in het droge gras. 'Zal wel gewoon de een of andere minkukel zijn,' zei ze hijgend. Maar ze kon het niet helpen dat ze toch weer aan A moest denken. Hoe vaak had die haar niet ge-sms't over iets wat echt niemand leek te kunnen hebben gezien? Ze keek naar de bomen in de verte, er bijna van overtuigd dat ze een schimmige figuur zou zien staan. Maar er was niemand.

Ze mochten weer gewoon rennen. Ze passeerden de eendenvijver van Rosewood Day, de beeldentuin, de maïsvelden. Toen ze de bocht omsloegen naar de tribunes, kneep Kirsten haar ogen tot spleetjes en wees naar de lage metalen banken waar hun uitrusting op lag. 'Hé, is dat niet jouw zus?'

Spencer kromp ineen. Daar stond Melissa, met naast haar Ian Thomas – hun nieuwe assistent-coach. Dezelfde Ian Thomas als die met wie Melissa verkering had toen Spencer in de brugklas zat én dezelfde Ian Thomas die Spencer jaren terug op hun oprit had gezoend.

Ze maakten het rondje af. Spencer kwam precies tot stilstand bij Melissa en Ian. Haar zus droeg een outfit die bijna identiek was aan die van hun moeder eerder die dag: skinny jeans, wit T-shirt en prijzig Dior-horloge. Ze had zelfs ook Chanel No. 5

op. Gut, wat een schattig kloontje, dacht Spencer. 'Wat doe jij hier?' vroeg ze buiten adem.

Melissa leunde met haar elleboog op een van de Gatoradeflessen op de bank. Haar antieke gouden bedelarmband tinkelde tegen haar pols. 'Wát nou? Mag een grote zus niet eens meer naar haar kleine zusje komen kijken?' Maar haar suikerzoete glimlach verdween zodra ze haar arm rond Ians middel liet glijden. 'En het helpt natuurlijk ook dat mijn vriendje de coach is.'

Spencer trok haar neus op. Ze had altijd geweten dat Melissa eigenlijk nooit over Ian heen was gekomen. Hun verkering was kort na hun diploma-uitreiking uit geraakt. Ian was nog even aantrekkelijk als toen, met zijn blonde, golvende haar, prachtig geproportioneerde lichaam en trage, arrogante grijns. 'Nou, fijn voor je,' antwoordde Spencer. Ze wilde van dit gesprekje af. Hoe minder ze Melissa zag, hoe beter – in ieder geval tot ná dat hele Gouden Orchidee-gedoe. Schoten die verdomde juryleden nou maar eens op en gooiden ze dat plagiaatstuk van haar er nou maar uit!

Ze trok haar sporttas naar zich toe, haalde haar scheenbeschermers eruit en begon met haar linkerbeen. Daarna deed ze haar rechter. Toen trok ze beide scheenbeschermers weer los en deed ze een stuk strakker. Toen trok ze haar sokken op... en schoof ze weer naar beneden. Herhalen, herhalen, herhalen.

'Zo, d'r heeft hier iemand last van haar dwangneurose vandaag!' plaagde Melissa. Toen draaide ze zich naar Ian. 'O, heb je het grote Spencer-nieuws al gehoord? Ze heeft de Gouden Orchidee gewonnen! De *Philadelphia Sentinel* komt deze week langs voor een interview.'

'Ik heb 'm niet gewonnen,' snauwde Spencer vlug. 'Ik ben alleen maar genomineerd.'

'O, maar ik weet zeker dat je gáát winnen,' zei Melissa en ze lachte gemaakt. Spencer vroeg zich af hoe ze dat lachje moest uitleggen. En toen haar zus haar ook nog een knipoog gaf, trok er een rilling van angst door haar lijf. Wíst zij het soms?

Ian floot. 'Een Gouden Orchidee? Verrek, jullie Hastings-zussen zijn mooi, slim en nog sportief ook. Je zou moeten zien hoe Spencer het spel openbreekt, Mel. Ze is een fantastische middenvelder.'

Melissa tuitte peinzend haar glanzende lippen. 'Weet je nog toen de coach mij als center liet spelen, omdat Zoe de ziekte van Pfeiffer had?' tsjilpte ze tegen Ian. 'Toen heb ik tweemaal gescoord... in één speelhelft.'

Spencer knarste met haar tanden: ze wíst wel dat Melissa niet lang aardig kon blijven! Voor de zoveelste keer had zij van iets volkomen onschuldigs een wedstrijdje gemaakt. Spencer begon haar hersenpan al af te zoeken naar een geschikte zogenaamd-aardige belediging, maar besloot toen het er gewoon bij te laten zitten. Dit was niet het moment om met Melissa te gaan ruziën. 'Zo, dat moet te gek zijn geweest, Mel,' gaf ze zich gewonnen. 'Ik wed dat jij een veel betere middenspeler was dan ik.'

Haar zus verstijfde. De kleine kwelgeest die volgens Spencer in Melissa's hoofd woonde, snapte er even niets van: hij had er duidelijk niet op gerekend dat Spencer aardig zou reageren.

Spencer glimlachte naar haar zus en toen naar Ian. Deze hield haar blik even vast en schonk haar toen een kleine samenzweerderige knipoog.

Spencers maag kneep samen; ze werd nog steeds week als Ian haar aankeek. Drie jaar na dato herinnerde ze zich nog letterlijk alles van die zoen. Hij was gekleed geweest in een lichtgrijs Nike-T-shirt, een legergroene korte broek en bruine Merrills. Hij had geroken naar pas gemaaid gras en kaneelkauwgum. Het ene moment had ze hem een afscheidskusje op zijn wang gegeven – een beetje flirten, meer niet – het volgende had hij haar tegen de zijkant van zijn auto gedrukt. Het had haar zo verrast dat ze was vergeten haar ogen te sluiten.

Toen Ian op zijn fluitje blies, werd Spencer wreed uit haar herinnering losgerukt. Ze jogde terug naar de andere meiden. Ian kwam achter haar aan. 'Oké, jongens,' riep hij en hij klapte in zijn handen. Het team kwam om hem heen staan en keek hunkerend naar zijn volmaakte gezicht. 'Ik hoop niet dat jullie nu een hekel aan me krijgen, maar we gaan vandaag sprintjes trekken, hurkzitoefeningen doen en heuvelop rennen – orders van de coach.'

Iedereen kreunde, ook Spencer. 'En ik zei nog zo dat jullie geen hekel aan me moesten krijgen!' riep Ian.

'Kunnen we niet gewoon iets anders doen?' jammerde Kirsten.

'Denk maar gewoon aan hoeveel poepies we Pritchard Prep straks zullen laten ruiken,' zei Ian. 'En weet je wat? Als we deze serie af krijgen, neem ik jullie morgen na de training allemaal mee naar Merlin.'

Het hockeyteam begon te juichen. Merlin stond bekend om zijn caloriearme chocoladeijs, dat zelfs lekkerder was dan de vette variant.

Terwijl Spencer voorovergebogen zat om haar scheenbeschermers vast te maken – alweer – voelde ze ineens dat Ian boven haar hing. Toen ze opkeek, stond hij naar haar te glimlachen. 'Even voor de goede orde,' zei hij zacht, terwijl hij zijn gezicht van de rest van het team afwendde. 'Jij bent een betere center dan je zus – zonder enige twijfel.'

'Goh, dank je,' zei Spencer met een grijns. De geur van pas gemaaid gras en Ians Neutrogena-zonnebrandcrème kriebelde in haar neus. Haar hart begon sneller te slaan. 'Dat betekent best een hoop voor me.'

'En ik meende al dat andere ook.' Hij trok zijn linkermondhoek in een soort halve glimlach omhoog.

Spencer voelde een kleine opwindende siddering door haar lichaam trekken. Bedoelde hij dat van 'mooi, slim en sportief'? Ze wierp een snelle blik op Melissa. Haar zus stond, totaal nietsvermoedend, over haar BlackBerry gebogen.

Mooi zo.

7

NIETS ZO FIJN ALS EEN OUDERWETS VERHOOR

Maandagavond parkeerde Hanna haar Prius op de oprit naast het huis en sprong eruit. Ze hoefde zich alleen nog maar even om te kleden en dan ging ze naar Mona, lekker samen uit eten! Komen opdagen in haar Rosewood Day-blazer en -plooirok zou een belediging betekenen voor het begrip Frenniversary. Bovendien wilde ze onderhand van die lange mouwen af: ze liep de hele dag al te zweten. Ze had zich onderweg wel honderd keer met haar Evian-spray besprenkeld, maar ze bleef zich oververhit voelen.

Toen ze de hoek om liep en de champagnekleurige Lexus naast de garage zag staan, stond ze stokstijf stil. Wat deed haar moeder thuis? Zij werkte altijd idioot lang door bij haar reclamebureau in Philadelphia, McManus & Tate, en was vaak niet voor tienen thuis.

En toen zag Hanna ook de vier andere auto's in een rijtje naast de garage staan: die zilvergrijze Mercedes-coupé moest van Spencer zijn, die witte Volvo van Emily en die lompe groene Subaru van Aria. De laatste auto was een witte Ford met de tekst POLITIE ROSEWOOD op de zijkant.

Wat had dít in hemelsnaam te betekenen?

'Ah, Hanna.'

Haar moeder stond op de zijveranda, nog in haar chique zwarte broekpak en hoge slangenleren hakken.

'Wat is er aan de hand?' vroeg Hanna geërgerd. 'Waarom zijn al mijn oude vriendinnen hier?'

'Ik heb nog geprobeerd je te bellen, maar je nam niet op,' zei haar moeder. 'Agent Wilden wil jullie nog wat vragen stellen over Alison. Ze zitten allemaal achter.'

Hanna trok haar BlackBerry uit haar zak. Ja hoor, drie gemiste telefoontjes, allemaal van haar moeder.

Haar moeder draaide zich om; Hanna volgde haar het huis in, de keuken door. Bij de telefoontafel met het granieten blad stopte ze even. 'Zijn er nog boodschappen voor me achtergelaten?'

'Ja, eentje.' Hanna's hart maakte een sprongetje. Maar toen voegde haar moeder eraan toe: 'Meneer Ackard. Ze zijn bij de brandwondenkliniek bezig met een reorganisatie en hebben je hulp niet langer nodig.'

Hanna knipperde even met haar ogen. Dat was nog eens een fijne verrassing. 'Verder niemand...?'

Mevrouw Marins ooghoeken gingen begripvol naar beneden. 'Nee.' Ze legde haar hand zacht op Hanna's arm. 'Het spijt me, Han. Hij heeft niet gebeld.'

Ondanks Hanna's verder perfecte leventje deed het zwijgen van haar vader haar pijn. Hoe kon hij haar zo makkelijk uit zijn leven wissen? Hij begreep toch zeker wel dat zij een heel goede reden had gehad om hun etentje af te zeggen voor Foxy? Hij wist toch zeker wel dat hij zijn verloofde Isabel en haar perfecte dochter Kate niet had moeten meevragen op hún speciale weekend? Maar ja, het zou niet lang meer duren of haar vader trouwde met die alledaagse, eekhoornachtige Isabel... en dan werd Kate officieel zijn stiefdochter. Misschien had hij Hanna wel niet teruggebeld omdat zij hem gewoon te veel was: één dochter te veel.

'Boeien!' zei Hanna tegen zichzelf, terwijl ze haar blazer uittrok en haar ragfijne roze Rebecca Taylor-topje rechttrok. Die Kate was een nuffige trut – als haar vader dat liever had, dan zochten ze het maar lekker uit met elkaar!

Toen ze door de dubbele deur naar de achterveranda keek, zag ze Spencer, Aria en Emily inderdaad rond hun kolossale teakhouten tuintafel zitten, vrolijk gekleurd door het gebrandschilderde glas. Agent Wilden, de nieuwste aanwinst van de politie van Rosewood (én haar moeders nieuwste scharrel), stond naast de Weber-grill.

Het was onwerkelijk om haar drie ex-hartsvriendinnen hier te zien zitten. De laatste keer dat ze hier samen op de achterveranda hadden gezeten, was aan het eind van de brugklas geweest. Toen was Hanna nog de sufste en lelijkste van het groepje – nu waren Emily's schouders breder en had haar haar een groenige zweem; zag Spencer er gespannen en moe uit; en leek Aria wel een zombie, met die zwarte haren en bleke huid van haar. Als Hanna een haute couture Proenza Schouler was, dan was Aria een slecht zittende, pluizige sweatshirtjurk van Target...

Hanna haalde diep adem en duwde de deur open. Agent Wilden draaide zich om. Er lag een ernstige uitdrukking op zijn gezicht. Boven de kraag van zijn politie-uniform was nog net een stukje van een donkere tattoo te zien. Het verbaasde Hanna nog steeds dat Wilden – voormalig rotjoch van Rosewood Day – bij de politie was gegaan. 'Ah, Hanna! Neem gauw plaats.'

Ze trok een stoel onder de tafel vandaan en plofte naast Spencer neer. 'Gaat dit lang duren?' zei ze, terwijl ze haar roze, met diamantjes bezette Dior-horloge bestudeerde. 'Ik ben al aan de late kant voor een afspraak.'

'Niet als we nu beginnen,' zei Wilden en hij keek de kring rond. Spencer zat naar haar vingernagels te staren, Aria zat heel bizar met gesloten ogen op haar kauwgum te kauwen en Emily zat strak naar de citronellakaars op tafel te staren, alsof ze elk moment in huilen kon uitbarsten.

'Eerste punt,' zei Wilden. 'Iemand heeft een homevideo van jullie aan de pers doorgespeeld.' Hij keek Aria aan. 'Het gaat om een van de filmpjes die jij ons destijds hebt gegeven. Dus misschien zie je het binnenkort op tv, want alle zenders hebben het gekregen. We onderzoeken nog wie dit gedaan heeft; die zal zijn straf beslist niet ontlopen. Maar ik wilde dat jullie het in ieder geval als eersten wisten.'

'Wélk filmpje dan?' wilde Aria weten.

'Iets over sms'jes,' antwoordde Wilden.

Hanna leunde achterover en probeerde te bedenken om welk filmpje het kon gaan. Er waren er zoveel. Aria had hen constant zitten filmen. Zijzelf had altijd geprobeerd zoveel mogelijk buiten beeld te blijven, want op film leek ze geen vijf, maar wel tien kilo dikker.

Wilden knakte met zijn knokkels. Toen pakte hij de fallusachtige pepermolen van tafel en begon ermee te spelen. De peper die op het tafellaken viel, verspreidde een pittige geur. 'Het tweede punt waar ik het met jullie over wil hebben, is Alison. We hebben namelijk redenen om aan te nemen dat haar moordenaar iemand uit Rosewood is; iemand die hier mogelijk nog steeds woont... en die nog steeds gevaarlijk kan zijn.'

Iedereen hield zijn adem in.

'We zijn alles opnieuw met een frisse blik aan het bekijken,' vervolgde Wilden, terwijl hij opstond en met zijn handen op zijn rug rondjes begon te lopen (had hij vast bij *CSI* gezien en vond hij wel stoer staan). 'We proberen Alisons leven vóór haar vermissing te reconstrueren en willen beginnen bij degenen die haar het beste kenden.'

Op dat moment begon Hanna's BlackBerry te zoemen. Ze trok hem uit haar handtas. Het was Mona.

'Mon?' antwoordde ze zacht, terwijl ze opstond en naar een hoek van de veranda liep, bij haar moeders rozenstruiken. 'Ik kom een paar minuutjes later.'

'Truttebel,' zei Mona plagerig. 'Mooi klote, ik zit al aan ons tafeltje bij Rive Gauche.'

'Hanna,' riep Wilden bars. 'Wil je diegene alsjeblieft straks even terugbellen?'

En toen niesde Aria. 'Gezondheid,' zei Emily automatisch.

'Waar ben jij eigenlijk?' vroeg Mona argwanend. 'Is er iemand bij je?'

'Ik ben gewoon thuis,' antwoordde Hanna. 'Met Emily, Aria, Spencer en ag...'

'Je oude vriendinnen?' onderbrak Mona haar scherp.

'Ja. Zij zaten hier al toen ik thuiskwam,' lichtte Hanna toe.

'Dus als ik het goed zie,' zei Mona, terwijl ze steeds schriller klonk, 'heb jij je oude vriendinnenkliek bij je thuis uitgenodigd... op de avond van ónze Frenniversary?'

'Nee joh, ik heb ze niet uitgenodigd,' lachte Hanna. Het bleef haar verbazen dat Mona zich zo bedreigd kon voelen door haar oude vriendinnen. 'Ik heb alleen...'

'Weet je?' onderbrak Mona haar. 'Vergeet het maar! De Frenniversary is bij deze geannuleerd.'

'Mona, doe niet zo...' begon Hanna, maar toen stopte ze abrupt. Wilden stond naast haar.

Hij trok de telefoon uit haar hand en klapte hem dicht. 'Het gaat hier om een moord,' baste hij. 'Je vriendinnetjes moeten maar even wachten.'

Hanna wierp zijn rug een woeste blik toe. Hoe durfde hij haar gesprek af te breken! Dat hij met haar moeder rommelde, betekende nog niet dat hij vadertje over haar mocht spelen! Ze stormde terug naar haar plek aan de tafel, waar ze weer kalm probeerde te worden. Mona was een ster in heftig reageren, maar kon nooit lang koel tegen haar blijven doen. De ergste ruzies die ze hadden gehad, hadden hoogstens een paar uur geduurd.

'Oké,' zei Wilden toen Hanna weer zat. 'Een paar weken terug heb ik iets interessants ontvangen, waar we het volgens mij maar eens over moeten hebben.' Hij haalde zijn notitieboek tevoorschijn. 'Jullie vriend Toby Cavanaugh heeft een afscheidsbrief achtergelaten.'

'D-d-dat weten we al,' stotterde Spencer. 'Zijn zus heeft ons een deel ervan laten lezen.'

'Aha, dus dan weten jullie vast ook dat Alison er ook in voorkwam.' Wilden bladerde in zijn notitieboek. 'Toby heeft geschreven: *"Ik heb Alison DiLaurentis beloofd dat ik een geheim van haar zou bewaren, als zij hetzelfde voor mij deed."*' Wildens olijfkleurige ogen keken hen stuk voor stuk onderzoekend aan. 'Wat was Alisons geheim?'

Hanna zakte onderuit. *Dat wij degenen zijn die Jenna blind hebben gemaakt* – dat was het geheim dat Toby voor Ali had stilgehouden. Hanna en haar vriendinnen hadden niet geweten dat hij dat wist – tot drie weken geleden, toen Spencer uit de school had geklapt.

Spencer flapte er uit: 'Dat weten we niet, Ali heeft het geen van ons verteld.'

Wilden fronste en boog zich over de tafel heen. 'Hanna, een tijdje terug dacht jij dat Toby Alison had vermoord.'

Hanna trok laconiek haar schouders op. Zij was inderdaad naar Wilden gegaan, toen ze dacht dat Toby A was én Ali's moordenaar. 'Nou ja... Toby mocht Ali niet zo.'

'Of eigenlijk mocht hij Ali juist wel, maar Ali kon hém niet uitstaan,' verduidelijkte Spencer. 'Hij bespioneerde haar de hele tijd. Maar ik weet niet of dat iets met dat geheim van hem te maken had.'

Emily kreunde zacht. Hanna keek haar argwanend aan. Het enige waar Emily het de laatste tijd nog over had, was hoe schuldig ze zich voelde over Toby. Stel dat ze Wilden nu ging vertellen dat zíj verantwoordelijk waren voor Toby's dood – én Jenna's ongeluk? Hanna mocht dan een paar weken geleden nog wel hebben willen opdraaien voor Het Voorval Met Jenna – toen had ze nog niets gehad om voor te leven – maar nu ging ze echt niet meer bekennen. Haar leven was eindelijk weer een beetje op orde en ze had er absoluut geen trek in om straks bekend te staan als een van De Verknipte Verblinders (of hoe ze het op tv ook maar gingen noemen).

Wilden sloeg weer een paar bladzijden van zijn notitieboek om. 'Nou ja, denk daar in ieder geval allemaal even over na. Vervolgens... laten we het eens hebben over de avond dat Alison zoekraakte. Spencer, hier staat dat Ali jou vlak voor haar verdwijning heeft proberen te hypnotiseren. Toen kregen jullie ruzie, waarop zij de woonschuur uit rende; jij rende haar achterna, maar kon haar niet meer vinden. Klopt dat?'

Spencer verstijfde. 'Eh ja... dat klopt.'

'Geen enkel idee waar ze is gebleven?'

Spencer trok haar schouders op. 'Sorry.'

Hanna probeerde zich de avond van Ali's verdwijning voor de geest te halen. Het ene moment stond ze hen nog te hypnotiseren, het volgende was ze weg. Ze had echt het gevoel dat Alison haar in trance had gebracht. Terwijl Ali van honderd naar nul telde, zweefde de opdringerige geur van de vanillekaars door de woonschuur en begon Hanna zich zwaar en loom te voelen. De popcorn en Dorito's die ze eerder naar binnen had gewerkt, kolkten onprettig rond in haar maag; spookachtige beelden flakkerden voor haar ogen. Ali en de rest holden door een ondoordringbaar woud, met overal om hen heen enorme, vleesetende planten. Opeens klapte een van die planten met zijn kaken en greep Ali bij haar been. Toen ze weer bijkwam, stond Spencer in de deuropening van de woonschuur, met een bezorgde blik op haar gezicht... en was Ali verdwenen.

Wilden bleef maar over de veranda ijsberen. Nu pakte hij een rustieke bloempot op en draaide hem om, alsof hij naar het prijskaartje zocht. Nieuwsgierig aagje. 'Ik wil dat jullie me alles vertellen wat je nog weet. Bedenk eens wat er allemaal speelde in die tijd rond Alisons verdwijning: had ze een vriendje, nieuwe vrienden of vriendinnen?'

'Ze had een vriend,' gaf Aria toe. 'Matt Doolittle. Hij is verhuisd.' Toen ze weer achteroverleunde, gleed haar T-shirt van haar schouder, waardoor een hoerig, roodkanten bh-bandje zichtbaar werd.

'Ze trok veel op met een stel oudere hockeymeiden,' bood Emily nu aan.

Wilden keek naar zijn aantekeningen. 'Juist: Katy Houghton en Violet Keyes – heb ik. En Alisons houding? Gedroeg ze zich soms vreemd?'

Iedereen zweeg. Jazeker, dacht Hanna, terwijl één herinnering in het bijzonder bij haar opborrelde. Op een stormachtige voorjaarsdag een paar weken voor Ali's verdwijning had haar vader hun tweeën meegenomen naar een wedstrijd van de Phillies. Ali was de hele avond onrustig geweest, alsof ze het ene zakje Skittles na het andere naar binnen had gewerkt. Ze bleef maar op haar mobieltje checken of er al een sms'je was en leek hels toen haar inbox leeg bleef. Toen ze tijdens de zevende inning naar het balkon waren geslopen om te lonken naar een groepje leuke jongens in een van de skyboxen, was het Hanna opgevallen dat Ali's handen trilden. 'Gaat het wel goed met je?' had ze gevraagd. Ali had geglimlacht en verklaard: 'Ik heb het gewoon koud'.

Maar was dat verdacht genoeg om nu mee te komen? Het leek niets bijzonders, maar je wist tenslotte niet wat de politie precies horen wilde.

'Ze leek gewoon in orde,' zei Spencer traag.

Wilden keek haar recht in de ogen. 'Weet je, mijn oudere zus leek veel op Alison. Zij was ook de leidster van haar kliek. Alles wat mijn zus zei, deden haar vriendinnen – wat het ook was. En ze bewaarden allerlei geheimen voor haar. Werkte het bij jullie ook zo?'

Hanna krulde haar tenen. Ze ergerde zich opeens aan hoe dit gesprek verliep.

'Ik weet het niet,' mompelde Emily. 'Misschien wel.'

Wilden keek naar de telefoon die aan zijn holster begon te trillen. 'Pardon.' Terwijl hij hem van zijn riem trok, liep hij richting de garage.

Zo gauw hij zich buiten gehoorsafstand bevond, zuchtte Emily opgelucht. 'Jongens, we moeten het hem vertellen.'

Hanna kneep haar ogen tot spleetjes. 'Wát moeten we hem vertellen?'

Emily stak haar handen in de lucht. 'Jenna is blind en dat is onze schuld.'

Hanna schudde haar hoofd. 'Ik doe niet mee. Trouwens, het gaat prima met Jenna, heus. Heb je die Gucci-zonnebril van d'r gezien? De wachtlijst voor zo'n ding is ongeveer een jaar; ze zijn nog moeilijker te krijgen dan een Birkin-tas.'

Aria gaapte Hanna aan. 'Zo! Van welk zonnestelsel kom jij eigenlijk? Wie geeft er nu om een Gucci-zonnebril?'

'Nou, iemand zoals jij duidelijk niet,' bitste Hanna.

Aria's gezicht verstrakte. Ze leunde achterover. 'Wat wil je daarmee zeggen?'

'Ik denk dat je dat wel weet,' snauwde Hanna.

'Jongens!' zei Spencer waarschuwend.

Met een zucht draaide Aria haar gezicht naar de zijtuin. Hanna keek woest naar haar puntige kin en skischansneus. Ha, zelfs Aria's profiel was niet zo mooi als dat van haar!

'We moeten hem vertellen van Jenna,' drong Emily aan. 'En van A. De politie moet dit afhandelen. We zitten er tot aan onze nek toe in.'

'Wij vertellen hem helemaal niets – punt uit,' siste Hanna.

'Tja, ik weet het ook niet, Emily,' zei Spencer langzaam, terwijl ze haar autosleutel in een brede spleet van het tafelblad stak. 'Het is me nogal een beslissing; dat heeft gevolgen voor ons allemaal.'

'We hebben het hier toch al over gehad?' was Aria het met haar eens. 'En daarbij: A is er niet meer, dus...'

'Ik zal jullie er allemaal buiten houden,' wierp Emily tegen, terwijl ze haar armen voor haar borst kruiste. 'Maar ik ga het hem vertellen. Volgens mij is dat de enige juiste stap.'

Toen Aria's mobieltje ineens begon te piepen, schrokken ze allemaal. Daarna begon Spencers Sidekick te trillen, waarbij hij zich langzaam naar de hoek van de tafel bewoog. Hanna's BlackBerry, die ze alweer terug in haar tas had gestopt, liet een gedempt klokgelui horen. En Emily's kleine Nokia maakte een ouderwets telefoongeluid.

De laatste keer dat al hun telefoontjes tegelijk hadden geklonken, was buiten bij Ali's rouwdienst geweest. Hanna kreeg hetzelfde gevoel als toen haar vader haar als vijfjarige op de Rosewood County-kermis voor de eerste keer in de Octopus had gezet: een duizelingwekkende misselijkheid. Aria klapte haar telefoontje open, daarna deden Emily en Spencer hetzelfde. 'O, mijn god,' fluisterde Emily.

Hanna nam niet eens de moeite haar hand uit te steken naar haar BlackBerry, maar boog zich over Spencers Sidekick.

Dachten jullie werkelijk dat ik weg was? Alsjeblieft, zeg! Ik heb jullie de hele tijd in de gaten zitten houden. Wie weet doe ik dat op dit moment ook... En meiden, als jullie het wagen WIE DAN OOK over mij te vertellen, dan zullen jullie daar spijt van krijgen.
–A

Hanna's hart bonsde als een gek. Toen ze voetstappen hoorde, draaide ze zich verschrikt om. Daar was Wilden weer.

Hij hing zijn mobieltje terug aan zijn holster. Toen keek hij naar de meiden en trok één wenkbrauw vragend omhoog. 'Heb ik iets gemist?'

Dat kon je wel zeggen, ja.

8

ALTIJD BETER OM HET BOEK TE LÉZEN VOOR JE ER IETS UIT PIKT

Zo'n halfuur later stopte Aria naast haar bruine vierkante huis in jarenvijftigstijl. Met haar Treo onder haar kin wachtte ze op het einde van Emily's voicemailboodschap. Na de piep zei ze: 'Em, met Aria. Als je er werkelijk over denkt met Wilden te gaan praten, bel mij dan eerst. A is in staat tot... meer dan je denkt.'

Met een ongerust gevoel verbrak ze de verbinding. Ze had geen flauw idee welk duister geheim van Emily A naar buiten zou brengen als ze met de politie ging praten, maar ze wist uit eigen ervaring dat A niet blufte.

Zuchtend maakte ze de voordeur open en kloste de trap op. De deur van de slaapkamer van haar ouders stond op een kier. Hun bed was keurig opgemaakt (of was het nu alleen nog haar moeders bed?). Ella had er de zalmkleurige batiksprei op gelegd die zij zo mooi vond en Byron zo afgrijselijk en alle hoofdkussens lagen op een stapel aan haar kant van het bed – het leek wel een metafoor voor echtscheiding.

Aria gooide haar boeken op haar bureau en liep toen wat doelloos terug naar beneden, naar de tv-kamer. A's dreigement tolde maar rond in haar hoofd – het leek de centrifuge wel die ze vandaag bij biologie hadden gebruikt. A was er nog! En, zo beweerde Wilden althans, Ali's moordenaar ook! A zou tevens Ali's moordenaar kunnen zijn, die langzaam maar zeker hun levens binnendrong. Stel dat Wilden gelijk had: dat Ali's moordenaar nóg iemand op het oog had? Stel dat Ali's moordenaar niet alleen Ali's vijand was, maar ook die van Aria, Hanna, Emily en Spencer? Betekende dat dan dat een van hen... de volgende was?

Het was donker in de tv-kamer, op de flikkerende tv na. Toen Aria een hand op de leuning van de tweed loveseat zag liggen, maakte ze een sprongetje van schrik. Maar toen stak Mike zijn gezicht om de hoek van de bank.

'Ha, precies op tijd!' riep hij, wijzend naar de tv. *'Zo meteen: een nooit eerder vertoonde thuisvideo van Alison DiLaurentis, een week voordat ze werd vermoord,'* zei hij, met zijn beste Moviefone-verslaggeversstem.

Aria's maag kneep samen. Dat was het filmpje waar Wilden het over had gehad! Jaren geleden had ze zich op filmen gestort en alles gedocumenteerd wat los en vast zat – van de slakken in de achtertuin tot haar hartsvriendinnen. De filmpjes waren over het algemeen kort en ze had vaak geprobeerd ze artistiekerig te maken, door in te zoomen op Hanna's neusvleugels, de rits van Ali's trui of Spencers onrustige vingers. Nadat Ali was zoekgeraakt, had ze haar hele videocollectie aan de politie overgedragen. Deze spitte alle filmpjes door, maar vond geen aanwijzingen over waar Ali zich zou kunnen bevinden. Aria had de originelen nog steeds op haar laptop staan, maar ze had er al heel erg lang niet meer naar gekeken.

Ze plofte naast Mike op de loveseat. Toen na een Mercedesreclame het nieuws weer begon, gingen Aria en haar broer rechtop zitten. 'Gisteren ontvingen wij van een anonieme bron dit filmpje van Alison DiLaurentis,' kondigde de nieuwslezer aan. 'Het laat zien hoe huiveringwekkend onschuldig haar leven eruitzag, enkele dagen voordat ze werd vermoord. Kijkt u maar.'

Het begon met een onhandige shot van de leren bank in de woonkamer van Spencers familie. 'Ja, en omdat ze maatje nul heeft,' hoorde je Hanna buiten beeld zeggen. De camera draaide naar een duidelijk jongere Spencer, in een roze polo en een pyjamabroek. Haar blonde haar viel als een waterval over haar schouders en ze droeg een heftig glinsterende nepdiamanten kroon.

'Ze ziet er lekker uit met die kroon,' zei Mike geestdriftig, terwijl hij een grote zak Dorito's openscheurde.

'Ssst,' siste Aria.

Spencer wees naar Ali's LG op de bank. 'Willen jullie haar sms'jes ook lezen?'

'Ikke wel!' fluisterde Hanna, terwijl ze uit beeld dook. Toen zwaaide de camera naar Emily – die er bijna hetzelfde uitzag als tegenwoordig: hetzelfde roodblonde haar, hetzelfde veel te grote zwemshirt, dezelfde vriendelijk-bezorgde uitdrukking. Opeens herinnerde Aria zich deze avond weer: voordat ze was begonnen met filmen, had Ali een sms'je gekregen, waarvan ze hun weigerde te vertellen van wie. Ze hadden zich allemaal aan haar geërgerd.

In beeld was nu Spencer, met Ali's telefoon in haar handen. 'Mmm... beveiligd' – gevolgd door een vage shot van het schermpje.

'Weet jij haar code?' hoorde Aria haar eigen stem vragen.

'Verrek, dat ben jij!' gilde Mike.

'Wat dacht je van haar geboortedatum?' opperde Hanna.

De camera liet zien hoe Hanna's mollige handen de telefoon van Spencer overnamen.

Mike trok zijn neus op en draaide zich naar zijn zus. 'Is dit nu wat meiden doen als ze samen zijn? Ik dacht dat ik kussengevechten te zien kreeg... meiden in hun onderbroek... zoenend.'

'Doe eens niet zo smerig,' snauwde Aria. 'We zaten nog maar in de brugklas, hoor.'

'D'r is anders niks mis met brugklasmeiden in hun onderbroek,' zei Mike met een klein stemmetje.

'Wat doen jullie daar?' riep Ali's stem plots, waarna haar gezicht in beeld verscheen. Aria's ogen vulden zich met tranen. Dat hartvormige gezicht, die stralende donkerblauwe ogen, die brede mond – het was gewoon eng.

'Zaten jullie soms in mijn mobieltje te gluren?' wilde Ali weten, met haar handen op haar heupen.

'Natuurlijk niet!' riep Hanna en Spencer wankelde achteruit, met één hand aan haar kroon.

Mike propte een handvol Dorito's in zijn mond. 'O, laat mij alstublieft uw liefdesslaaf zijn, prinses Spencer,' zei hij met een kopstem.

'Ik geloof niet dat ze iets wil met pubers die nog met hun knuffel slapen,' beet Aria hem toe.

'Nou!' piepte Mike. 'Het is geen knuffel: het is mijn geluks-sweater die ik draag als ik lacrosse speel!'

'Nog erger,' zei Aria.

Ali zweefde weer in beeld. Ze zag er levendig, energiek en zorgeloos uit. Hoe kon zij nu dood zijn; vermoord?

Toen liepen Spencers oudere zus Melissa en haar vriend Ian door het beeld. 'Ha meiden,' zei Ian.

'Hoi,' begroette Spencer hem luid.

Aria grijnsde. Ze was bijna vergeten hoe ze allemaal naar Ian hadden gehunkerd. Hij was een van de mensen die ze soms voor de grap hadden gebeld (net als Jenna Cavanaugh voor het ongeluk, Noel Kahn omdat hij zo leuk was en Andrew Campbell omdat Spencer hem zo irritant vond). Bij Ian deden ze altijd om beurten alsof ze van de bellijn 'Hete Studentes' waren.

De camera liet zien hoe Ali met haar ogen naar Spencer rolde... en hoe Spencer als antwoord woest naar Ali's rug keek. Typisch, dacht Aria. Die avond van Ali's verdwijning was zijzelf niet gehypnotiseerd. Ze had geluisterd naar de ruzie tussen Ali en Spencer. En toen zij de woonschuur uit renden, had ze een paar minuten gewacht en was hen toen gevolgd. Buiten had ze hun namen geroepen, maar ze waren al nergens meer te zien. Dus was ze maar weer naar binnen gegaan. Ze wist nog dat ze zich zelfs even had afgevraagd of Ali en Spencer hen misschien expres in de steek hadden gelaten, of ze dit hele gedoe in scène hadden gezet om samen naar een toffer feest te kunnen. Maar toen was Spencer weer binnen komen stormen – met een blik alsof ze volledig de weg kwijt was, alsof ze in een soort trance verkeerde.

Op het scherm plofte Ian naast Ali op de bank neer. 'Wat zijn jullie aan het doen?'

‘O, niks bijzonders,’ hoorde je Aria vanachter de camera. ‘We maken een film.’

‘Een film?’ vroeg Ian. ‘Mag ik ook meedoen?’

‘Natuurlijk,’ zei Spencer en ze ging naast hem zitten. ‘Eh, we doen een talkshow. Ik ben de gastvrouw; jij en Ali zijn mijn gasten. Ik zal jou eerst nemen.’

De camera dwaalde af naar de bank en zoomde in op Ali’s dichtgeklapte mobieltje, naast haar hand – steeds verder, tot het LED-schermpje aan de buitenkant van de telefoon het hele beeld vulde. Tot op de dag van vandaag wist Aria niet wie Ali die avond had ge-sms’t.

‘Vraag hem eens wie zijn lievelingsdocent op Rosewood is,’ riep Aria’s nog iets hogere stem vanachter de camera.

Ali grinnikte en keek recht in de lens. ‘Mmm, da’s misschien juist een goeie vraag voor jóú, Aria. Vraag hem maar eens of hij het ook met een van zijn docenten zou willen aanleggen... op een lege parkeerplaats of zo...’

Aria hapte naar adem en hoorde haar jongere ik op de tv hetzelfde doen. Had Ali dat echt gezegd? Waar iedereen bij was?

En toen was het filmpje afgelopen.

Mike draaide zich naar haar toe. Rond zijn mond zaten allemaal knaloranje Dorito-kruimels. ‘Wat bedoelde ze daarmee, met dat versieren van docenten? Het leek wel alsof ze dat alleen tegen jou zei.’

Er kwam alleen een droge rasp uit Aria’s mond. A had Ella inmiddels verteld dat Aria al die tijd van Byrons affaire had geweten, maar Mike wist nog van niets. O, wat zou hij teleurgesteld in haar zijn.

Mike stond op. ‘Nou ja, laat ook maar.’ Aria wist dat hij expres nonchalant deed, alsof het hem allemaal niets kon schelen. Maar toen hij de kamer uit stormde, gooide hij een ingelijste foto-met-handtekening van Lou Reed om – haar vaders rockheld en een van de weinige herinneringen aan Byron die Ella nog niet had opgeruimd. Ze hoorde haar broertje de trap op stampen, waarna zijn slaapkamerdeur met een harde klap werd dichtgesmeten.

Aria legde haar hoofd in haar handen. Dit was zo'n beetje de drieduizendste keer dat ze wilde dat ze terug in Reykjavík was: op trektocht naar een gletsjer, op de rug van haar IJslandse pony Gilda, dwalend langs een opgedroogde lavabedding of zelfs walvisblubber etend, dat spul waar iedere IJslander dol op leek te zijn.

Ze zette de tv uit. Het was meteen griezelig stil in huis. Toen ze bij de deur iets hoorde ritselen, sprong ze geschrokken op. In de gang zag ze haar moeder sjouwen met een stel grote canvas boodschappentassen van de biologische winkel van Rosewood.

Toen Ella Aria zag, glimlachte ze vermoeid. 'Hoi, liefje.' Sinds ze Byron het huis uit had geschopt, zag haar moeder er nog slonziger uit dan voorheen. Haar dunne zwarte tuniek zat flodderiger dan ooit, er zat een sesampastavlek op haar wijde zijden broek en haar lange, donkerbruine haar lag als een rattennest op haar hoofd.

'Wacht, ik help je,' zei Aria en ze nam een paar tassen van Ella over. Samen liepen ze naar de keuken, zetten de tassen op het kookeiland en begonnen ze uit te pakken.

'Zo. Hoe was jouw dag?' mompelde Ella.

En toen wist Aria het weer. 'O, mijn god, je gelooft nooit wat ík heb gedaan!' riep ze, ineens een beetje duizelig. Ella keek haar even aan voordat ze de biologische pindakaas in de kast zette. 'Ik ben naar Hollis gegaan... op zoek naar... je weet wel... háár.' Aria sprak Merediths naam liever niet uit. 'Ze was schilderles aan het geven. En toen ben ik daar dus binnengestormd, heb een verfkwast gepakt en heb een knalrode A op haar borst geschilderd. Je weet wel, net zoals bij dat mens uit *De rode letter*. Echt te gek!'

Ella zweeg. De zak volkorenpasta in haar handen bleef midden in de lucht hangen en ze keek alsof ze elk moment kon gaan overgeven.

'Ze wist niet wat haar overkwam,' ging Aria verder. 'En toen zei ik: "Zo, nu weet iedereen wat jij gedaan hebt."' Grijnzend spreidde ze haar armen. 'Taa-dááááá!'

Ella's ogen sprongen van links naar rechts, terwijl ze dit alles probeerde te verwerken. 'Weet je dan niet dat het de bedoeling is dat je Hester Prynne een sympathiek personage vindt?'

Aria trok een frons in haar voorhoofd. Ze was immers nog maar op pagina acht. 'Ik heb het voor jou gedaan,' zei ze. 'Als revanche.'

'Revanche?' zei Ella met trillende stem. 'Nou, je wordt bedankt! Zo lijkt het echt alsof ik hier heel wijs en goed mee omga – maar niet heus. Het is al moeilijk genoeg voor me, hoor. Begrijp je dan niet dat je nu een soort martelaar van haar hebt gemaakt?'

Aria deed een stap in haar moeders richting. Zo had ze het nog helemaal niet bekeken. 'O, sorry...'

Snikkend zakte Ella tegen het aanrecht. Aria stond er roerloos bij. Haar armen en benen voelden alsof ze van klei waren die net uit de oven kwam: keihard en nutteloos. Ze kon met geen mogelijkheid bevatten wat haar moeder allemaal doormaakte. En nu had ze het zelfs nog erger gemaakt!

Vlak voor het keukenraam landde een kolibrie op de replica van een walvispenis die Mike in het fallologisch museum van Reykjavík had gekocht. Onder andere omstandigheden had Aria haar moeder er meteen op gewezen – kolibries waren hier zeldzaam, zeker als ze landden op een namaakwalvispiemel – maar vandaag niet.

'Ik kan je even niet meer zíén!' stamelde Ella uiteindelijk.

Aria legde een hand op haar borst, alsof haar moeder haar zojuist met een van haar Wüsthof-messen had gestoken. 'Het spijt me echt. Ik wilde Meredith laten boeten voor wat ze heeft gedaan.' Maar Ella reageerde niet eens. Het verzengend zurige gevoel in Aria's maag werd steeds heftiger. 'Nou, misschien moet ik hier dan maar een poosje weg... als jij me niet eens meer kunt aanzien...'

Ze wachtte op Ella, die zou roepen: Nee, dat wil ik ook weer niet! Maar haar moeder bleef zwijgen, tot ze voor zich uit prevelde: 'Ja, da's misschien wel een goed idee'.

'O.' Aria's schouders zakten naar beneden, haar kin begon te trillen. 'Dan eh... dan zal ik morgen na school maar niet naar huis komen.' Ze had geen flauw idee waar ze naartoe moest, maar dat deed er nog even niet toe. Het enige wat er nu toe deed, was dat ze deed waar haar moeder zich het gelukkigst bij voelde.

9

JONGENS, EEN GIGANTISCH APPLAUS VOOR SPENCER HASTINGS!

Terwijl dinsdagmiddag het grootste deel van de onderbouw van Rosewood Day zat te lunchen, zat Spencer boven op de vergadertafel in de jaarboekkamer. Ze werd omringd door acht knipperende Mac G5-computers, een hele berg Nikon-camera's met lange lenzen, zes gretige eerste- en tweedejaarsmeiden en een sullige, lichtelijk verwijfde mannelijke eerstejaars.

Ze tikte op de covers van de laatste jaarboeken van Rosewood Day. Deze kregen ieder jaar weer de titel *De muilezel* mee, dankzij een twijfelachtige grap uit de jaren twintig die zelfs de oudste leraren op school allang vergeten waren. 'Ik vind dat we in *De muilezel* van dit jaar iets moeten zien te vangen van de ware aard van de leerlingen van Rosewood Day.'

Haar jaarboekmedewerkers schreven ijverig 'ware aard' in hun spiraalblokjes.

'Zoals eh... misschien kunnen we er wat korte interviews met willekeurige leerlingen in zetten,' vervolgde Spencer. 'Of mensen vragen naar hun favoriete iPod-nummers en dat lijstje in een blokje naast hun foto plaatsen. O, en hoe gaat het eigenlijk met de stillevens?' Tijdens de vorige bijeenkomst hadden ze afgesproken enkele leerlingen te vragen hun tas om te keren en de inhoud te noteren – om te laten zien waar de jongens en meiden van Rosewood Day allemaal mee rondsjouwden.

'Ik heb geweldige foto's van de troep uit Brett Weavers voetbaltas en Mona Vanderwaals handtas,' zei Brenna Richardson.

'Fantastisch,' zei Spencer. 'Ga zo door!'

Toen sloot ze haar notitieboek van mosgroen leer en zei tegen haar staf dat ze weg mochten. Toen iedereen de deur uit was, pakte ze haar zwarte stoffen Kate Spade-tas en haalde haar Sidekick eruit.

Ja hoor, het was er nog: het bericht van A. Ze bleef maar hopen dat het vanzelf zou verdwijnen.

Toen ze de telefoon weer in haar tas liet glijden, stootten haar vingers tegen iets in het zijvakje: het visitekaartje van agent Wilden. Hij was niet de eerste politieagent die haar had gevraagd naar de avond van Ali's verdwijning, maar wel de enige die zo... wantrouwend had geklonken.

De herinnering aan die avond was tegelijkertijd kristalhelder én ongelooflijk wazig. Ze herinnerde zich vooral een overvloed aan emoties: opwinding, omdat ze met zijn allen in de woonschuur mochten slapen; ergernis, omdat Melissa opeens langskwam; draaierigheid, omdat zij Ian bij zich had... Het was toen nog maar een paar weken geleden dat hij haar had gezoend. Maar toen had Ali geroepen dat Melissa en Ian zo'n ééénig stel waren en waren haar emoties weer een heel andere kant op gevlogen. Ali had immers al eens gedreigd Melissa van die zoen te vertellen. Toen Ian en Melissa weg waren, was Ali hen gaan hypnotiseren en hadden ze ruzie gekregen. Ali vloog de deur uit, zij rende achter haar aan en toen... niets meer. Maar wat ze de politie nooit had verteld – of haar familie of vriendinnen – was dat ze soms als ze aan die avond terugdacht, het gevoel had dat er ergens middenin een gat zat, dat er iets was gebeurd waar ze niet meer bij kon.

Opeens kreeg ze een visioen: Ali die gemeen lachte en zich toen omdraaide.

Spencer bleef midden in de drukke gang staan. Er knalde meteen iemand tegen haar op.

'Hé joh, aan de kant!' siste het meisje achter haar. 'Sommigen van ons moeten naar de volgende les, hoor.'

Spencer zette traag een stap naar voren. Die herinnering van zonet was meteen weer vervlogen, maar het voelde alsof er een aardverschuiving had plaatsgevonden. Ze keek om zich heen, op zoek naar verbrijzeld glas of vluchtende leerlingen, ervan overtuigd dat de rest van de wereld het ook had gevoeld, maar alles zag er volkomen normaal uit. Een eindje verderop stond Naomi Zeigler zichzelf in de spiegel in haar kastje te bewonderen; twee eerstejaars stonden bij de Leraar-van-het-jaar-plaquette te lachen om de puntige duivelsbaard en -hoorntjes die over meneer Crafts glimlachende portret waren getekend; de ramen tegenover de docentenkamer waren niet eens gebarsten en geen van de vazen in de vitrine van Pottenbakken-III was omgevallen. Wat was dat voor een visioen dat ze zojuist had gehad? En waarom voelde ze zich nu zo... dubbel?

Ze glipte het economielokaal binnen en kroop achter haar tafeltje, naast een gigantisch portret van een ijzingwekkend kijkende J.P. Morgan. Toen de rest van de klas was binnengedruppeld en gaan zitten, beende Squidward naar voren. 'Voordat we de video van vandaag gaan bekijken, heb ik een mededeling.' Hij keek naar Spencer. Haar maag draaide zich om: ze wilde nu niet dat iedereen naar haar keek!

'Voor haar eerste essay-opdracht heeft Spencer Hastings een uiterst welsprekend en overtuigend betoog geschreven over de theorie van de onzichtbare hand,' begon Squidward plechtig. Hij streek over zijn das, die was bedrukt met de bekende Benjamin Franklin-portretjes van het honderddollarbiljet. 'En zoals jullie wellicht gehoord hebben, heb ik haar genomineerd voor een Gouden Orchidee.'

Hij begon te applaudisseren en de klas volgde zijn voorbeeld. Het duurde vijftien haast ondraaglijke seconden.

'Maar ik heb nóg een verrassing,' vervolgde Squidward. 'Ik had net een van de juryleden aan de telefoon en Spencer... je bent door naar de finale!'

De klas barstte opnieuw in luid applaus uit; achterin werd zelfs gefloten. Spencer bleef roerloos zitten. Het werd haar even zwart voor de ogen. Toen probeerde ze uit alle macht een glimlach tevoorschijn te toveren.

Andrew Campbell, die naast haar zat, gaf een klap op haar schouder. 'Goed gedaan!'

Spencer keek hem aan. Ze hadden amper nog een woord gewisseld sinds ze zich had gedragen als het gruwelijkste Foxy-afspraakje ooit en hem midden op het feest had gedumpt. Hij had haar voornamelijk boze blikken toegeworpen. 'Dankjewel,' zei ze schor, zodra ze haar stem weer had gevonden.

'Daar heb je vast heel erg hard aan gewerkt, is het niet? Heb je nog gebruikgemaakt van extra bronnen?'

'Mm-mm.' Spencer begon als een wilde de losse kopietjes uit haar economiemap te trekken, glad te strijken, alle omgebogen hoekjes terug te vouwen en ze op datum te leggen. Melissa's essay was de enige bron die ze had gebruikt! Toen ze was begonnen met het speurwerk voor deze opdracht, had zelfs Wikipedia's simpele definitie van 'de onzichtbare hand' haar van haar stuk gebracht. De eerste zinnen van het essay van haar zus had ze nog best kunnen volgen: *Het concept van de onzichtbare hand van de grote Schotse econoom Adam Smith kan heel gemakkelijk worden samengevat – of het nu gaat om de markten van de negentiende eeuw of die van de eenentwintigste: je dénkt misschien dat mensen bepaalde dingen doen om jou behulpzaam te zijn, maar in werkelijkheid is iedereen slechts uit op eigen gewin.* Maar tijdens het lezen van de rest was haar brein langzaam net zo wazig geworden als de sauna bij hen thuis.

'Wat dan?' drong Andrew aan. 'Boeken, tijdschriftartikelen?' Toen ze hem opnieuw aankeek, leek het net alsof er een grijns op zijn gezicht lag. Spencer voelde zich plots duizelig. Wíst hij het soms?

'Eh gewoon... de boeken uit de lijst van meneer McAdam,' verzon ze gauw.

'Aha. Nou, mijn felicitaties. Ik hoop dat je wint.'

'Bedankt,' antwoordde ze, terwijl ze bedacht dat hij het echt niet kon weten. Nee, hij was gewoon jaloers; ze stonden in de klas respectievelijk nummer één en twee en wisselden constant van positie. Andrew hield waarschijnlijk precies bij wat zij allemaal deed, zoals een beursmakelaar de Dow Jones-index. Ze ging ijverig door met het gladstrijken van haar kopieën, hoewel ze zich er nog niet echt beter door ging voelen.

Toen Squidward het licht dimde en de video aanzette – *Micro-economie en de klant,* begeleid door jolige muziek – begon Spencers Sidekick in haar tas te trillen. Heel voorzichtig stak ze haar hand uit en trok hem tevoorschijn. Ze had één nieuw sms'je.

> Spence, ik weet wat jij gedaan hebt. Maar als je exact doet wat ik zeg, zal ik het niet doorvertellen. Wil je weten wat er gebeurt als je dat niet doet? Ga naar Emily's zwemwedstrijd... en je zult het zien. –A

Iemand naast Spencer schraapte zijn keel. Toen ze opkeek, zag ze dat Andrew naar haar zat te staren. Zijn ogen gloeiden in het donker naast het flikkerende licht van de film. Ze draaide haar hoofd naar voren, maar voelde dat hij naar haar bleef kijken.

10

ER HEEFT HIER IEMAND NIET GOED GELUISTERD

In de pauze van de zwemwedstrijd tussen Rosewood Day en Drury Academy opende Emily haar kastje en trok de bandjes van haar Speedo Fastskin-wedstrijdpak omlaag. Het Rosewood Day-zwemteam was zich dit jaar te buiten gegaan aan geheel waterafstotende top-tot-teen-wedstrijdpakken van olympisch kaliber. Ze waren speciaal voor hen vervaardigd en net op tijd gearriveerd voor de wedstrijd van vandaag. Ze liepen taps toe naar de enkels en kleefden zich vast aan elke vierkante centimeter van het lichaam, waardoor je letterlijk elk bultje en rolletje zag. Het deed Emily denken aan die foto uit haar biologieboek, waarop een boa constrictor een muis lag te verteren. Ze grijnsde naar haar teamgenote Lanie Iler. 'Ben ik even blij dat dit ding uit mag!'

Ze was ook blij dat ze had besloten agent Wilden over A te vertellen. Toen ze gisteravond was thuisgekomen van die bijeenkomst bij Hanna, had ze hem meteen gebeld voor een afspraak. Ze zou hem later vanavond zien op het politiebureau van Rosewood. Het kon haar niet schelen wat de anderen van A's dreigement dachten of zeiden; als de politie ervan wist, konden ze dit hele drama voor eens en voor altijd achter zich laten.

'Ja, jij boft dat je al klaar bent,' antwoordde Lanie. Emily had al haar afstanden al gezwommen – en gewonnen. Nu hoefde ze alleen nog maar mee te juichen met de tientallen Rosewood-leerlingen die naar de wedstrijd waren gekomen. Toen ze de cheerleaders in de kleedkamer hoorde gillen, hoopte ze dat ze niet uitgleden op de natte tegelvloer van het binnenbad. Tracey Reid was vóór de eerste afstand al onderuitgegaan.

'Ha meiden.' Coach Lauren beende langs hun kastjes. Zoals gebruikelijk droeg ze ook vandaag een inspirerend zwem-T-shirt: TOP-10 VAN REDENEN WAAROM IK ZWEM (Nummer vijf: OMDAT IK ZONDER SCHULDGEVOEL 5000 CALORIEËN NAAR BINNEN KAN WERKEN). Ze gaf Emily een klap op haar schouder. 'Geweldige prestatie, Em, zo inhalen tijdens een wisselslagestafette. Echt fantastisch!'

'Dank je,' zei Emily blozend.

Lauren leunde op de splinterige rode bank die in het midden van het gangetje stond. 'Er zit een scout van de universiteit van Arizona in de zaal,' zei ze zo zacht dat alleen Emily het kon horen. 'Ze vroeg of ze jou tijdens de tweede helft even kon spreken. Kan dat?'

Emily's ogen werden groot. 'Natuurlijk!' De universiteit van Arizona was een van de beste zwemscholen van het land.

'Prima. Jullie kunnen in mijn kantoortje gaan zitten, als je wilt.' Lauren schonk Emily nog een glimlach en verdween toen in de richting van het zwembad. Toen Emily haar volgde, liep ze haar zus tegen het lijf.

'Carolyn, raad eens!' riep ze, opgetogen op en neer springend. 'D'r wil een scout van de universiteit van Arizona met me praten! Als ik daarnaartoe mag, zitten we vlak bij elkaar!' Carolyn, die dit jaar eindexamen deed, wás al gescout: zij ging naar het zwemteam van Stanford.

Carolyn keek Emily slechts kort aan en liep toen een toilethokje in, waarbij ze de deur met een knal achter zich dichttrok. Emily deed verbijsterd een paar passen achteruit. Wat was dát nou? Ze was niet vreselijk close met haar zus, maar ze had wel íéts meer enthousiasme verwacht.

Ze liep verder richting het zwembad. Ze zag dat Gemma Curran haar vanuit de douches stond te bespieden. Toen ze haar recht aankeek, trok zij het douchegordijn gauw dicht. En toen ze langs de wasbakken liep, begon Amanda Williamson ineens tegen Jade Smythe te fluisteren. Toen ze hun blik in de spiegel ontmoette, vormde hun mond een kleine, geschrokken 'O'. Emily kreeg kippenvel. Wat was er in vredesnaam aan de hand?

'Mijn hemel, het lijkt wel alsof er nog méér mensen zijn!' mompelde Lanie achter haar, toen ze het binnenbad betrad. En inderdaad: de tribunes leken nog voller dan tijdens de eerste helft van de wedstrijd. De fanfare, die bij de duikplank stond opgesteld, speelde een strijdlied; de grijze schuimrubberen Hamerhaaimascotte was bij de cheerleaders voor de tribune gaan staan. Werkelijk iedereen was er: de populaire jongens en meiden, de voetbaljongens, de meiden van de toneelclub, ja zelfs de docenten. Spencer Hastings zat naast Kirsten Cullen, daarboven zat Maya – driftig op haar mobieltje te hameren – en Hanna Marin zat daar vlakbij, helemaal in haar uppie voor zich uit te staren. En daar waren ook haar ouders, in hun blauw-witte Rosewood Zwemclub-sweatshirts met HUP EMILY- en HUP CAROLYN-buttons erop. Emily probeerde naar ze te zwaaien, maar ze hadden het te druk met het bestuderen van een stuk papier – het wedstrijdrooster waarschijnlijk. Eigenlijk zaten er best veel mensen naar dat rooster te turen. Meneer Shay, die ouwe knakker van biologie die altijd naar de trainingen kwam, omdat hijzelf duizend jaar geleden of zo ook had gezwommen, hield een exemplaar op een centimeter of tien van zijn gezicht. Nou ja, zó interessant waren al die afstanden en deelnemersnamen toch ook weer niet?

James Freed stond opeens recht voor haar, zijn gezicht een en al grijns. 'Hé Emily,' zei hij met een hitsige ondertoon. 'Ik had geen idee!'

Emily trok een frons in haar voorhoofd. 'Geen idee? Waarvan?'

Aria's broer Mike kwam naast James staan. 'Hoi Emily...'

Mona Vanderwaal verscheen achter hen. 'Toe jongens, laat haar met rust!' Toen draaide ze zich naar Emily. 'Let maar niet op hen. Zeg, ik wilde jou nog ergens voor uitnodigen.' Ze begon te graven in haar grote cognackleurige suède tas en gaf Emily een witte envelop. Emily draaide hem een paar keer om. Mmm, Mona had er in ieder geval een duur geurtje op gespoten. Ze keek haar niet-begrijpend aan.

'Ik vier zaterdag mijn verjaardag,' legde Mona uit, terwijl ze een lange witblonde lok haar om haar vingers draaide. 'Misschien heb je ook zin om te komen?'

'Moet je dóén!' zei Mike met merkwaardig grote ogen.

'Ik eh...' stamelde Emily. Maar voordat ze meer kon zeggen, begon de fanfare aan zijn volgende strijdlied en was Mona alweer weggehuppeld.

Emily keek nog eens naar de uitnodiging. Wat had dit nou weer te betekenen? Zij was helemaal niet het type dat persoonlijk door Mona Vanderwaal werd uitgenodigd. En ze was zeker niet het type dat wellustige blikken van jongens kreeg.

Toen viel haar opeens iets op aan de overkant van het zwembad. Er hing een papier aan de muur, dat er voor de pauze nog niet had gehangen. Het zag er bekend uit. Het leek wel een foto.

Ze kneep haar ogen tot spleetjes. En toen zakte de moed haar volledig in de schoenen. Het was inderdaad een foto: van twee mensen die in een klein hokje zaten te zoenen... in een pasfotohokje op Noel Kahns feestje.

'O... mijn... god!' Emily begon naar de andere kant van het bad te rennen. Tot twee keer toe gleed ze uit over de natte tegelvloer.

'Emily!' Aria kwam via de zij-ingang op haar afrennen, haar suède plateauzolen klotsend over de tegels, haar blauwzwarte haren wild wapperend voor haar gezicht. 'Sorry dat ik zo laat ben, maar kan ik je even spreken?'

Emily gaf geen antwoord. Iemand had een kopie van die zoenfoto naast het grote mededelingenbord gehangen, waarop te lezen was wie tegen wie in welke race zwom. Het hele team zou hem zien! Zouden ze kunnen zien dat zij het was?

Ze trok het ding van de muur. Onderaan stond in grote zwarte letters: KIJK TOCH EENS WAT EMILY FIELDS OEFENT ALS ZE NIET IN HET ZWEMBAD LIGT!

Nou, dat was dan dat!

Aria leunde naar voren om de foto te bestuderen. 'B-ben... jij dat?'

Emily's kin begon te trillen. Ze verfrommelde het stuk papier vlug. Maar toen ze om zich heen keek, zag ze nóg een kopie op iemands sporttas liggen, met een vouw over het midden. Ze griste hem weg en propte hem in elkaar.

Toen zag ze er nog een op de grond liggen, bij de doos met plankjes. En nog eentje... in de handen van coach Lauren... Zij keek van de foto naar Emily en van Emily naar de foto. 'Emily?' zei ze kalm.

'Dit kan toch niet waar zijn,' fluisterde Emily, met één hand door haar natte haar strijkend. Ze keek naar de doorzichtige prullenbak vlak bij Laurens kantoortje. Er lagen minstens tien zoenfoto's van haar en Maya in. Iemand had er een halfleeg blikje Sunkist bovenop gegooid. De eruit gelekte limonade had hun gezichten oranje gekleurd. En er lagen er nog meer bij de drinkfonteintjes... en gedrukt tussen het wedstrijdtouw op het draaiwiel... Haar teamgenotes kwamen allemaal uit de kleedkamer gedruppeld en keken haar ongemakkelijk aan. En haar ex Ben lachte schamper, alsof hij zeggen wilde: Nu is dat lesbo-experimentje van je zo lollig niet meer, hè?

Aria raapte een kopietje op dat van het plafond naar beneden leek te zijn gedwarreld. Toen kneep ze haar ogen tot spleetjes en tuitte haar glanzende aardbeirode lippen. 'Nou en? Je zit gewoon met iemand te zoenen.' Toen werden haar ogen groter. 'O!'

Emily kon alleen maar hulpeloos slikken.

'Heeft A dit gedaan?' fluisterde Aria.

Emily keek vertwijfeld om zich heen. 'Heb jij gezien wie deze stond uit te delen?' Aria schudde haar hoofd. Toen ritste Emily het zijvak van haar zwemtas open en haalde haar mobieltje eruit. Ze had een sms'je. Vanzelfsprekend.

> Emily liefje, ik weet dat jij echt zo iemand bent van 'oog om oog, tand om tand', dus toen jij plannen maakte om mij aan de grote klok te hangen, besloot ik hetzelfde te doen met jou. Kusjes! –A

'Verdomme,' fluisterde Aria, die over Emily's schouder had staan meelezen.

Emily werd ineens getroffen door een weerzinwekkende gedachte. Haar ouders! Dat papier waar zij naar hadden zitten kijken, was niet het wedstrijdrooster... maar De Foto. Ze keek naar de tribunes. Ja hoor, daar zaten ze haar aan te staren. Ze keken alsof ze elk moment in huilen konden uitbarsten, met hun rode gezicht en uitstaande neusvleugels.

'Ik moet hier weg,' zei Emily, zoekend om zich heen kijkend naar de dichtstbijzijnde uitgang.

'Echt niet!' Aria greep haar bij de pols en draaide haar naar zich toe. 'Dit is toch zeker niets om je voor te schamen! Als iemand er wat van zegt: pech gehad.'

Emily snufte. De mensen mochten Aria dan vreemd nóémen, ze was volkomen normaal. Zij had immers een vriend en zou nooit weten hoe dit voelde.

'Emily, dit is onze grote kans!' protesteerde Aria. 'A is nu waarschijnlijk hier.' Ze wierp een boze blik naar de tribunes.

Emily keek ook naar de tribunes. Haar ouders keken haar nog even boos en gekwetst aan. Maar Maya's plek was leeg. Emily scande de hele tribune af, maar ze was nergens meer te zien.

Inderdaad, A was hier waarschijnlijk. Ze wilde dat ze dapper genoeg was om die tribunes te beklimmen en iedereen door elkaar te schudden, net zolang tot hij bekende. Maar dat durfde ze nu eenmaal niet.

'Het... het spijt me,' zei ze abrupt en ze rende naar de kleedkamer. Ze liep langs de ruim honderd mensen die nu wisten hoe ze werkelijk was, onderweg tientallen kopietjes van Maya en haar vertrappend.

11

ZELFS HIGHTECHBEVEILIGING KAN JE NIET OVERAL TEGEN BESCHERMEN

Even later duwde Aria de beslagen dubbele deuren van het binnenbad van Rosewood Day open en liep naar Spencer en Hanna toe, die bij de frisdrankenautomaat zachtjes stonden te praten. 'Arme Emily,' fluisterde Hanna tegen Spencer. 'Wist jij... hiervan?'

Spencer schudde haar hoofd. 'Geen idee!'

'Weet je nog dat we een keer naar het zwembad van de Kahns zijn geslopen, toen die met vakantie waren, om in ons blootje te gaan zwemmen?' mompelde Hanna. 'En al die keren dat we ons samen hebben omgekleed? Ik heb daar nooit een raar gevoel bij gehad.'

'Ik ook niet,' voegde Aria zich ertussen, terwijl ze opzij dook om een eerstejaars de kans te geven een blikje fris uit de automaat te halen.

'Zou ze een van ons soms leuk hebben gevonden?' zei Hanna met grote ogen. 'Maar ik was toen nog zo dik,' voegde ze er een tikje teleurgesteld aan toe.

'Het is A die die blaadjes heeft uitgedeeld,' zei Aria tegen Hanna en Spencer, wijzend naar het zwembad. 'En misschien is A hier nog steeds!'

Ze tuurden allemaal naar het bad. Op de startblokken stonden een paar deelnemers te wachten, de haaimascotte paradeerde langs de rand, de tribunes zaten nog steeds afgeladen. 'Wat moeten we doen dan?' vroeg Hanna, terwijl ze haar ogen tot spleetjes kneep. 'De wedstrijd laten stilleggen?'

'We moeten helemaal niets doen.' Spencer trok de rits van haar kaki Burberry-anorak tot aan haar kin dicht. 'Als we A gaan zoeken, draait die misschien compleet door... en doet nog iets ergers.'

'A... is... hier!' herhaalde Aria met nadruk. 'Dit is onze grote kans!'

Spencer keek naar de vele kinderen in de hal. 'Ik eh... ik moet ervandoor.' En ze schoot via de draaideur het parkeerterrein op.

Aria draaide zich naar Hanna. 'Tsss... ze vlucht hier weg alsof ze zélf A is,' zei ze, half grappend.

'Ik hoorde dat ze in de finale van een grote essaywedstrijd zit,' zei Hanna en ze haalde haar Chanel-doos tevoorschijn om haar kin te poederen. 'Je weet toch dat Spencer altijd een beetje manisch wordt als ze moet concurreren. Ze gaat vast naar huis om te studeren.'

'Daar kon je weleens gelijk in hebben,' zei Aria. En misschien had Spencer ook wel gelijk: misschien deed die A inderdaad nog iets ergers als ze de tribunes gingen afzoeken.

Opeens trok iemand van achteren haar capuchon van haar hoofd. Vliegensvlug draaide Aria zich om. 'Mike,' hijgde ze. 'Mijn god.'

Haar broer grinnikte. 'Heb jij die lesbo's in actie gezien?' Hij deed alsof hij de foto van Emily en Maya aflikte. 'Kun je me Emily's telefoonnummer geven?'

'Echt niet!' zei Aria, terwijl ze haar broer onderzoekend opnam. Zijn STYX-lacrossepet was slordig op zijn blauwzwarte haar gedrukt en hij droeg zijn blauw-witte Rosewood Day-lacrossejack. Ze had hem sinds gisteravond niet meer gezien.

'Zo,' zei Mike met zijn handen op zijn heupen. 'Ik hoorde dat jij het huis uit bent geschopt.'

'Ik ben er niet uit geschopt,' zei Aria verdedigend. 'Het leek me gewoon beter als ik even thuis wegbleef.'

'En nu trek je dus bij Sean in?'

'Ja,' antwoordde Aria. Toen Ella haar had gezegd dat ze moest vertrekken, had ze in paniek Sean gebeld. Niet direct om te vissen naar een uitnodiging, maar hij het uit zichzelf aangeboden; volgens hem was het geen enkele moeite.

Hanna's mond viel geschokt open. 'Jij trekt bij Sean in? Je gaat bij hem wonen?'

'Hanna, niet omdat ik dat zo graag wou,' zei Aria vlug. 'Dit is een noodgeval.'

Hanna draaide boos haar hoofd. 'Ach, wat... het kan me niet schelen ook. Het wordt toch een ramp. Iedereen weet dat bij de ouders van je vriendje intrekken, het einde van je relatie betekent.' En toen begon ze zich door de menigte heen naar de uitgang te wurmen.

'Hanna!' riep Aria haar nog na, maar Hanna draaide zich niet meer om. Aria keek Mike vuil aan. 'Moest je dat nou echt zeggen waar zij bij stond? Heb je dan geen enkel gevoel voor tact?'

Mike trok zijn schouders op. 'Sorry, ik spreek geen aangebrande meiden-taal.' Hij trok een mueslireep uit zijn zak en begon te eten zonder Aria een hapje aan te bieden. 'Zeg, ga jij ook naar Mona's feest?'

Aria stak peinzend haar lippen naar voren. 'Weet ik niet; nog niet over nagedacht.'

'Zeg, je bent toch niet depressief of zoiets?' vroeg Mike met volle mond.

Daar hoefde Aria niet zo lang over na te denken. 'Nou, nu je het zegt. Ik bedoel... pap is het huis uit. Wat vind jíj daar dan van?'

Mikes gezicht veranderde opeens van open en vrolijk in hard en terughoudend. Hij liet de wikkel van de reep op de grond vallen. 'Ik heb gisteravond eens met mam gepraat. Zij vertelde me dat pap al iets met die meid had vóór we naar IJsland gingen... en dat jij daarvan wist.'

Aria stak twee haarpunten in haar mond en staarde naar de blauwe recyclington in de hoek. Iemand had een paar cartoonachtige borsten op het deksel getekend. 'Ja.'

'En waarom heb je míj daar niets van verteld?'

Aria keek hem aan. 'Omdat Byron me had gevraagd dat niet te doen.'

Mike nam een heftige hap van zijn reep. 'Maar je vond het wel oké om het Alison DiLaurentis te vertellen. En het is ook oké dat zij het er op een of ander filmpje over heeft, dat nu constant op het nieuws is.'

'Mike...' begon Aria. 'Ik heb het haar niet vertéld; zij was erbij toen ik het ontdekte!'

'Ja ja,' gromde Mike. Toen hij zich omdraaide, botste hij tegen de mascottehaai op, waarna hij zich woest door de dubbele deuren van het binnenbad perste. Aria dacht er even over hem achterna te gaan, maar deed dat toch maar niet. Ze moest denken aan die keer in Reykjavík dat zij op Mike had moeten passen, maar in plaats daarvan met haar vriendje Hallbjorn naar de Blue Lagoon was gegaan, een warme bron. Toen ze terugkwam – gehuld in zwavellucht en met het geneeskrachtige zout nog op haar huid – bleek Mike in hun achtertuin de halve schutting in de fik te hebben gestoken. Het had haar diep in de problemen gebracht – en nog terecht ook. Het was haar immers van tevoren al opgevallen dat Mike in de keuken gretig naar de lucifers had zitten gluren. Ze hád hem kunnen tegenhouden. En Byron waarschijnlijk ook.

'Nou, dit is dan jouw kamer,' zei Sean, terwijl hij Aria door een smetteloze gang met een mahoniehouten vloer naar een grote, lichte slaapkamer leidde. Hij had een erker met een zitje, dunne witte gordijnen en er stond een wit boeket op de bijzettafel.

'Wat prachtig!' Het deed haar denken aan de Parijse hotelkamer waar ze met haar ouders had geslapen toen haar vader door de Franse tv werd geïnterviewd vanwege zijn deskundigheid op het gebied van aardgeesten. 'Weet je zeker dat ik een tijdje bij jullie mag logeren?'

'Natuurlijk, joh.' Sean gaf haar een zedig kusje op de wang. 'Ik zal je even alleen laten; kun je vast een beetje wennen.'

Aria keek door het raam naar de rozige dinsdagavondlucht en kon het niet laten dit uitzicht te vergelijken met dat bij haar thuis. Het landgoed van de familie Ackard lag diep in de bossen, omringd door wel vier hectare ongerept gebied. Het dichtstbijzijnde huis, een kasteelachtige brok steen met torentjes in middeleeuwse stijl, lag zeker drie voetbalvelden verderop. Haar eigen huis lag in een aardige, maar rommelige buurt vlak bij school. Het enige wat zij van de tuin van haar buren kon zien, was hun onzalige verzameling vogelbadjes en stenen beeldjes.

'Alles in orde met de kamer?' vroeg mevrouw Ackard, Seans stiefmoeder, toen Aria de keuken binnenkwam.

'Ja, hij is fantastisch,' zei Aria. 'Dank u zeer.'

Mevrouw Ackard schonk haar een lieve glimlach. Ze was een kleine, wat mollige blondine met onderzoekende blauwe ogen en een mond die altijd leek te glimlachen, ook als ze dat niet deed. Als Aria haar ogen sloot en zich een typische moeder voorstelde, was mevrouw Ackard wel zo'n beetje wat ze voor zich zag. Sean had haar verteld dat ze, voor ze met zijn vader trouwde, tijdschriftredacteur was geweest in Philadelphia, maar nu was ze fulltime huisvrouw en zorgde ze dat dat monsterlijk grote huis van hen er constant als een plaatje uitzag. De appels in de houten kom op het kookeiland hadden nergens een deukje, de tijdschriften in het rek in de woonkamer lagen allemaal keurig dezelfde kant op en de kwastjes van het oosterse tapijt lagen erbij alsof ze net gekamd waren.

'Ik maak champignonravioli,' zei mevrouw Ackard, Aria wenkend dichterbij te komen om aan de saus te ruiken. 'Sean zei namelijk dat je vegetariër bent.'

'Dat is waar,' zei Aria zacht. 'Maar dat hoeft u toch niet alleen voor mij te doen!'

'O, geen enkele moeite, hoor,' zei mevrouw Ackard vriendelijk. Naast de ravioli waren er aardappelschijfjes, tomatensalade en zo'n heerlijk gezond zevengranenbrood van Fresh Fields, waar Ella altijd spottend over zei dat iedereen die $10,99 voor wat meel en water betaalde, zich moest laten nakijken.

Mevrouw Ackard haalde de houten lepel uit de pan en legde hem op het aanrecht. 'Jij was goed bevriend met Alison DiLaurentis, is het niet? Ik zag dat filmpje van jullie op het nieuws.'

Aria boog haar hoofd. 'Ja, dat klopt.' Ze voelde een brok in haar keel. Ali die in dat filmpje zo energiek overkwam, had haar verdriet weer helemaal naar boven gebracht.

Tot haar grote verrassing sloeg mevrouw Ackard ineens een arm om haar schouder en trok haar even tegen zich aan. 'Ik vind het heel erg voor je,' mompelde ze. 'Ik kan me niet eens voorstellen hoe dat voor jou moet zijn.'

De tranen prikten in Aria's ogen. Het voelde goed om zich even te kunnen nestelen in de armen van een moeder – ook al was het die van iemand anders.

Bij het eten kwam Sean naast haar zitten. Werkelijk alles ging hier anders dan bij Aria thuis: de Ackards legden hun servet op schoot, op de achtergrond dreunde niet constant de televisie en meneer Ackard – mager en kalend, maar met een charismatische glimlach – las tijdens het eten niet de krant. En Seans tweelingbroertjes Colin en Aidan hielden hun ellebogen van de tafel en prikten elkaar niet met hun vork – Aria kon zich levendig voorstellen welke gruweldaden Mike zou verzinnen als híj een tweelingbroer had gehad.

'Dank u,' zei Aria dus, toen mevrouw Ackard haar nog wat melk bijschonk, ook al hadden Byron en Ella haar altijd gezegd dat melk synthetische hormonen bevatte en daarom kankerverwekkend was. Toen ze Ezra over haar ouders' banvloek op melk had verteld, die ene avond een paar weken geleden in zijn appartement, had hij gelachen en gezegd dat ze bij hem thuis ook wel zulke De Leukste Thuis-dingen hadden.

Aria legde haar vork neer. Hoe was Ezra nu in haar vredige avondmaaltijdgedachten geslopen? Ze wierp snel een blik op Sean, die net op een hap aardappelen zat te kauwen, boog zich naar hem toe en raakte even zijn pols aan. Hij glimlachte naar haar.

'Sean vertelde ons dat jij een aantal vakken voor gevorderden volgt, Aria,' zei meneer Ackard, terwijl hij een wortel aan zijn vork spietste.

Aria trok haar schouders op. 'Alleen Engels en handenarbeid.'

‘Engelse literatuur was op de universiteit mijn hoofdvak,’ zei mevrouw Ackard enthousiast. ‘Wat ben je op dit moment aan het lezen?’

‘*De rode letter*.’

‘O, geweldig boek!’ riep mevrouw Ackard en ze nam een bescheiden slokje rode wijn. ‘Dat laat zo goed zien hoe kleingeestig die puriteinse maatschappij was! Die arme Hester Prynne.’

Aria beet op de binnenkant van haar wang. Had ze maar met mevrouw Ackard gepraat vóór ze Meredith brandmerkte.

‘*De rode letter...*’ zei meneer Ackard, met een vinger tegen zijn lippen. ‘Daar is toch ook een film van gemaakt, is het niet?’

‘Mm-mm,’ zei Sean. ‘Met Demi Moore.’

‘Da’s toch over zo’n man die verliefd wordt op een veel jonger meisje?’ ging meneer Ackard verder. ‘Schandelijk, schandelijk.’

Aria hield verschrikt haar adem in. Ze had het gevoel dat iedereen naar haar zat te kijken, maar in werkelijkheid deed alleen Sean dat. Hij keek haar met grote, beschaamde ogen aan. Het spijt me, riep zijn hele gezicht. ‘Nee lieverd,’ zei mevrouw Ackard kalm, met een stem die liet doorschemeren dat ze iets van Aria’s thuissituatie wist. ‘Dat is *Lolita*.’

‘O ja.’ Meneer Ackard trok zijn schouders op, zich totaal niet bewust van de misser die hij zojuist had begaan. ‘Die haal ik altijd door elkaar.’

Na het diner gingen Sean en de tweeling naar boven om hun huiswerk te maken; Aria volgde hun voorbeeld. Haar kamer was uitnodigend rustig. Ergens tussen het koken en nu had mevrouw Ackard een doos Kleenex en een vaas met lavendel op haar nachtkastje gezet. Het ouderwetse luchtje van de bloempjes vulde de kamer. Aria liet zich op bed vallen, zette voor de gezelligheid het nieuws aan en opende toen Gmail op haar laptop. Er was één nieuw bericht; de naam van de afzender was een rommelige reeks cijfers en letters. Ze voelde haar hart even stilstaan toen ze dubbelklikte om het te openen.

Aria, vind je niet dat Sean moet weten van dat extra werk dat je met een zekere leraar Engels hebt gedaan? Echte relaties zijn tenslotte op de waarheid gestoeld. –A

Op datzelfde moment sloeg de centrale verwarming af. Aria rechtte haar rug. Buiten knapte een twijgje... en toen nog eentje. *Iemand zat haar te bespieden!*

Ze sloop naar het raam en tuurde naar buiten. De pijnbomen wierpen grillige schaduwen op de tennisbaan; een beveiligingscamera op de hoek van het huis zwenkte langzaam van rechts naar links. Even flikkerde er wat licht en toen... niets meer.

Toen ze weer naar binnen keek, viel haar oog op iets op de tv. *Stalker opnieuw gesignaleerd* zei de regel onder in beeld. 'Het schijnt dat een aantal mensen de Rosewood-stalker weer hebben gezien,' zei een verslaggever toen Aria het geluid wat harder zette. 'Blijft u kijken voor meer details.'

Er verscheen een politieauto in beeld. Hij stond voor een kolos van een huis met kasteelachtige torentjes. Aria draaide zich weer naar het raam: daar waren ze ook. En ja hoor, nu zag ze ook het blauw van een zwaailicht op de pijnbomen in de verte flitsen.

Ze stapte de gang op. Seans slaapkamerdeur zat dicht; de muziek van Bloc Party klonk erdoorheen. 'Sean?' Ze duwde tegen de deur. Zijn bureau lag vol met boeken, maar zijn stoel was leeg; in het bed zat duidelijk een kuil op de plek van waar hij altijd lag; het raam stond open en een koude bries deed de gordijnen dansen als spoken.

Omdat Aria niet wist wat ze nu doen moest, ging ze maar terug naar haar computer – waar een nieuw mailtje verscheen.

PS Ik mag dan een kreng zijn, ik ben geen moordenaar. Een tip voor iedereen die er nog steeds niets van snapt: iemand wilde iets van Ali. Haar moordenaar is dichterbij dan je denkt. –A

12

ACH JA, HET HOFLEVEN

Dinsdagavond liep Hanna, gebogen over haar BlackBerry, via de hoofdgang de King James Mall binnen. Ze had Mona ge-sms't: *gn wij ng smn jrkn pssn?* maar had geen reactie ontvangen.

Ze was zeker nog steeds boos vanwege dat gedoe op hun Frenniversary. Nou ja, lekker belangrijk! Ze had haar willen uitleggen waaróm haar oude vriendinnen bij haar thuis waren, maar voor ze iets kon zeggen, had Mona haar onderbroken en met haar ijzigste stem gezegd: 'Ik zag jou en je vriendinnetjes op het journaal: gefeliciteerd met je tv-debuut!' En toen had ze opgehangen. O ja, ze was goed pissig geweest, maar Hanna wist dat Mona nooit lang kwaad kon blijven. Immers: wie zou dan haar BV zijn?

Ze passeerde Rive Gauche, de brasserie waar ze gister hun Frenniversary-etentje hadden willen houden. Het was een exacte kopie van Balthazar in New York, dat weer een kopie was van tientallen cafés in Parijs. Ze zag een groepje meiden op het favoriete plekje van haar en Mona zitten. Een van hen was Naomi, tegenover haar zat Riley en het meisje daarnaast was... Mona.

Hanna keek nog eens goed. Wat deed Mona daar met... hén?

Hoewel de verlichting in Rive Gauche romantisch zacht was, droeg Mona haar pilotenbril met roze glazen. Behalve Naomi en Riley werd ze omringd door de tweedejaars Kelly Hamilton en Nicole Hudson, Naomi en Rileys krengerige volgelingen. Op tafel stond een groot, onaangeraakt bord met frietjes. Het leek erop dat Mona een verhaal zat te vertellen: ze zwaaide enthousiast met haar handen en sperde haar grote blauwe ogen nog wijder open. Toen ze bij de clou was aangekomen, begonnen de anderen luid te joelen.

Hanna rechtte haar schouders en stapte toen door de antiekbruine deur het café binnen. Naomi was de eerste die haar zag. Ze gaf Kelly een elleboogstoot en begon tegen haar te fluisteren.

'Zo! En wat doen jullie hier?' vroeg Hanna, hoog boven Riley en Naomi uittorenend. Mona leunde op haar ellebogen naar voren. 'Wel wel, wat een verrassing! Ik wist niet zeker of jij nog wel tot mijn hofhouding wilde behoren... aangezien je het zo druk hebt met je oude vriendinnen...' Ze gooide haar haar over haar schouder en nam een slok van haar cola-light.

Hanna rolde met haar ogen en nam plaats op het uiterste puntje van de donkerrode muurbank. 'Natuurlijk wil ik dat nog, aanstellerige lellebel.'

Mona schonk haar een poeslieve glimlach. 'Oké dan, Bessie Turf.'

'Slet,' vuurde Hanna meteen terug.

'Sloerie,' riep Mona.

Toen giechelde Hanna... en Naomi, Riley en de rest deden gauw mee. Soms vonden Mona en Hanna het leuk om te spelen dat ze ruzie hadden – al hadden ze daar normaal gesproken geen publiek bij.

Mona draaide een lok bleekblond haar rond haar vinger. 'In ieder geval heb ik besloten: hoe meer zielen, hoe meer vreugd. Kleine hofhoudingen zijn maar saai. Ik wil dat mijn feest alle verwachtingen te buiten gaat.'

'O, we vinden het zó spannend,' deed Naomi dweperig. 'Ik kan niet wachten tot ik die Zac Posen-jurk aan mag die Mona voor ons heeft uitgekozen.'

Hanna glimlachte stijfjes. Dit sloeg helemaal nergens op! Iedereen op Rosewood wist dat Riley en Naomi achter haar rug over haar hadden gekletst. En vorig jaar nog had Mona gezworen dat ze Naomi voor eeuwig haatte, omdat zij het gerucht had verspreid dat ze stukjes huid had laten transplanteren. Hanna had toen zelfs nepvriendschap met Naomi gesloten! Ze had gedaan alsof zij en Mona ruzie hadden en zo Naomi's vertrouwen gewonnen... om vervolgens een kitscherige liefdesbrief van Naomi aan Mason Byers uit haar agenda te jatten... en die de volgende dag anoniem op het intranet van Rosewood Day te pleuren... Iedereen had zich kapot gelachen en toen was alles weer goed geweest.

Opeens kreeg Hanna een ingeving. Och natuurlijk: dit was ook zo'n nepvriendschap! Jahaaa... dan sloeg het dus allemaal wél ergens op. Ze voelde zich meteen weer beter, maar wilde haar vermoeden nog wel even bevestigd zien. Ze keek Mona aan. 'Zeg Mon, kan ik jou heel even spreken? Onder vier ogen?'

'Even niet, Han.' Mona keek op haar Movado-horloge. 'We zijn al laat voor onze passessie. Kom, meiden.'

En toen stevende ze klikkend met haar acht centimeter hoge hakken over de glanzende walnotenhouten vloer het restaurant uit, gevolgd door de rest.

Hanna reikte vlug onder de tafel naar haar Gucci-tas. Helaas was de rits daarvan opengegaan, zodat de hele inhoud op de vloer kletterde: Hanna's make-up, haar portemonnee, haar vitaminepillen, de afslankpillen die ze eeuwen geleden bij de drogist had gejat, maar nog steeds niet had durven gebruiken – alles. Met haar blik nog steeds op de wegbenende meiden, begon ze de boel koortsachtig bij elkaar te vegen. Toen zakte ze op haar knieën en trachtte alles zo snel mogelijk terug in haar tas te proppen.

'Hanna Marin?'

Ze keek geschrokken op. Boven haar hing een lange, sluikharige ober, die haar vaag bekend voorkwam. 'Lucas,' friste hij haar herinnering op, al frunnikend aan de manchet van zijn witte overhemd – de dienstkleding van Rive Gauche. 'Je herkent me zeker niet, omdat ik er in deze outfit zo Frans uitzie.'

'O ja,' zei Hanna vermoeid. 'Hoi.' Ze kende Lucas Beattie al eeuwen. In de brugklas was hij nog populair geweest – en gek genoeg had hij haar toen ook heel even leuk gevonden. Het gerucht had de ronde gedaan dat hij haar op de jaarlijkse Snoepdag (een traditie bij hen op school) een rode hartvormige doos zou sturen. En als een jongen je een hartvormige doos met snoep gaf, dan was hij verliefd op je. Hanna was helemaal opgetogen geweest.

Een paar dagen voor Snoepdag was er echter iets radicaal veranderd: Lucas hoorde ineens bij de losers van de klas. Zijn vrienden begonnen hem te negeren, de meiden begonnen om hem te lachen en er was zelfs een wild gerucht dat hij hermafrodiet zou zijn. Hanna baalde als een stekker en vroeg zich stiekem af of hij soms niet langer populair was omdat hij háár leuk vond. Want ook al was ze nu vriendinnen met Ali D., ze was nog steeds een dikke, suffige, onhandige trut. Toen ze de snoepdoos inderdaad van hem kreeg, stopte ze deze meteen in haar kastje, zonder hem ervoor te bedanken.

'Hoe is-ie?' vroeg Hanna effen. Lucas was nog steeds een loser.

'Prima,' reageerde Lucas gretig. 'En met jou?'

Hanna rolde met haar ogen. Ze wilde helemaal geen gesprek beginnen. 'Ik moet ervandoor,' zei ze, met een blik naar buiten. 'Mijn vriendinnen wachten op me.'

'Nou, eigenlijk...' zei Lucas, terwijl hij met haar meeliep naar de deur, '...zijn je vriendinnen vergeten te betalen.' Hij trok een leren boekje tevoorschijn. 'Tenzij eh... het jouw beurt was om af te rekenen.'

'O.' Hanna schraapte haar keel. Fijn dat Mona dat even had gezegd! 'Geen probleem.'

Lucas trok haar creditcard door het apparaat en liet haar de rekening tekenen. Daarna beende Hanna Rive Gauche uit – zonder fooi te geven of nog iets tegen Lucas te zeggen.

Hoe langer ze erover nadacht, hoe leuker ze het vond dat Naomi en Riley nu ook bij Mona's hofhouding hoorden. In Rosewood maakten de hofdames er altijd een wedstrijdje van wie de jarige het mooiste cadeau gaf. En dan was een dagpas voor het Blue Springs-kuuroord of een Prada-cadeaubon niet genoeg; o nee, het winnende cadeau moest echt helemaal Je-Van-Het zijn. Zo had Julia Rubensteins beste vriendin een stel strippers ingehuurd, die op de afterparty voor een select gezelschap hadden opgetreden – echt lekkere kerels ook nog, niet alleen maar domme spierbundels. En Sarah Davies had haar vader zover gekregen dat hij Beyoncé had betaald om 'Happy Birthday' voor de jarige jet te komen zingen. Gelukkig voor haar waren Naomi en Riley zo creatief als de pasgeboren panda in de dierentuin van Philadelphia: die kon ze met gemak overtreffen!

Toen ze haar BlackBerry in haar tas hoorde zoemen, trok ze hem eruit. Er stonden twee nieuwe berichten in haar mailbox. Het eerste, van Mona, was zes minuten geleden binnengekomen.

wr blf je nou, te-rut? strax = klrmkr p=sig! mon

Maar het tweede sms'je, dat twee minuten daarna was gearriveerd, kwam van een onderdrukt nummer. Dat kon maar één iemand betekenen.

Lieve Hanna, wij zijn misschien geen vrienden, maar hebben wel dezelfde vijanden. Ik heb twee tips voor je. Een van je oude vriendinnen verbergt iets voor je. Iets groots. En Mona? Die is ook je vriendin niet. Dus pas maar op. –A

13

HALLO, MIJN NAAM IS EMILY EN IK BEN LESBISCH

Die avond reed Emily om 19.17 uur hun oprit op. Nadat ze uit het zwembad was gevlucht, had ze urenlang door het Vogelreservaat van Rosewood gedwaald. De druk tsjilpende mussen, vrolijke eenden en tamme parkieten maakten haar altijd weer kalm. Het was een prima plek om te ontsnappen aan de realiteit... en een bepaalde foto.

In het huis waren alle lichten aan, ook die op de slaapkamer die Emily en Carolyn met elkaar deelden. Hoe moest ze die foto nu aan haar familie verklaren? Het liefst zou ze zeggen dat ze Maya op die foto voor de grap zoende; dat iemand haar een poets had willen bakken. *Ha ha, meiden zoenen is immers walgelijk!*

Maar dat was niet de waarheid. Ze kreeg er steken van in haar hart.

Het huis rook warm en uitnodigend, naar een mengeling van koffie en potpourri. Haar moeder had de Hummel-beeldjes in de vitrinekast in de gang aangezet: de figuurtjes van het jongetje dat een koe zat te melken en het in Lederhosen gestoken meisje dat een kruiwagen duwde, draaiden langzaam in het rond. Emily liep door de met bloemetjesbehang beklede gang naar de woonkamer. Haar ouders zaten naast elkaar op de gebloemde bank. Op de loveseat zat een oudere dame.

Haar moeder schonk haar een flauwe glimlach. 'Zo, hallo Emily.'

Emily knipperde een paar maal met haar ogen. 'Eh, hoi...' Ze keek van haar ouders naar de onbekende vrouw op de loveseat.

'Kom binnen,' zei haar moeder. 'Er is iemand voor je.'

De vrouw, die was gekleed in een strakke zwarte broek met een hoog middel en een mintgroene blazer, stond op en gaf haar een hand. 'Ik ben Edith,' zei ze met een glimlach. 'Wat fijn om kennis met jou te maken, Emily. Ga toch zitten.'

Emily's vader rende meteen naar de eetkamer en sleepte een stoel voor haar bij. Emily nam behoedzaam plaats. Ze voelde zich gespannen. Het was hetzelfde gevoel dat ze altijd had gehad als ze met haar oude vriendinnen het Kussenspel speelde: één iemand liep geblinddoekt door de kamer, waarna de anderen haar op een gegeven moment met kussens probeerden te raken. Ze hield niet van dat spel, had een hekel aan die gespannen ogenblikken vlak voordat ze haar begonnen te bekogelen. Toch deed ze altijd mee... omdat Ali het zo leuk vond.

'Ik ben van een project genaamd Tree Tops,' begon Edith. 'Je ouders hebben me verteld over jouw probleem.'

Emily voelde haar botten op het harde hout van de eetkamerstoel. 'Probleem?' En toen zakte de moed haar in de schoenen. Ze dacht wel te weten wat er met het 'probleem' werd bedoeld.

'Ja, natuurlijk is het een probleem.' Haar moeders stem klonk verstikt. 'Die foto – met dat meisje met wie we je hebben verbóden om te gaan... is dat meer dan eens gebeurd?'

Emily streek nerveus over het litteken op haar linkerhandpalm, dat ze had opgelopen toen Carolyn haar per ongeluk met de tuinschaar had gestoken. Ze had geleerd zo gehoorzaam en welgemanierd mogelijk te zijn en kon beslist niet liegen tegen haar ouders – althans, niet goed. 'Eh... ja, het is vaker gebeurd,' mompelde ze.

Haar moeder jammerde slechts even, zacht en gepijnigd.

Edith tuitte haar rimpelige, knalroze omlijnde lippen. Ze rook naar mottenballen. 'Wat jij nu voelt, is niet blijvend. Het is een ziekte, Emily. Maar wij van Tree Tops kunnen je genezen. Wij hebben sinds de start van ons project een hele hoop ex-homoseksuelen gerehabiliteerd.'

Emily stootte een kort lachje uit. 'Ex... homoseksuelen?' De kamer begon om haar heen te tollen. Haar ouders zaten haar star aan te staren, hun handen rond hun koffiekopjes.

'Jouw interesse in jonge vrouwen is niet genetisch of wetenschappelijk bepaald, maar ingegeven door je omgeving,' legde Edith uit. 'Door middel van counseling zullen wij jou helpen korte metten te maken met je... behoeften, zullen we maar zeggen.'

Emily omklemde de armleuningen van haar stoel. 'Dat klinkt ... raar.'

'Emily!' riep haar moeder meteen. Zij had haar kinderen geleerd dat ze nooit oneerbiedig mochten doen tegen volwassenen. Maar Emily was te verbijsterd om zich te schamen.

'Nee hoor, het is niet raar,' tsjilpte Edith. 'Maak je geen zorgen als je het niet meteen helemaal begrijpt, dat gebeurt veel bij onze nieuwe rekruten.' Ze keek naar Emily's ouders. 'Wij hebben een sublieme reputatie in de wijde omgeving van Philadelphia.'

Emily kreeg het gevoel dat ze moest overgeven. Rekruten? Ze keek naar de gezichten van haar ouders, maar daar was niets vanaf te lezen. Dus tuurde ze maar naar buiten. Als de volgende auto wit is, is dit niet echt, dacht ze. ls hij rood is, is het dat wel. Er flitste een auto voorbij: zo rood als maar kon.

Edith zette haar koffiekopje op het schoteltje. 'Er komt binnenkort een mentor met je praten, iemand die het project uit de eerste hand kent. Zij is een laatstejaars op Rosewood Senior High en heet Becka, een heel aardig meisje. Jullie spreken elkaar eerst onder vier ogen; daarna bespreken we met zijn allen of jij je aansluit bij het project. Oké?'

Emily keek naar haar ouders. 'Ik heb helemaal geen tijd om met iemand te praten,' zei ze. ''s Ochtends moet ik zwemmen en na school moet ik huiswerk maken.'

Haar moeder glimlachte gespannen. 'Dan máák je maar tijd. Wat dacht je van morgen in de lunchpauze?'

Edith knikte. 'Dat kan vast.'

Emily wreef over haar kloppende voorhoofd. Ze haatte die stomme Becka al voordat ze haar had ontmoet. 'Oké dan,' stemde ze toe. 'Zeg maar dat ze naar de Lorence-kapel moet komen.' Want ze ging echt niet in de kantine met juffertje Tree Tops zitten kletsen. Het werd morgen op school vast al erg genoeg.

Edith stond handenwrijvend op. 'Ik zal zorgen dat het in orde komt.'

Emily stond geleund tegen de gangmuur, terwijl haar ouders Edith haar jas aangaven en bedankten voor haar komst. Toen liep de vrouw over het stenen pad door hun voortuin terug naar haar auto. Toen Emily's ouders zich weer naar haar toedraaiden, lag er een ernstige, vermoeide blik op hun gezicht.

'Mam, pap...' begon Emily.

Haar moeder draaide zich kwiek om. 'Nou, die Maya heeft wel een paar trucjes achter de hand, hè?'

Emily wankelde achteruit. 'Maya is niet degene die die foto heeft rondgedeeld!'

Mevrouw Fields keek haar even doordringend aan, zette zich toen op de bank en legde haar hoofd in haar handen. 'O Emily, wat moeten we nu?'

'Hoe bedoelt u: "we"?'

Haar moeder keek op. 'Zie je dan niet dat dit ons allemaal aangaat?'

'Ík heb het toch niet aan de grote klok gehangen?' protesteerde Emily.

'Het doet er niet toe hóé het is gebeurd,' onderbrak haar moeder haar. 'Wat ertoe doet, is dat het nu in de openbaarheid is.' Ze stond op, keek naar de bank, pakte een sierkussen en begon het hardhandig op te schudden. Toen zette ze het weer neer, pakte een ander kussen en deed hetzelfde. Baf! Ze sloeg beslist harder dan nodig.

'Het was zo'n schok om die foto van jou te zien, Emily,' zei ze. 'Een vreselijke schok. En om dan ook nog te horen te krijgen dat je het "meer dan eens" hebt gedaan, nou ja...'

'Het spijt me,' jammerde Emily. 'Maar misschien is het niet...'

'Heb je al wel bedacht hoe moeilijk dit voor de rest van ons is?' onderbrak haar moeder haar weer. 'We zijn allemaal... Nou ja,

Carolyn kwam huilend thuis; je broer en zus hebben me allebei gebeld en aangeboden naar huis te vliegen.'

Ze pakte nog een kussen. Baf, baf! Er vlogen een paar veren uit; ze zweefden even door de lucht voor ze op het tapijt bleven liggen. Emily vroeg zich af hoe dit eruit moest zien voor een toevallige voorbijganger. Misschien dacht die bij het zien van die dwarrelende veertjes wel aan iets geks en vrolijks, in plaats van wat er in werkelijkheid aan de hand was.

Haar tong lag als een brok lood in haar mond en ze had een gapend gat in het midden van haar lichaam. 'Het spijt me,' fluisterde ze.

Er flitste iets in haar moeders blik. Ze knikte naar Emily's vader. 'Ga het maar halen.' Haar vader verdween in de woonkamer. Emily luisterde hoe hij de laden van hun antieke bureau doorzocht. Even later kwam hij terug met iets van Expedia. 'Hier, dit is voor jou,' zei hij.

Het was een vliegticket van Philadelphia naar Des Moines, Iowa – met haar naam erop. 'Ik begrijp het niet.'

Haar vader schraapte zijn keel. 'Het is eigenlijk kristalhelder: óf jij doorloopt dat programma van Tree Tops – mét succes – óf je gaat bij tante Helene wonen.'

Emily knipperde met haar ogen. 'Tante Helene... van die boerderij?'

'Ken jij soms nóg een tante Helene?' vroeg haar vader.

Emily voelde zich duizelig worden. Ze keek naar haar moeder. 'Sturen jullie me weg?'

'Laten we hopen dat het niet zover hoeft te komen,' antwoordde haar moeder.

De tranen sprongen Emily in de ogen; ze kon even geen woord uitbrengen. Het leek wel alsof er een brok cement op haar borst lag. 'Stuur me alstublieft niet weg,' fluisterde ze. 'Ik... ik doe dat Tree Tops-gedoe wel. Oké?'

Ze keek naar de grond. Het voelde net als wanneer ze armpje drukte met Ali: ze waren qua kracht aan elkaar gewaagd en konden het uren volhouden, maar uiteindelijk had zij zich altijd overgegeven en haar arm slap laten hangen. Misschien gaf ze nu ook wel te makkelijk op. Maar ze kon hier nu eenmaal niet tegen vechten.

Een kleine, opgeluchte glimlach kroop over haar moeders gezicht. Ze stopte het ticket in de zak van haar vest. 'Nou, dat was toch niet zo moeilijk, wel?'

En nog voor Emily kon reageren, hadden haar ouders de kamer al verlaten.

14

SPENCER IN CLOSE-UP

Woensdagochtend bekeek Spencer zichzelf in de spiegel van haar mahoniehouten chippendale-kaptafel. Dit meubelstuk was al tweehonderd jaar in de familie. De watervlek op het bovenblad zou nog door Ernest Hemingway zijn gemaakt, toen hij zijn bezwete whiskyglas daar had neergezet tijdens een van Spencers betoverovergrootmoeders debutantenbals.

Spencer pakte haar ronde varkensharen borstel en begon hem door haar haar te trekken, tot haar hoofdhuid pijn begon te doen. Jordana, de verslaggeefster van de *Philadelphia Sentinel,* kwam zo voor haar grote interview mét fotosessie. Een styliste zou een complete garderobe meenemen en Spencers kapper Uri kon elk moment binnenvallen om haar haar te föhnen. Ze was net klaar met haar make-up. Ze had getracht een soort van subtiele frisgezicht-look te creëren, waarmee ze er hopelijk slim uitzag – en niet als iemand die ooit plagiaat zou plegen...

Ze slikte toen ze naar de foto in een van de hoeken van haar spiegel keek. Het was een plaatje van haar oude vriendinnen op het jacht van Ali's oom in Newport, Rhode Island. Ze stonden dicht tegen elkaar aan, in bij elkaar passende J. Crew-bikini's en strooien hoedjes met brede rand, te grijnzen als godinnen van de zee.

'Het gaat vast prima,' zei Spencer tegen haar spiegelbeeld en ze haalde diep adem. Dat artikel werd vast maar een piepklein itempje in het Stijl-katern, dat niemand zou opvallen; die Jordana stelde vast maar een vraag of twee, drie. En A's bericht van gisteren – *Ik weet wat jij gedaan hebt* – was alleen maar bedoeld om haar bang te maken. Ze probeerde het diep in haar hoofd weg te stoppen.

Toen meldde haar Sidekick zich. Ze pakte hem op, drukte op een paar knopjes om bij haar inbox te komen en tuurde met ogen als spleetjes naar het scherm.

Heb je nog een waarschuwing nodig, Spence? Ali's moordenaar staat recht voor je. –A

Spencer liet haar telefoon op de grond vallen. Ali's moordenaar? Ze keek naar haar eigen spiegelbeeld; daarna naar de foto van haar vriendinnen in de hoek. Ali stond aan het stuurwiel, de anderen stonden achter haar te grijzen.

Toen zag ze ineens vanuit haar ooghoek een beweging bij het raam. Ze draaide zich razendsnel om... maar er was niets: niemand in hun tuin, op een verdwaald uitziende eend na; en ook niemand in de tuin van de families DiLaurentis of Cavanaugh. Ze draaide weer terug naar de spiegel en streek met haar koele handen over haar gezicht.

'Hoi.'

Spencer sprong bijna een meter de lucht in: Melissa stond ineens achter haar tegen haar hemelbed geleund. Spencer draaide zich om, betwijfelend of het spiegelbeeld van haar zus wel echt was. Ze had haar zo stiekem beslopen.

'Alles goed?' vroeg Melissa, frunnikend aan het plooikraagje van haar groenzijden blouse. 'Je kijkt alsof je net een spook hebt gezien.'

'Ik kreeg net zo'n idioot sms'je!' flapte Spencer er uit.

'O? Wat stond erin dan?'

Spencer keek even naar haar Sidekick op het crèmekleurige kleed en schopte hem toen nog wat verder onder de toilettafel. 'Ach, laat maar.'

'Nou ja... in ieder geval is je verslaggeefster er,' zei Melissa en ze liep de kamer weer uit. 'Dat moest ik je van mam komen vertellen.'

Spencer stond op en liep naar de deur van haar slaapkamer. Niet te geloven dat ze Melissa bijna van A's berichtje had verteld! Maar wat had A eigenlijk bedoeld? Hoe kon Ali's moordenaar nu recht voor haar staan... terwijl ze in de spiegel keek?

Ineens flitste er een visioen door haar hoofd. *Ah, kom op*, gilde Ali vals. *Dat heb je toch in mijn dagboek gelezen, is het niet?*

Ik zou dat stomme dagboek van jou nooit lezen, antwoordde Spencer. *Dat interesseert me geen klap.*

Toen kwamen er nog een paar vlekken, flitsen en een snelle felwitte beweging. En toen – poef – niets meer! Spencer knipperde een paar maal met haar ogen, daar in haar uppie op de overloop. Het leek wel een vervolg op die vreemde, wazige herinnering van laatst. Wat wás dat toch allemaal?

Langzaam liep ze de trap af, zich vastklampend aan de leuning. Haar ouders en Melissa stonden bij de bank in de woonkamer. Bij de voordeur stonden een stevige dame met zwart kroezig haar en een donkere plastic bril, een magere kerel met een vlassig sikje en een megacamera om zijn nek en een tengere Aziatische met een roze streep in haar haar.

'Spencer Hastings!' riep de kroesharige vrouw uit zodra ze Spencer opmerkte. 'Onze finaliste!'

Toen ze haar armen om Spencer heen sloeg, drukte ze Spencers neus tegen haar blazer, die rook naar de cocktailkersen die Spencer vroeger op de *country club* altijd in haar alcoholvrije Shirley Temple kreeg. Toen deed ze een stap achteruit en hield Spencer op armlengte van zich af. 'Ik ben Jordana Pratt, stijlredacteur van de *Philadelphia Sentinel*,' bulderde ze. Toen gebaarde ze naar de andere twee. 'En dit zijn Bridget, onze styliste, en Matthew, onze fotograaf. Wat heerlijk om kennis met jou te maken!'

'Insgelijks,' stamelde Spencer.

Toen begroette Jordana Spencers ouders. Melissa sloeg ze

echter over, ze keurde haar zelfs geen blik waardig. Melissa schraapte haar keel. 'Eh, Jordana... ik geloof dat wij elkaar al kennen.'

Jordana kneep haar ogen tot spleetjes en trok haar neus op, alsof ze zojuist iets heel vies had geroken. Ze staarde Melissa een paar tellen aan. 'Is dat zo?'

'Ja, je hebt mij geïnterviewd toen ik een paar jaar geleden de marathon van Philadelphia had gelopen,' bracht Melissa haar in herinnering. Ze ging nog wat rechter staan en duwde haar haar achter haar oren. 'Bij het Eames Stadion, voor het kunstmuseum.'

Er leken bij Jordana nog steeds geen belletjes te gaan rinkelen. 'Geweldig, geweldig!' riep ze afwezig. 'Ben dol op de marathon!' Toen keek ze weer naar Spencer (die net had gezien dat de verslaggeefster een Cartier Tank Americaine-horloge droeg – en dan niet de goedkope roestvrijstalen versie). 'Goed. Ik wil alles van je weten: hobby's, lievelingseten, wie je denkt dat *American Idol* gaat winnen... alles. Jij wordt zelf waarschijnlijk ook ooit beroemd, weet je dat? Gouden Orchidee-winnaars worden altijd sterren.'

'Spencer kijkt nooit naar *American Idol*,' merkte mevrouw Hastings vol trots op.

'Ik gok op dat Fantasia-meisje,' zei Melissa luid. Iedereen keek haar verbijsterd aan. 'Als winnares van *American Idol*,' voegde ze er vrij overbodig aan toe.

Jordana trok een diepe rimpel in haar voorhoofd. 'Eh, dat was zo'n beetje het eerste seizoen!' Toen draaide ze zich weer naar Spencer en tuitte haar glanzend rode lippen. 'Goed dan, mejuffrouw de Finaliste. We willen benadrukken hoe fantastisch, slim en geweldig jij bent, maar het moet ook leuk blijven. Je bent genomineerd voor een essay over economie – da's van dat zakengedoe, toch? Dus dacht ik aan een soort plaatje à la *The Apprentice*, met daaronder in koeienletters: SPENCER HASTINGS, JE BENT AANGENOMEN! Jij in een strak zwart pak, achter een groot bureau, terwijl je net tegen een vent zegt dat hij is ontslagen... of aangenomen... of dat je wilt dat hij een martini voor je maakt – maakt me niet uit.'

Spencer knipperde even met haar ogen. Jordana sprak zo vlug en gebaarde er zo wild bij.

'Misschien is het bureau in mijn werkkamer wel wat,' bood meneer Hastings aan. 'Aan het eind van de gang.'

Jordana keek naar Matthew. 'Check jij 'm even?' Matthew knikte.

'En ik heb wel een zwart pak dat ze mag lenen,' kwam Melissa ertussen.

Jordana trok haar BlackBerry uit haar heuptasje en begon koortsachtig te typen. 'Nee, dat hoeft niet,' bromde ze. 'Da's allang geregeld.'

Spencer nam plaats op de gestreepte chaise longue, haar moeder plofte op het pianobankje en Melissa kwam er ook bij zitten, naast de antieke harp. 'O, wat spannend allemaal,' kirde mevrouw Hastings en ze leunde naar voren om een paar haren uit Spencers ogen te strijken.

Zelfs Spencer moest toegeven: ze vond het heerlijk dat iedereen voor haar kroop. Dat gebeurde niet zo vaak. 'Ik vraag me af wat ze me allemaal gaat vragen,' mijmerde ze hardop.

'O, waarschijnlijk over je interesses, je opleiding...' begon mevrouw Hastings. 'O, zorg dat je haar in ieder geval ook vertelt over die educatieve kampen waar ik je naartoe heb gestuurd. En vergeet je niet dat ik je al op je achtste Franse les ben gaan geven? Daardoor kon je al in groep acht door naar Frans-II.'

Spencer giechelde achter haar hand. 'Hé, d'r moeten nog meer verhalen in de zaterdageditie van de *Sentinel*, hoor, mam – niet alleen dat van mij!'

'Misschien vraagt ze je ook wel naar je essay,' zei Melissa vlak.

Spencer keek gealarmeerd op. Maar Melissa zat gewoon kalm in een *Town & Country* te bladeren en haar gezicht verraadde niets. Zou Jordana echt iets gaan vragen over het essay zelf?

Bridget kwam binnengetrippeld met een rijdend rek vol kledinghoezen. 'Begin deze maar eens open te ritsen en kijk of er iets tussen zit wat je bevalt,' commandeerde ze. 'Ik ren nog even naar de auto voor de tas met schoenen en accessoires.' Ze trok haar neus op. 'Een assistent zou nu wel fijn zijn.'

Spencer streek langs de vinyl hoezen. Het waren er zeker vijfentwintig. 'Is dit allemaal voor mijn fotosessietje?'

'Heeft Jordana je dat dan nog niet verteld?' zei Bridget en ze zette grote ogen op. 'De hoofdredacteur vond jouw verhaal geweldig, vooral omdat je hier uit de buurt komt. Je komt op de voorpagina!'

'Van het Stijl-katern?' vroeg Melissa ongelovig.

'Nee joh, van de hele krant!' riep Bridget.

'O, mijn god, Spencer!' hijgde mevrouw Hastings en ze pakte Spencer bij de hand.

'Zeg dat wel!' glunderde Bridget. 'Wen er maar gauw aan. En als je wint, wordt het helemaal een gekkenhuis. Ik heb voor *Newsweek* de styling van de winnares van 2001 gedaan; haar werkschema was echt niet normaal meer.'

Bridget was alweer door de voordeur verdwenen; haar zware jasmijnparfum was blijven hangen. Spencer deed een paar maal de vuuradem, zoals ze bij yoga had geleerd. Toen ritste ze de eerste kledinghoes open en liet haar handen over een donkere wollen blazer glijden. Ze keek op het label: Calvin Klein. De volgende outfit was van Armani.

Haar moeder en zus kwamen haar helpen met het openritsen. Even waren ze zwijgend bezig, totdat Melissa zei: 'Spence... op deze hoes zit iets.'

Spencer keek wat ze bedoelde. Een opgevouwen stukje gelinieerd papier was met brede tape op een marineblauwe kledinghoes vastgeplakt. Voorop stond slechts een handgeschreven letter: 'S'.

Spencer verstijfde. Traag trok ze het briefje ervanaf, ging zo staan dat haar moeder en Melissa niets zien konden en vouwde het open.

'Wat is het?' vroeg Melissa, terwijl ze van het kledingrek naar Spencer toe kwam.

'O, g-gewoon... aanwijzingen voor de styliste,' zei Spencer, met een rare verstikte stem.

Mevrouw Hastings ging weer rustig verder met het openritsen van hoezen; Melissa hield haar zus' blik wat langer vast. Toen ze eindelijk wegkeek, vouwde Spencer het briefje nog een keer open.

Beste mejuffrouw de Finaliste, hoe zou je het vinden als ik je geheim nú verklapte? Kan ik zo doen, weet je. Als je niet oppast, doe ik het misschien echt. –A

15

VERTROUW NOOIT ZOIETS ACHTERHAALDS ALS EEN FAX

Woensdagmiddag na de lunch ging Hanna zitten aan een teakhouten picknicktafel die uitkeek over de sportvelden en de eendenvijver van Rosewood Day, met in de verte Mount Kale. Het was een perfecte middag: Tiffany-blauwe hemel, geen greintje vocht in de lucht en overal de geur van bladeren en frisheid. Kortom: het ideale decor voor Hanna's perfecte verjaarscadeau. Het enige wat er nog moest gebeuren, was dat Mona kwam opdagen. Hanna had er gister bij Saks – tijdens het passen van hun champagnekleurige Zac Posen-hofdamejurken – geen speld tussen kunnen krijgen met Naomi en Riley erbij. En toen ze Mona er gisteravond over had gebeld, zat die net te leren voor een belangrijk proefwerk Duits; als ze dat niet haalde, ging haar hele Sweet Seventeen-feest niet door.

Afijn, Mona kon nu elk moment arriveren en dan maakten ze al die gemiste Hanna & Mona-privétijd wel weer goed. En dat briefje van A gister, over dat Mona niet te vertrouwen was? Allemaal bluf. Misschien dat Mona nog wat pissig was over dat misverstand rond hun Frenniversary, maar zij ging hun vriendschap echt niet op de spits drijven. En daarbij: haar verjaarscadeau zou alles goedmaken. Mona kon maar beter opschieten, voor ze de hele boel miste.

Terwijl ze wachtte, scrolde Hanna wat door haar BlackBerry. Ze had hem zo ingesteld dat alle berichten werden bewaard, tot zij ze handmatig verwijderde. Dus stonden ook al haar sms-conversaties met Alison nog steeds in haar inbox. Meestal keek ze er liever niet naar – ze werd er maar verdrietig van – maar vandaag wilde ze het om de een of andere reden wel. Ze vond er eentje van 1 juni, een paar dagen voordat Ali verdween.

Probeer te leren voor mijn examen Gezondheidskunde, had Ali geschreven. Voel me rusteloos.

Hoezo? had Hanna geantwoord.

Ali: Ik weet het niet. Misschien ben ik wel verliefd. Ha ha.

Hanna: Verliefd? Op wie?

Ali: Geintje. Shit, Spencer staat voor de deur. Wil hockeyoefeningen doen – alwéér.

Zeg dan nee, had Hanna teruggeschreven. Op wie ben je dan verliefd?

Je zegt geen nee tegen Spencer, had Ali tegengeworpen. Dan pakt ze je keihard terug.

Hanna staarde naar het heldere schermpje van haar BlackBerry. Toen had ze er waarschijnlijk om gelachen; nu bekeek ze die oude sms'jes met andere ogen. Dat berichtje van A – waarin stond dat een van haar vriendinnen iets te verbergen had – had haar bang gemaakt. Zou het kunnen dat Spéncer iets verborg?

Opeens herinnerde Hanna zich iets waar ze al heel lang niet meer aan had gedacht. Een paar dagen voordat Ali zoekraakte, waren ze met zijn vijven naar het People's Light Playhouse geweest, voor een voorstelling van *Romeo en Julia*. Er waren niet veel brugklassers die voor deze excursie hadden gekozen en daarom was de rest allemaal een stuk ouder dan zij. Bijna de hele laatstejaarsklas van Rosewood Day was erbij: Ali's oudere broer Jason, Spencers zus Melissa, Ian Thomas, Ali's hockeyvriendin Katy Houghton en Preston Kahn, een van de bekende broers. Na afloop van het toneelstuk waren Aria en Emily in de toiletten verdwenen, gingen Hanna en Ali op een stenen muurtje hun lunch zitten opeten en was Spencer naar mevrouw Delancey gerend, de lerares Engels, die bij haar studenten zat.

'Dat doet ze alleen maar om bij die oudere jongens te kunnen zitten,' bromde Ali met een boze blik naar Spencer.

'Als je wilt, kunnen wij daar ook gaan zitten,' opperde Hanna.

Maar Ali zei nee. 'Ik ben kwaad op Spencer,' verklaarde ze.

'Waarom?' vroeg Hanna.

Ali zuchtte. 'Da's een lang en saai verhaal.'

Hanna liet het daar maar bij. Ali en Spencer waren wel vaker zonder geldige reden kwaad op elkaar. Ze begon wat te dagdromen over hoe die sexy acteur die Tybalt speelde, haar tijdens zijn hele sterfscène had aangekeken. Vond hij haar soms leuk... of dik? Of misschien had hij wel helemaal niet naar haar gekeken... maar speelde hij gewoon met open ogen dat hij dood was. Toen ze weer naast zich keek, zat Ali te huilen.

'Ali,' had ze gefluisterd. Ze had haar vriendin nog nooit zien huilen. 'Wat ís er?'

Stilletjes dreven de tranen over Ali's wangen. En ze nam niet eens de moeite om ze weg te vegen. Ze staarde alleen maar naar Spencer en mevrouw Delancey. 'O, laat maar.'

'Shit, moet je dat zien!' hoorde Hanna Mason Byers opeens roepen. Ze werd in één klap uit haar brugklasgedachten weggerukt. Hoog in de lucht trok een tweedekker een streep door de wolken. Hij scheerde over Rosewood Day, rolde om en om en zoefde toen weer voorbij. Hanna wiebelde zenuwachtig heen en weer, draaide zich een paar maal om. Waar bleef Mona verdomme nou toch?

'Is dat een ouwe Curtiss?' vroeg James Freed.

'Nee, ik denk van niet,' antwoordde Ridley Mayfield. 'Ik geloof dat het een Travel Air D4D is.'

'O ja,' zei James, alsof hij dat al had gedacht.

Hanna's hart bonste opgewonden. Het vliegtuig maakte een paar lange, slepende bewegingen en pufte een spoor van wolkjes uit, dat vervolgens een perfecte 'M' bleek te vormen. 'Hij schrijft iets!' riep een meisje bij de deur.

Het vliegtuig ging verder met een A, nog een A, een K en toen, na een spatie, een J. Hanna barstte zowat van opwinding. Dit was echt het coolste verjaarscadeau ooit!

Mason kneep zijn ogen tot spleetjes terwijl hij naar het vliegtuig keek, dat maar bleef zwenken en draaien en weven in de lucht. 'Maak... je... klaar... voor... een...' las hij.

En op dat moment gleed Mona op de stoel naast Hanna en hing ze haar donkergrijze gewatteerde Louis Vuitton-tas over de rugleuning. 'Hoi, Han,' zei ze. En ze klapte haar Japanse lunchbox van Fresh Fields open en trok het papier van een setje houten eetstokjes. 'Je raadt nooit wie Naomi en Riley voor mijn feest hebben geregeld! Het mooiste cadeau dat ik ooit heb gehad.'

'Ah joh, echt niet,' krijste Hanna. 'Ik heb nog iets veel coolers voor je.'

Ze probeerde naar het vliegtuigje in de lucht te wijzen. Maar Mona was nog niet klaar. 'Zij hebben Lexi,' ging ze door. 'Lexi! Voor mij! Op mijn feest! Dat geloof je toch niet?'

Hanna liet haar lepel in haar yoghurtbakje vallen. Lexi was een vrouwelijke hiphopper uit Philadelphia, die door een groot platenlabel was gecontracteerd en op weg was een megaster te worden. Hoe hadden Naomi en Riley dat voor elkaar gekregen? 'Goh, leuk,' zei ze vlug en ze duwde toen Mona's kin richting de wolken. 'Maar kijk nou eens wat ík voor je heb geregeld!'

Mona keek met halfdicht geknepen ogen naar boven. Het vliegtuig was net klaar met schrijven en maakte nog een paar loopings boven de tekst. Toen de boodschap tot Hanna doordrong, werden haar ogen zo groot als schoteltjes.

'Maak je klaar voor een knal...' Mona's mond viel open. '... scheet met Mona?'

'Ha ha: maak je klaar voor een knalscheet met Mona!' joelde Mason en anderen die het zagen, begonnen het zinnetje ook te herhalen. Een brugklasser bij de abstracte muurschildering blies op zijn arm om een scheetgeluid te fabriceren.

Mona staarde Hanna aan. Ze zag lichtelijk groen. 'Wat heeft dat verdomme te betekenen, Hanna?'

'Nee nee nee, da's een foutje!' piepte Hanna. 'Er moet staan: "Maak je klaar voor een knalfeest met Mona!" F.E.E.S.T. Het is een schrijffout!'

Steeds meer mensen begonnen nu scheetgeluiden te maken. 'Getver!' riep een meisje. 'Waarom schrijft ze dát nou?'

'Dit is... dit is... afschuwelijk!' riep Mona. En ze trok haar blazer over haar hoofd, zoals beroemdheden deden als ze de paparazzi probeerden te ontduiken.

'Ik dien meteen een klacht in,' riep Hanna en ze trok haar BlackBerry uit haar tas en zocht met trillende handen naar het nummer van het luchtschrijfbedrijf. Het was niet eerlijk: ze had hun Mona's feestboodschap in haar duidelijkste, netste handschrift gefaxt! 'Het spijt me zo, Mon. Ik snap echt niet hoe dit kan.'

Mona's gezicht was bijna niet te zien in de schaduw van haar blazer. 'O ja, spijt het je zo?' zei ze zacht. 'Ja ja, zal wel!' Toen liet ze de blazer weer op haar schouders zakken, stond op en beende weg, zo snel als haar raffia Celine-sleehakken haar toestonden.

'Mona!' Hanna sprong op en rende achter haar aan. Ze pakte Mona bij de arm, zodat deze zich wel moest omdraaien. 'Dit is een vergissing! Zoiets zou ik je toch nooit aandoen?'

Mona zette een stap naar haar toe. Hanna rook de Franse lavendelgeur van haar wasmiddel. 'Onze Frenniversary verbruien is één ding, maar ik had nooit gedacht dat je ook mijn feest zou proberen te verzieken,' gromde ze hard genoeg om iedereen te laten meegenieten. 'Maar zo wil jij het dus spelen? Oké, dan kom je niet. Dan ben je bij dezen officieel niet uitgenodigd.'

En toen stampte ze naar de deur van de kantine, onderweg twee sullig uitziende brugklassers opzij duwend, die daardoor bijna in de grote stenen bloembakken belandden. 'Mona, wacht nou even!' riep Hanna haar zwakjes na.

'Ach, loop toch naar de hel!' gilde Mona over haar schouder.

Hanna wankelde een paar passen naar achteren, trillend over haar hele lichaam. Toen ze om zich heen keek, stond iedereen haar aan te gapen. 'Oeps,' hoorde ze Desdemona Lee tegen haar softbalvriendinnen fluisteren.

'Ai-ai-ai,' gniffelden een paar jochies bij de met mos bedekte vogelbadjes.

'Loser,' bromde een stem zonder gezicht.

Er kwam een geurige wolk uit de kantine naar buiten gedreven: pizza met extra veel saus, zacht en knapperig tegelijk. Hanna kreeg er een akelig bekend gevoel van – zowel kotsmisselijk als uitgehongerd tegelijk. Ze strompelde terug naar haar tas en begon afwezig in het zijvakje te zoeken naar haar noodvoorraadje Cheez-Its. Daarna propte ze de ene na de andere in haar mond, zonder er iets van te proeven. Toen ze weer naar de lucht keek, waren de ronde, lettervormige wolkjes die Mona's feest hadden moeten aankondigen, alweer uit elkaar gedreven.

De enige letter die er nog stond, was de laatste die het vliegtuigje had geschreven: een duidelijke, hoekige A.

16

IEMAND HEEFT ZITTEN ZOENEN IN DE OVEN...

Tijdens dezelfde lunchpauze die woensdag stevende Emily door de gang van de handenarbeidvleugel.

'Háàá, die Emily,' riep Cody Wallis, de stertennisser van Rosewood Day.

'Eh, hallo...' Emily keek over haar schouder. Nee, er was verder niemand in de buurt. Zei Cody werkelijk iets tegen háár?

'Zo... jij ziet er goed uit, Emily Fields,' bromde John Dexter, de ongelooflijk sexy aanvoerder van het roeiteam van Rosewood Day. Ze kreeg er niet eens een 'hallo' uit – de laatste keer dat hij iets tegen haar had gezegd, was tijdens een gymles in groep 7. Toen hij haar bij trefbal voluit op de borst had geraakt, was hij na afloop naar haar toe gekomen en had gegrinnikt: 'Sorry dat ik je tiet raakte, hoor.'

Dit had Emily nog nooit meegemaakt, dat zoveel mensen – vooral jongens – naar haar glimlachten, wuifden of haar begroetten... Vanochtend had Jared Coffey – een broeierige laatstejaars die altijd op een oude Indian-motor naar school kwam en meestal te cool was om ook maar iemand aan te spreken – er ook al op gestaan de bosbessenmuffin die ze uit de snoepmachine had gehaald, voor haar te betalen. En onderweg van de tweede naar de derde les was ze gevolgd door een klein konvooi van brugklasjochies, waarbij eentje haar zelfs met zijn Nokia had gefilmd – wat waarschijnlijk nu al op YouTube te zien was. En dat terwijl ze deze ochtend juist naar school was gekomen met het idee dat ze de hele dag zou worden uitgelachen om die foto die A gister bij de zwemwedstrijd had rondgedeeld...

Plots stak er een hand uit het pottenbaklokaal. Emily slaakte een gilletje en deinsde geschrokken achteruit. Toen verscheen Maya's gezicht in de deuropening. 'Psst, Em!'

Emily stapte uit de stroom van mensen. 'O hoi, Maya.'

Maya knipperde een paar maal met haar wimpers. 'Kom!'

'Nee, ik kan nu niet.' Emily keek op haar grote Nike-horloge. Ze was al laat voor haar lunch met Becka – juffertje Tree Tops. 'Wat dacht je van na school?'

'Joh, dit duurt maar heel even!' Maya dook het lege lokaal in en huppelde om de doolhof van tafels heen richting de grote oven. En tot Emily's verbijstering duwde ze vervolgens de zware ovendeur open en glipte naar binnen. Toen stak ze haar hoofd weer naar buiten en grijnsde: 'Kom je nog?'

Emily trok haar schouders op. Binnen in de oven was het stikdonker, warm en rook het naar hout – net een sauna. Op planken langs de wand stonden tientallen werkstukken van leerlingen. De docent had ze nog niet gebakken, dus alles was nog zacht en steenrood.

'Knus hier,' zei Emily zacht. Ze hield van de natte aardegeur van ongebakken klei. Op een van de planken stond de pot die ze zelf twee trimesters geleden had gekneed. Ze dacht toen dat ze dat heel mooi had gedaan, maar nu zag ze dat een kant helemaal was ingezakt.

Toen gleden opeens Maya's handen van haar onderrug naar haar schouders. Ze draaide haar om, zodat hun neuzen elkaar bijna raakten. Maya's adem rook zoals altijd naar bananenkauwgum. 'Ik vind dit de opwindendste plek van de hele school. Jij ook?'

'Maya!' zei Emily waarschuwend. Dit moesten ze eigenlijk niet doen... maar Maya's handen voelden zo lekker...

'Joh, niemand ziet ons,' wierp Maya tegen en ze streelde Emily's droge, door de chloor beschadigde haar. 'Trouwens, iedereen weet het nu toch van ons.'

'Vind je het dan niet erg, wat er gisteren is gebeurd?' vroeg Emily. Ze trok zich los. 'Voel jij je niet ook... bezoedeld?'

Maya dacht even na. 'Nee, niet echt. Bovendien lijkt het niemand wat uit te maken.'

'Ja, dát vind ik zo gek,' zei Emily. 'Ik dacht dat iedereen vandaag gemeen tegen me zou doen; me gaan lopen pesten of zo. Maar in plaats daarvan... ben ik ineens bespottelijk populair. Zoveel aandacht kreeg ik niet eens toen Ali was verdwenen!'

Maya grinnikte en streelde over Emily's kin. 'Zie je wel? Ik zei toch dat het zo erg niet zou zijn? Zo'n slecht idee was het dus niet!'

Emily zette een stap achteruit. In de schemerige oven had Maya's gezicht ineens een macaber groenige tint. Ze had Maya gisteren op de tribune van het binnenbad zien zitten... maar toen ze na het ontdekken van die foto opnieuw keek, was ze nergens meer te bekennen geweest. En Maya was degene die had geopperd hun relatie wat meer in de openheid te brengen... Emily voelde een golf van misselijkheid door haar lichaam trekken. 'Hoe bedoel je: "geen slecht idee"?'

Maya haalde haar schouders op. 'Gewoon: degene die dit heeft gedaan, heeft het ons een stuk makkelijker gemaakt.'

'M-maar het is helemaal niet makkelijker,' stamelde Emily, denkend aan waar ze op dit moment zou moeten zijn. 'Mijn ouders zijn furieus over die foto. Ze eisen dat ik naar een soort hulpgroep ga om te bewijzen dat ik niet lesbisch ben. Als ik dat niet doe, sturen ze me naar Iowa, om bij mijn tante Helene en oom Allen te gaan wonen – voorgoed.'

Maya fronste haar voorhoofd. 'Maar waarom heb je je ouders de waarheid dan niet verteld? Dat jij nu eenmaal zo bent, dat je dat niet zomaar kunt veranderen – zelfs niet in Iowa?' Ze trok haar schouders op. 'Ik heb mijn ouders vorig jaar al verteld dat ik bi was. In het begin vonden ze het ook maar niks, maar ze zijn langzaam bijgetrokken.'

Emily schoof haar voeten heen en weer over de gladde cementen ovenvloer. 'Jouw ouders zijn heel anders dan de mijne.'

'Misschien.' Maya ging een eindje achteruit. 'Maar moet je horen: sinds ik vorig jaar eindelijk eerlijk ben geweest tegen mezelf en de rest... sinds die tijd voel ik me zo fantastisch!'

Emily's blik ging als vanzelf naar het slangachtige litteken op de binnenkant van Maya's onderarm. Vroeger sneed Maya zichzelf; ze had haar verteld dat dat toen het enige was geweest wat haar een goed gevoel gaf. Was dat ook veranderd doordat ze eerlijk was geweest tegen zichzelf?

Emily sloot haar ogen en dacht aan haar moeders boze gezicht. En aan op het vliegtuig stappen om in Iowa te gaan wonen, nooit meer in haar eigen bed slapen en haar ouders die haar voor eeuwig zouden haten... Ze kreeg een brok in haar keel.

'Ik móét doen wat zij van me vragen.' Emily concentreerde zich op een hard geworden stukje kauwgum dat iemand op een van de planken had geplakt. 'En nu moet ik echt gaan.' En ze opende de deur van de oven en stapte terug in het klaslokaal.

Maya kwam meteen achter haar aan. 'Wacht!' Ze greep Emily bij de arm; Emily draaide zich om. Maya's ogen zochten koortsachtig haar gezicht af. 'Wat bedoel je nou? Maak je het soms uit?'

Emily staarde alleen maar voor zich uit. Boven het bureau van de docent hing een sticker: IK HOU VAN POTTEN! Maar iemand had de laatste drie letters doorgestreept en een marihuanablad over het uitroepteken heen getekend. 'Rosewood is mijn thuis, Maya. Ik wil hier blijven. Het spijt me.'

En ze zigzagde tussen de draaischijven en tonnen met glazuur door. 'Em!' riep Maya haar nog achterna. Maar Emily draaide zich niet meer om.

Ze nam de uitgang die van de pottenbakkerij rechtstreeks uitkwam op de binnenplaats. Ze voelde zich alsof ze zojuist een enorme vergissing had begaan. Buiten was niemand – iedereen was aan het lunchen – maar ze zou hebben durven zweren dat ze op het dak van de klokkentoren van Rosewood Day iemand zag staan. Iemand met lang blond haar en een verrekijker voor haar gezicht – net Ali.

Maar toen ze een paar maal met haar ogen had geknipperd,

zag ze alleen nog de verweerde bronzen klok in de toren hangen. Haar ogen speelden een spelletje met haar! Het was vast gewoon een knoestige tak of zoiets.

Toch?

Emily slofte over het smalle voetpad naar de Lorence-kapel – die meer leek op het peperkoekhuisje dat ze in groep 6 voor de kerstwedstrijd van de King James Mall had gemaakt dan op een kerkje. De geschulpte gevelplanken van het gebouwtje waren kaneelbruin, de fijn afgewerkte sierlijsten, zuiltjes en geveltop roomwit en de raamkozijnen waren afgezet met bloemen in winegumkleurtjes. Binnen zat op een van de voorste banken een meisje, met haar gezicht naar voren in de verder lege ruimte.

'Sorry dat ik zo laat ben,' hijgde Emily en ze liet zich naast haar in de bank glijden. Op het altaar stond een kerststal te wachten tot hij werd opgezet. Emily schudde haar hoofd: het was nog niet eens november!

'O, dat geeft niet.' Het meisje stak haar hand uit. 'Rebecca Johnson. Iedereen noemt me Becka.'

'Emily.'

Becka droeg een lange kanten tuniek, een strakke spijkerbroek en ingetogen roze ballerina's. In haar oren hingen fragiele, bloemvormige oorbellen en haar haar werd naar achteren gehouden met een met kant afgezette haarband. Emily vroeg zich af of zij er net zo meisjesachtig zou komen uit te zien als ze het Tree Tops-programma had afgerond.

Er gingen een paar tellen voorbij. Toen haalde Becka een tubetje roze lipgloss tevoorschijn en bracht een nieuw laagje aan. 'En? Is er iets wat je wilt weten over Tree Tops?'

Niet echt, wilde Emily zeggen. Maya had waarschijnlijk gelijk: ze zou nooit echt gelukkig worden als ze niet ophield met zich schamen en haar gevoelens negeren. Hoewel... Ze keek eens goed naar Becka. Zíj leek zich toch uitstekend te voelen.

Emily trok haar blikje cola open. 'Dus jij hield van meisjes?' Ze geloofde het nog steeds niet helemaal.

Haar vraag leek Becka te verrassen. 'J-ja... maar nu niet meer.'

'Maar eh, toen je dat nog wel deed... hoe wist je toen dat je zo was?' vroeg Emily. Ze besefte ineens dat ze overliep van de vragen.

Becka nam een minuscuul hapje van haar boterham. Alles aan haar was klein en popperig, ook haar handen. 'Het voelde gewoon anders... beter.'

'Net als bij mij!' gilde Emily bijna. 'Ik heb ook wel vriendjes gehad... maar bij meisjes voelde het altijd... anders. Ha, ik viel zelfs op mijn Barbies!'

Becka veegde sierlijk haar mond af met een servet. 'Mmm... Barbie is nooit mijn type geweest.'

Emily glimlachte toen ze weer een nieuwe vraag bedacht. 'Waarom denk je dat dat is, dat wij meiden leuker vinden? Ik heb eens ergens gelezen dat het erfelijk is, dus als ik een dochter krijg, valt die dan ook op haar Barbiepoppen?' Ze dacht even na, voor ze weer doorratelde. Er was hier verder toch niemand en het voelde goed om een paar van die vragen kwijt te kunnen, waar ze al tijden over liep te malen. Daar was deze hele ontmoeting toch voor bedoeld, nietwaar? 'Hoewel... mijn moeder is volgens mij zo hetero als je maar zijn kunt,' zei ze een tikje té luidruchtig. 'Misschien slaat het altijd een generatie over?'

Ze zweeg opeens toen ze zag dat Becka haar nogal zonderling zat aan te kijken. 'Eh, dat geloof ik niet,' antwoordde deze ongemakkelijk.

'Het spijt me,' zei Emily. 'Ik zit vreselijk te wauwelen. Ik ben gewoon nogal... in de war... en zenuwachtig.' *En ik heb verdriet*, wilde ze eraan toevoegen – terwijl ze weer even dacht aan hoe Maya's mond was opengevallen toen ze haar had gezegd dat het afgelopen moest zijn.

'Geeft niet,' zei Becka zacht.

'Had jij een vriendin, voor je met Tree Tops begon?' vroeg Emily, nu iets kalmer.

Becka beet op de nagel van haar duim. 'Wendy,' zei ze, haast onhoorbaar. 'We werkten samen bij de Body Shop in de King James Mall.'

'Hebben jij en Wendy... met elkaar gerommeld?' vroeg Emily, terwijl ze aan een cracker knabbelde.

Becka wierp een argwanende blik op de kribbefiguren op het altaar, alsof ze bang was dat Jozef, Maria en de drie wijzen meeluisterden. 'Misschien,' fluisterde ze.

'Hoe voelde dat?'

Op Becka's slaap begon een heel dun adertje te kloppen. 'Dat voelde... verkeerd. Homoseksualiteit eh... het is niet gemakkelijk om er iets aan te doen, maar ik denk wel dat het kan. Tree Tops heeft mij geholpen te ontdekken waaróm ik iets met Wendy wilde. Ik heb drie broers: volgens mijn hulpverlener ben ik opgegroeid in een erg op jongens georiënteerde wereld.'

Zoiets stoms had Emily nog nooit gehoord! 'Nou, ik heb ook een broer, maar ook twee zussen. Ik ben dus niet opgegroeid in een op jongens georiënteerde wereld. Wat is er bij mij dan misgegaan?'

'Misschien ligt de oorsprong van jóúw probleem wel heel ergens anders,' zei Becka schouderophalend. 'De hulpverleners van Tree Tops zullen je wel helpen daarachter te komen. Zij zorgen ervoor dat je een hele hoop gevoelens en herinneringen loslaat, die je vervolgens vervangt door nieuwe gevoelens en herinneringen.'

Emily fronste haar voorhoofd. 'Laten ze je daar dingen vergeten?'

'Nee, het is echt meer loslaten.'

Becka mocht het dan mooi proberen voor te stellen, Tree Tops bleef afschuwelijk klinken. Emily wilde Maya helemaal niet loslaten... en Ali ook niet.

Opeens legde Becka haar hand over die van Emily. Het gebaar verraste haar. 'Ik weet dat het jou nu allemaal raar in de oren klinkt, maar ik heb bij Tree Tops iets geweldigs geleerd,' zei Becka. 'Het leven is hard. Als wij deze gevoelens volgen – deze verkeerde gevoelens – dan wordt ons leven een nog veel hardere strijd. En het is allemaal al moeilijk genoeg, toch? Waarom zou je het nog erger maken?'

Emily voelde dat haar onderlip begon te trillen. Was het leven van alle lesbische vrouwen dan een zware strijd? En die twee lesbiennes een paar dorpen verderop dan, met die triatlonwinkel waar ze haar New Balances had gekocht? Zij leken haar volkomen gelukkig. En Maya? Die had zichzelf vroeger zelfs gesneden en voelde zich nu stukken beter.

'En hoe vindt Wendy het dat jij nu bij Tree Tops zit?' vroeg Emily.

Becka tuurde naar het gebrandschilderde raam achter het altaar. 'Ik geloof dat ze het wel begrijpt.'

'Trekken jullie nog steeds met elkaar op?'

Becka trok haar schouders op. 'Niet echt. Maar we zijn nog steeds vriendinnen, zeg maar.'

Emily ging met haar tong langs haar tanden. 'O, misschien kunnen we een keer iets met zijn allen gaan doen!' Misschien wel goed om twee ex-lesbo's te zien die nog steeds bevriend waren. Misschien kon dat bij haar en Maya ook wel.

Becka hield haar hoofd schuin en keek haar een beetje verbaasd aan. 'Oké... Wat dacht je van zaterdagavond?'

'Klinkt prima,' antwoordde Emily.

Toen aten ze ieder hun lunch op, waarna ze afscheid namen. Emily liep over het hellende grasveld naar de rest van de leerlingen die terugkeerden naar hun klas. Haar hoofd barstte bijna van de informatie en emoties. Die lesbische triatletes mochten dan gelukkig zijn en Maya mocht zich ook wel beter voelen... Becka had misschien ook wel een beetje gelijk. Want hoe zou het zijn op de universiteit en daarna, bij het zoeken van werk? Steeds opnieuw zou ze haar seksuele voorkeur moeten uitleggen. En sommigen zouden haar gewoon nooit accepteren.

Vóór de ramp van gister waren Maya, Ben en Alison de enigen die wisten wat zij werkelijk voelde. Twee van die drie hadden het niet zo best opgevat.

Misschien hadden zij wel gelijk.

17

KLEFFE STELLETJESDINGEN GEBEUREN ALTIJD OP BEGRAAFPLAATSEN

Woensdag na school zag Aria hoe Sean op zijn Gary Fisher-mountainbike steeds verder voor haar uit reed en met gemak de heuvelachtige landweggetjes van West-Rosewood beklom. ‘Hou vol!’ riep hij haar plagerig toe.

‘Jij hebt makkelijk praten!’ riep Aria terug, terwijl ze zich kapot trapte op de aftandse 10-versnellingen-Peugeot (nog uit haar moeders studententijd), die ze had meegenomen toen ze bij Sean introk. ‘Ik ren niet elke ochtend tien kilometer!’

Sean had haar na school verrast door aan te kondigen dat hij zijn voetbaltraining liet schieten om wat tijd met haar door te brengen. Dat wás nogal wat, want in het etmaal dat ze nu met hem samenwoonde, had Aria ontdekt dat het bij Sean één en al voetbal was, net zoals haar broertje stapel was op lacrosse. Elke ochtend rende hij tien kilometer, deed een aantal oefeningen en schoot op het doel dat op het gazon van de familie Ackard was neergezet – net zolang tot het tijd was om naar school te gaan.

Toen Aria zich eindelijk de heuvel op had geworsteld, zag ze tot haar grote vreugde dat er een lange afdaling voor hen lag. Omdat het zo’n prachtige dag was, hadden ze besloten een fietstochtje door West-Rosewood te maken, met zijn rommelige boerderijen en kilometers ongerepte bossen.

Onder aan de heuvel passeerden ze een smeedijzeren hek met

een sierlijke toegangspoort. Aria kneep in haar remmen. 'Stop eens! Goh, ik was deze plek helemaal vergeten.'

Ze stond voor de poort van Saint Basil, Rosewoods oudste en spookachtigste begraafplaats, waar ze vroeger vaak afdrukken van grafstenen was komen maken. Het terrein bestond uit hectares vol glooiende heuvels en prachtig onderhouden grasvelden, en sommige van de grafzerken dateerden uit de achttiende eeuw. Voordat ze haar draai had gevonden met Ali, was Aria een tijdje gothic geweest en had ze alles omhelsd wat te maken had met de dood, Tim Burton, Halloween en Nine Inch Nails. En de lommerrijke eiken van deze begraafplaats hadden gezorgd voor de perfecte schaduw om een beetje melancholisch in rond te hangen.

Sean stopte naast haar. Aria keek hem aan. 'Zullen we even naar binnen gaan?'

Hij keek bezorgd. 'Zeker weten?'

'Ik kwam hier vroeger heel graag.'

'Oké dan.' Sean ketende hun fietsen met tegenzin vast aan een smeedijzeren afvalbak en liep achter haar aan langs de eerste rij grafzerken. Aria las de namen en data, die ze een paar jaar terug bijna uit haar hoofd had gekend. EDITH JOHNSTON, 1807-1856. BABY AGNES, 1820-1821. SARAH WHITTIER, met dat citaat van Milton: DE DOOD IS DE GOUDEN SLEUTEL TOT HET PALEIS DER EEUWIGHEID. En achter die heuvel, wist ze, lagen de graven van een hond genaamd Puff, een kat genaamd Rover en een parkiet genaamd Lily.

'Ik hou van graven,' zei Aria, terwijl ze langs een reusachtig beeld van een engel liepen. 'Ze doen me denken aan *Het verraderlijke hart*.'

'Het wátte?'

Aria trok één wenkbrauw omhoog. 'Ach, kom op, dat verhaal heb je toch wel eens gelezen? Het is van Edgar Allan Poe! Van dat lijk dat onder de vloer verstopt ligt... en waarvan de verteller het hart nog steeds hoort kloppen!'

'Nee, hoor.'

Aria zette haar handen op haar heupen. Ze was sprakeloos.

Hoe kon hij dat verhaal nu niet kennen? 'Als we terug zijn, geef ik je mijn Poe-boek, dan kun je het lezen.'

'Oké,' zei Sean en hij veranderde toen van onderwerp. 'Heb je vannacht lekker geslapen?'

'Ja hoor, prima.' Ach, een leugentje om bestwil: haar kamer, die zo uit een Parijs hotel leek te komen was prachtig, maar ze had maar moeilijk in slaap kunnen komen. Het huis van Seans ouders was gewoon... té perfect. Het dekbed was té donzig, het matras té gewatteerd, de kamer té stil. En het rook er ook te lekker en te schoon.

Maar ze had nog meer last gehad van wat ze had zien bewegen buiten haar raam, de stalker die ze misschien had gezien én A's berichtje over dat Ali's moordenaar dichterbij was dan ze dacht. Urenlang had ze liggen woelen, in de overtuiging dat als ze zou opkijken, ze de stalker – of Ali's moordenaar – aan het voeteneind van haar bed zou zien staan.

'Je stiefmoeder viel vanochtend trouwens nog tegen me uit, zeg,' zei Aria, terwijl ze om een Japanse kers heen glipte. 'Ik was vergeten mijn bed op te maken en moest van haar terug naar boven om het alsnog te doen!' Ze snoof. 'Dat heeft mijn moeder al in geen duizend jaar meer gedaan.'

Maar toen ze hem aankeek, lachte Sean niet mee. 'Mijn stiefmoeder werkt keihard om ons huis schoon te houden. Rosewoods Historische Huizen komt er bijna dagelijks een rondleiding geven.'

Gepikeerd wilde Aria hem vertellen dat Rosewoods Historisch Genootschap ook had overwogen hún huis in hun rondleiding op te nemen – het scheen te zijn ontworpen door een protegé van Frank Lloyd Wright. Maar ze zuchtte slechts en zei: 'Het spijt me. Het komt gewoon doordat... Weet je, mijn moeder heeft me niet eens meer gebeld sinds ik dat briefje voor haar achterliet waarop ik zei dat ik bij jou logeerde. Ik voel me zo... in de steek gelaten.'

Sean wreef over haar arm. 'Ik weet het, ik weet het.'

Aria voelde met haar tong aan het plekje achter in haar mond waar haar eenzame verstandskies had gezeten. 'Dat is het 'm juist,' zei ze zacht. 'Jij weet het níét.' Seans familie was immers perfect:

meneer Ackard had vanochtend Belgische wafels voor hen gebakken, mevrouw Ackard had voor iedereen een lunchpakket klaargemaakt – ook voor Aria. Ja, zelfs hun hond, een airedaleterriër, was welgemanierd.

'Leg het me dan uit,' zei Sean.

Aria zuchtte. 'Zo eenvoudig ligt het niet.'

Ze kwamen langs een kromme, knoestige boom. Aria liep een beetje naar de grond te staren. Maar opeens stond ze stokstijf stil. Het gat voor de kist was nog niet gegraven, maar er was wel al met lint een plek afgezet. Ook de marmeren grafzerk stond al overeind. De tekst luidde eenvoudig: ALISON LAUREN DILAURENTIS.

Een kreunend geluidje ontsnapte aan Aria's keel. Ze wist dat de deskundigen Ali's stoffelijk overschot nog aan het onderzoeken waren op verwondingen, tekenen van vergiftiging en dergelijke, en dat haar ouders haar daarom nog niet hadden kunnen begraven. Ze wist echter niet dat het plan was dat op deze begraafplaats te doen.

Ze wierp Sean een hulpeloze blik toe. Hij trok bleek weg. 'Ik dacht dat je het wist.'

'Nee, geen flauw vermoeden,' fluisterde ze terug.

Alleen Ali's naam stond er. Geen *toegewijde dochter*, *fantastische hockeyster* of *mooiste meisje van Rosewood*. Zelfs geen sterfdag, -maand of -jaar – waarschijnlijk omdat niemand die datum kende...

Ze rilde. 'Vind je dat ik iets moet zeggen?'

Sean tuitte zijn roze lippen. 'Als ik naar mijn moeders graf ga, doe ik dat soms wel.'

'Wat dan?'

'Dan vertel ik haar wat er allemaal is gebeurd.' Hij keek haar van opzij aan en bloosde. 'Ik ben er direct na Foxy naartoe gegaan. Toen heb ik haar over jou verteld.'

Nu bloosde Aria ook. Ze staarde naar de grafsteen. Ze voelde zich er niet prettig bij: praten met dode mensen was niets voor haar. *Ik kan nog steeds niet geloven dat je dood bent*, dacht ze – omdat ze het echt niet hardop durfde te zeggen. *Hier sta ik dan, naar jouw graf te kijken... en nóg is het niet echt. Ik vind het vreselijk dat we niet weten wat er is gebeurd. Is de moordenaar nog in de buurt? Spreekt A de waarheid?*

Jaaaaa...!, zou ze hebben durven zweren dat ze ergens in de verte hoorde roepen. Het klonk als Ali's stem.

Ze dacht aan A's berichtje. Iemand had iets van Ali gewild... en had haar erom vermoord. Maar wát dan? Iedereen had wel íéts van Ali gewild – ook haar beste vriendinnen. Zo wilde Hanna Ali's persoonlijkheid – die ze zich na Ali's verdwijning ook leek te hebben toegeëigend. Emily had meer dan wie ook van Ali gehouden: ze noemden haar altijd gekscherend 'Killer' en zeiden dat ze Ali's eigen pitbull was. Aria zelf had Ali's flirtvaardigheid, schoonheid en charisma gewild. En Spencer, tja, die was altijd enorm jaloers op Ali geweest.

Aria tuurde naar het afgezette stuk dat Ali's graf zou worden en stelde de vraag die zich langzaam in haar hoofd had gevormd: Waar hadden jullie eigenlijk echt ruzie over?

'Nee, dit is niks voor mij,' fluisterde ze toen. 'Kom, we gaan.'

Ze wierp nog één blik op Ali's toekomstige graf en draaide zich toen om. Sean pakte haar bij de hand.

Zo liepen ze een tijdje kalm naast elkaar, totdat Sean halverwege de uitgang abrupt stil bleef staan, naar een open plek wees en riep: 'Konijntje!'... waarna hij Aria een kusje gaf.

Aria's lippen krulden zich tot een glimlach. 'Krijg ik nou een kus omdat jij een konijn ziet?'

'Ja,' zei Sean en hij gaf haar een speelse por. 'Ken je dat spel niet, waarbij je iemand een stomp geeft als je een vw-Kever ziet? Nou, bij ons zijn het kusjes... en konijntjes. Ons eigen verkeringsspelletje.'

'Verkeringsspelletje?' grinnikte Aria. Ze dacht dat hij een grapje maakte.

Maar Seans gezicht stond bloedserieus. 'Ja, je weet wel: een spelletje enkel voor ons tweetjes. En we boffen dat het om konijnen gaat, want daar stikt het in Rosewood van...'

Aria durfde hem niet uit te lachen, maar... een verkeringsspelletje? Dat leek haar meer iets voor Jennifer Thatcher en Jennings Silver. Jennifer en Jennings zaten bij haar in de klas. Zij gingen al sinds het eind van de brugklas met elkaar, dus nog vóór haar vertrek naar IJsland. Ze stonden bekend als Dubbel-J of Dub-J en werden zelfs los van elkaar zo genoemd. En een Dub-J wilde Aria echt niet zijn.

Toen ze naar Sean keek, die voor haar uit naar hun fietsen liep, gingen de haartjes in haar nek recht overeind staan. Ze kreeg opeens het gevoel dat iemand haar zat te bespieden. Toen ze zich omdraaide, zag ze alleen een grote zwarte kraai op Ali's grafsteen zitten.

Hij keek haar, zonder met zijn ogen te knipperen, woest aan, spreidde zijn enorme vleugels en vloog richting de bomen.

18

EEN FLINKE KLAP KAN NOOIT KWAAD

Donderdagochtend sloot dokter Evans de deur van haar spreekkamer, zette zich in haar leren stoel, vouwde kalm haar handen en glimlachte naar Spencer, tegenover haar. 'Zo. Ik hoorde dat jij gister een interview plus fotosessie met de *Sentinel* had.'

'Klopt,' antwoordde Spencer.

'Hoe ging het?'

'O, prima.' Spencer nam een slok van haar extra grote Starbucks koffie-verkeerd-vanille. Het interview was inderdaad prima gegaan – na alle zorgen die ze zich erover had gemaakt... en dreigementen van A. Jordana had haar amper naar het essay gevraagd en Matthew had de foto's volmaakt genoemd.

'En hoe ging je zus ermee om dat jij in het middelpunt van de belangstelling stond?' vroeg dokter Evans. Toen Spencer hierop haar wenkbrauwen optrok, haalde de dokter haar schouders op en boog naar voren. 'Is het weleens bij je opgekomen dat zij jaloers op je zou kunnen zijn?'

Spencer wierp een bezorgde blik op de gesloten spreekkamerdeur. Aan de andere kant zat Melissa de *Travel + Leisure* te lezen! Zij had haar afspraak wederom direct na die van Spencer gezet.

'Geen zorgen, ze kan je echt niet horen,' verzekerde dokter Evans haar.

Spencer zuchtte. 'Ze leek wel een beetje... pissig,' zei ze zacht. 'Normaal gesproken draait alles om haar. Zelfs wanneer mijn ouders mij gewoon even wat vragen, probeert Melissa het gesprek meteen weer op haar te brengen.' Ze keek naar de sierlijke zilveren Tiffany-ring aan haar wijsvinger. 'Ik geloof dat ze me haat.'

Dokter Evans tikte op haar notitieblok. 'Dat denk je al heel lang, is het niet? Hoe voel je je daarbij?'

Spencer haalde haar schouders op en trok een van dokter Evans' mosgroene chenille kussens tegen zich aan. 'Nou, boos. Soms frustreert het me allemaal zo dat ik haar wel zou willen... slaan. Dat doe ik natuurlijk niet, maar eh...'

'Maar dat zou wel opluchten, nietwaar?'

Ze knikte, met haar blik op dokter Evans' chromen zwanenhalslamp. Ooit – toen Melissa haar had gezegd dat ze niet kon acteren – had Spencer op het punt gestaan haar zus een stomp in het gezicht te gegeven. Maar in plaats daarvan had ze een van haar moeders porseleinen kerstborden dwars door de eetkamer gesmeten: het was in duizend stukjes kapotgespat en had een vlindervormige barst in de muur achtergelaten.

Dokter Evans sloeg een pagina van haar notitieblok om. 'En hoe gaan je ouders om met de... vijandigheid tussen jou en je zus?'

Spencer trok één schouder op. 'De meeste tijd doen ze niets. Als je het mijn moeder zou vragen, zegt zij waarschijnlijk dat wij prima met elkaar kunnen opschieten.'

Dokter Evans leunde achterover en dacht lang na. Ze tikte tegen het beeldje op haar bureau, waarna het plastic vogeltje ritmisch slokjes water begon te drinken uit een IK HARTJE ROSEWOOD-mok. 'Het is nog maar een eerste theorie... maar misschien is Melissa wel bang dat als je ouders erkennen dat jij iets goed hebt gedaan, ze van jou gaan houden in plááts van haar.'

Spencer hield haar hoofd scheef. 'Echt?'

'Misschien wel. Jij daarentegen denkt dat je ouders helemaal niet van je houden; dat alles om Melissa draait. En omdat je niet weet hoe je met haar moet concurreren, doe je dat maar via haar vriendjes. Maar misschien is het niet dat je die jongens per se hebben wilt, maar gaat het je er eerder om Melissa te kwetsen. Hoe klinkt dat?'

Spencer knikte peinzend. 'Tja...'

'Jullie hebben het allebei erg moeilijk,' zei dokter Evans kalm, terwijl haar gezicht zachter werd. 'Ik weet niet hoe dit is begonnen – dat kan iets zijn van heel lang geleden; iets wat je je misschien niet eens herinnert – maar jullie zijn in de omgang met elkaar in een bepaald patroon vervallen en komen daar niet meer uit... tenzij je de basis ervan erkent en elkaars gevoelens leert respecteren én veranderen. En dit patroon herhaalt zich wellicht in je andere relaties, Spencer. Jij kiest misschien heel vaak vriendinnen en vriendjes uit, die jou net zo behandelen als Melissa, omdat je die dynamiek kent en je eigen rol daarin weet.'

'Hè? Hoe bedoel je?' zei Spencer, terwijl ze haar armen om haar knieën sloeg. Dit riekte wel heel erg naar therapeutengeleuter.

'Zijn jouw vriendinnen zo'n beetje... het middelpunt van de wereld? Ze hebben alles wat jij zou willen, koeioneren jou en jij voelt je nooit goed genoeg voor hen?'

Spencers mond voelde opeens erg droog aan. Ze had ooit één vriendin die helemaal aan die omschrijving voldeed: Ali.

Toen ze haar ogen sloot, zag ze weer die merkwaardige Ali-herinnering voor zich, die haar de hele week al plaagde. Het ging om een ruzie, dat wist ze zeker. Ze herinnerde zich al haar ruzies met Ali nog, beter zelfs dan de mooie momenten van hun vriendschap. Was dit dan een droom?

'Waar denk je nu aan?' vroeg dokter Evans.

Spencer haalde diep adem. 'Aan Alison.'

'Aha,' knikte dokter Evans. 'Denk je dat Alison op Melissa leek?'

'Ik weet het niet. Misschien wel.'

Dokter Evans trok een Kleenex uit de doos op haar bureau en snoot haar neus. 'Ik heb dat filmpje van jullie op tv gezien. Jij en Alison leken boos op elkaar. Was dat ook zo?'

Spencer ademde opnieuw diep in. 'Soort van.'

'Weet je nog waarom?'

Terwijl ze nadacht, keek Spencer de kamer rond. Op dokter

Evans' bureau stond een plaquette, die haar de vorige keer niet was opgevallen. WARE KENNIS BESTAAT ERIN TE WETEN DAT MEN NIETS WEET – SOCRATES stond erop. 'In de weken voordat Alison vermist raakte, begon ze... anders te doen. Alsof ze ons haatte. Niemand van ons wilde het toegeven, maar ik denk dat ze van plan was om ons die zomer te dumpen.'

'Hoe voelde jij je daarbij? Boos?'

'Ja, tuurlijk.' Spencer zweeg even. 'Ali's vriendin zijn was geweldig, maar we moesten er ook aardig wat voor opofferen. We hebben veel meegemaakt met zijn allen... en niet alleen maar leuke dingen. Dus ja, toen dachten we wel van: wij doen dat allemaal maar voor jou en dan bedank jij ons door ons te dumpen?'

'Je had dus het gevoel dat zij je iets verschuldigd was.'

'Ja, misschien wel,' klonk Spencers antwoord.

'Maar je voelt je ook schuldig, is het niet?' opperde dokter Evans.

Spencer liet haar schouders zakken. 'Schuldig? Hoezo?'

'Omdat Alison dood is; omdat je je op een bepaalde manier aan haar stoorde. Misschien heb je wel gewenst dat haar iets ergs overkwam, omdat ze jou kwetste.'

'Ik weet het niet,' fluisterde Spencer.

'Tja, en toen kwam die wens uit. En nu heb je het gevoel dat Alisons verdwijning jouw schuld is: dat ze niet vermoord zou zijn als jij niet zo over haar had gedacht.'

Spencers ogen werden troebel. Ze kon even niets terugzeggen.

'Maar het is jouw schuld niet,' zei dokter Evans nadrukkelijk, terwijl ze naar voren leunde. 'We kunnen niet elke minuut van onze vrienden houden. Alison kwetste jou. Maar dat jij een keer slecht over haar hebt gedacht, betekent nog niet dat je haar dood op je geweten hebt.'

Spencer snufte en keek weer naar het Socrates-citaat. *Ware kennis bestaat erin te weten dat men niets weet.* 'Er is één herinnering die maar in mijn hoofd blijft opborrelen,' flapte ze er ineens uit. 'Het gaat over Ali. En we hebben ruzie. En zij heeft het over iets wat ik in haar dagboek zou hebben gelezen – ze dacht altijd dat ik dat deed, maar dat is echt niet waar. Maar ik... ach, ik weet niet eens of het wel een echte herinnering is.'

Dokter Evans stak haar pen in haar mond. 'Iedereen verwerkt dingen anders. Bij sommige mensen die iets verontrustends hebben gezien of gedaan... wist hun brein dat gewoon uit. Maar vaak begint de herinnering zich op een gegeven moment toch weer omhoog te werken.'

Spencers mond voelde nu ruw aan, als een bol staalwol. 'Maar er is bij mij helemaal niets verontrustends gebeurd.'

'Ik zou kunnen proberen je onder hypnose te brengen, om die herinnering tevoorschijn te halen.'

Spencers mond werd kurkdroog. 'Hypnose?'

Dokter Evans keek haar recht aan. 'Ja, dat zóú kunnen helpen.'

Spencer kauwde op een haarpunt. Ze wees naar het Socrates-citaat. 'Eh, wat betekent dat eigenlijk?'

'Dat?' Dokter Evans haalde haar schouders op. 'Denk daar zelf maar eens over na en trek je eigen conclusie.' Toen glimlachte ze. 'Zo, ben je er klaar voor? Ga dan maar liggen en maak het je gemakkelijk.'

Spencer plofte op de bank. Toen dokter Evans haar bamboe rolgordijnen liet zakken, huiverde ze. *Dat deed Ali ook, die avond in de woonschuur, vlak voor haar dood.*

'En ontspan maar.' Dokter Evans knipte haar bureaulamp uit. 'Voel hoe je steeds kalmer wordt; probeer alles los te laten waar we het vandaag over hebben gehad.'

Maar Spencer was totaal niet ontspannen. Haar knieën zaten op slot, haar spieren trilden, zelfs haar tanden knarsten over elkaar. *Ja, en nu gaat ze zeker rondjes lopen en van honderd terugtellen naar nul. En dan raakt ze mijn voorhoofd aan en heeft ze me in haar macht...*

Maar toen Spencer haar ogen weer opende, was ze niet langer in de spreekkamer van dokter Evans. Ze stond buiten de woonschuur, het was avond en Alison stond haar aan te kijken en met haar hoofd te schudden – net als in al die andere flitsen uit de afgelopen week. Ze wist instinctief dat dit de avond was dat Ali vermist zou raken. Ze trachtte met al haar macht uit deze herinnering weg te rennen... maar haar ledematen voelden zwaar en nutteloos.

'Jij hebt geprobeerd alles van me af te pakken,' zei Ali op een toon die haar inmiddels griezelig bekend voorkwam. 'Maar dit krijg je niet.'

'Wat niet?' De wind blies koud; Spencer huiverde.

'Ah, kom op,' deed Ali honend, met haar handen op haar heupen. 'Dat heb je toch in mijn dagboek gelezen, is het niet?'

'Ik zou dat stomme dagboek van jou nooit lezen,' siste Spencer. 'Dat interesseert me geen klap.'

'Dat interesseert jou juist veel te veel,' zei Ali en ze boog naar Spencer toe. Haar adem rook naar pepermunt.

'J-je ziet spoken,' sputterde Spencer.

'Ikke niet...' gromde Ali. 'Jíj!'

Opeens werd Spencer overspoeld door woede. Ze boog naar voren en gaf een flinke duw tegen Ali's schouder.

Ali leek verrast. 'Vriendinnen duwen elkaar niet.'

'Nou, misschien zijn wij dan wel geen vriendinnen,' antwoordde Spencer.

'Dat moet dan wel,' zei Ali. Ze liep een paar passen bij haar vandaan, draaide zich toen weer om en zei nog iets. Spencer zag haar lippen op- en neergaan, voelde vervolgens haar eigen mond bewegen, maar hoorde niets. Ze wist alleen dat wat Ali had gezegd, haar woest maakte. Ergens ver weg klonk een scherpe, versplinterende krak! Spencers ogen vlogen open.

'Spencer!' riep dokter Evans' stem. 'Hé, Spencer.'

Het eerste waar haar oog op viel, was de plaquette: WARE KENNIS BESTAAT ERIN TE WETEN DAT MEN NIETS WEET. Toen zweefde dokter Evans' gezicht door het beeld. 'Alles goed?' vroeg ze.

Spencer knipperde een paar maal met haar ogen. 'Ik weet het niet.' Ze kwam langzaam rechtop en wreef met de rug van haar hand over haar bezwete voorhoofd. Het voelde hetzelfde als toen ze was bijgekomen uit de narcose nadat haar blindedarm was verwijderd. Alles vloeide wazig in elkaar over.

'Vertel eens wat je ziet,' zei dokter Evans. 'Beschrijf alles voor me.'

Spencer keek om zich heen. 'Een bruinleren bank, een wit pluizig vloerkleed, een...'

Wat had Ali nou gezegd? Waarom kon ze haar niet horen? Was dat alles echt gebeurd?

'Een aluminium prullenbak,' hakkelde ze, 'een Anjou-perenhouten kandelaar...'

'Oké.' Dokter Evans legde haar hand op Spencers schouder. 'Blijf even zitten en haal rustig adem.'

Het raam stond nu open. Spencer rook vers asfalt op de parkeerplaats; twee duiven zaten tegen elkaar te koeren. Toen ze eindelijk opstond en tegen dokter Evans zei: 'Tot volgende week,' voelde ze zich weer helderder. Zonder iets tegen Melissa te zeggen, beende ze de wachtkamer door. Ze moest hier weg!

Op de parkeerplaats dook ze snel in haar auto en bleef even voor zich uit zitten staren. In gedachten maakte ze ook hier een lijstje van alle dingen die ze zag. Haar tweed tas. Het bord bij de biologische supermarkt aan de overkant met: VERSE OMATEN (de 'T' was er blijkbaar van afgevallen). De blauwe Chevy-truck die scheef op de parkeerplaats stond. Het vrolijke rode vogelhuisje aan een eik iets verderop. Het bord op de kantooringang waarop stond dat binnen alleen blindengeleidehonden welkom waren. Melissa's profiel achter het raam van dokter Evans' spreekkamer.

De mondhoeken van haar zus vormden een scheve glimlach en ze zat druk met haar handen te praten. Toen Spencer weer richting de biomarkt keek, zag ze dat de voorband van de Chevy lek was. En dat er iets achter de truck sloop, een kat of zo.

Ze rechtte haar rug. Nee, geen kat: het was een méns... die naar haar stond te staren.

Hij of zij keek haar aan zonder met zijn ogen te knipperen. Toen opeens draaide hij zich om, werd opgeslokt door de schaduw... en weg was hij.

19

ACH, 'T IS BETER DAN EEN BRIEFJE MET 'SCHOP MIJ'

Donderdagmiddag was Hanna haar scheikundeklas over het gazon naar de vlaggenmast gevolgd. Ze hadden een brandoefening gehad en nu telde de docent, meneer Percival, nog even koppen om zich ervan te verzekeren dat geen van zijn leerlingen 'm was geknepen. Het was opnieuw een idioot warme oktoberdag. Terwijl de zon brandde op Hanna's hoofd, hoorde ze twee meiden uit het tweede jaar met elkaar praten.

'Heb je al gehoord dat zij een klepto is?' fluisterde de lange Noelle Frazier, met haar waterval van blonde krulletjes.

'Ja, weet ik,' antwoordde Anna Walton, een kleine brunette met enorme borsten. 'Ze heeft Tiffany's gigantisch uitgekleed. En toen heeft ze ook nog meneer Ackards auto in de prak gereden!'

Hanna verstijfde. Normaal zou ze zich niet druk maken over zo'n stelletje duffe tweedejaars, maar ze voelde zich nu nogal kwetsbaar. Ze deed alsof ze heel geïnteresseerd was in een groepje jonge pijnbomen die de tuinman net had geplant.

'Ik hoorde dat ze zo'n beetje elke dag op het politiebureau zit,' ging Noelle verder.

'Hé, en je weet toch dat ze niet meer op Mona's feest mag komen, hè?' fluisterde Anna terug. 'Ze hebben een gigantische ruzie gehad, nadat Hanna haar had vernederd met dat luchtschrijfgedoe.'

'Ach, Mona wilde al maanden van haar af,' zei Noelle alwetend. 'Hanna is zo'n vreselijk domme doos geworden.'

Dat was de druppel! Hanna draaide zich om. 'O? Wie zegt dat?'

Anna en Noelle lachten zelfgenoegzaam tegen elkaar. Toen draaiden ze zich om en slenterden zonder nog iets te zeggen de heuvel af.

Hanna leunde met gesloten ogen tegen de metalen vlaggenmast en probeerde te negeren dat haar hele klas haar stond aan te gapen. De luchtschrijframp was nu precies een etmaal geleden en vanaf dat moment was het van kwaad tot erger gegaan. Ze had gisteravond wel tien keer op Mona's voicemail haar excuses aangeboden... maar zij had niets van zich laten horen. En vandaag had ze de hele dag rare, onverkwikkelijke dingen over zichzelf horen vertellen... door iedereen.

Ze dacht aan A's bericht. *En Mona? Die is ook je vriendin niet. Dus pas maar op.*

Ze keek naar de leerlingen op het schoolterrein. Naast de ingang stonden twee meiden in cheerleaderpakjes zonder geluid te oefenen. In de buurt van de gomboom waren een paar jongens aan het 'blazervechten': ze sloegen elkaar om de oren met hun Rosewood Day-jasjes. Aria's broer Mike kwam al spelend op zijn PSP-spelcomputer voorbij. En toen ontdekte ze Mona's witblonde coupe: ze liep met een verveelde, hooghartige blik richting een van de zij-ingangen van het hoofdgebouw. Hanna trok haar blazer recht, balde en ontspande haar vuisten en liep op haar hartsvriendin af.

Ze tikte op Mona's knokige schouder. Zij keek om. 'O. Jij bent het,' zei ze vlak, op een toon waarmee ze gewoonlijk de losers begroette – iedereen die niet cool genoeg was om zich in haar nabijheid te bevinden.

'Wat ben jij allemaal voor praatjes over mij aan het rondstrooien?' wilde Hanna weten, terwijl ze met haar handen op haar heupen Mona trachtte bij te houden, die de zij-ingang binnenging en de handenarbeidvleugel in beende.

Mona schoof haar Dooney & Bourke-tas wat hoger op haar schouder. 'O, niets wat niet waar is.'

Hanna's mond viel open van verbijstering. Ze voelde zich net

Wile E. Coyote in zo'n ouwe Looney Toons-cartoon waar ze vroeger altijd naar keek. Die rende en rende en rende maar, net zolang tot hij in een ravijn viel. En dan bleef hij altijd heel even in de lucht hangen – tot hij zich realiseerde wat er was gebeurd... en dan razendsnel naar beneden stortte. 'Dus jij vindt mij een domme doos?' piepte ze.

Mona trok één wenkbrauw op. 'Zoals ik al zei: niets wat niet waar is.' En daarmee liet ze Hanna midden in de gang achter, terwijl iedereen aan alle kanten om haar heen zigzagde.

Aan het eind van de gang bleef Mona staan bij een groepje meiden die er op het eerste oog allemaal hetzelfde uitzagen: dure handtas, glanzend haar, dunne nepbruine benen. Maar toen trok het waas voor Hanna's ogen weer weg: Mona stond met Naomi en Riley te fluisteren!

Ze wist dat ze haar tranen nu niet langer kon tegenhouden. Dus strompelde ze de toiletten binnen en sloot zich op in het hokje naast Old Faithful – een wc die berucht was, omdat er soms zomaar water uit spoot, waardoor je, als je zo dom was om erop te gaan zitten, kleddernat werd. Bij de jongens hadden ze net zo'n spuit-wc. Diverse loodgieters hadden geprobeerd ze te repareren, maar tot nu toe had niemand de oorzaak kunnen vinden, waardoor de Old Faithfuls noodgedwongen deel waren gaan uitmaken van de folklore van Rosewood Day. Iedereen wist dat je deze wc's beter kon mijden.

Hoewel, iedereen... Toen Mona nog maar een paar weken bevriend was met Hanna (en ze nog niet zo'n gehaaide tante was), was ze nietsvermoedend op Old Faithful gaan zitten. Compleet over haar toeren had ze toen Hanna tijdens Gezondheidskunde ge-sms't, waarna deze zich naar de toiletten had gehaast om haar de extra uniformblous en -rok te geven die ze altijd in haar kastje bewaarde. Hanna wist nog dat ze haar doorweekte rok in een Fresh Fields-tas had gepropt en toen de wc weer uit was geglipt – Mona was altijd nogal typisch geweest over zich omkleden waar anderen bij waren.

Dát kon Mona toch niet vergeten zijn?

En – alsof hij wist waar ze aan dacht – kreeg Old Faithful net op dat moment een uitbarsting. Met een gil drukte Hanna zich tegen de wand van de wc, terwijl een blauwe zuil van water de lucht in spoot; een paar dikke stralen landden op de achterkant van haar blazer. Ontdaan kroop ze hierop ineen tegen de achterwand en barstte in snikken uit. Ze vond het vreselijk dat Mona haar niet langer nodig had... en dat Ali was vermoord... en dat haar vader nog steeds niet had gebeld. Waarom overkwam haar dit allemaal? Wat had ze gedaan dat ze dit verdiende?

Terwijl Old Faithful langzaam bedaarde tot hij nog slechts wat gegorgel voortbracht, zwaaide de deur van de toiletruimte open. Hanna begon zacht te hijgen, in een poging niet gehoord te worden. De grote onbekende liep naar een van de wastafels. Hanna gluurde onder de deur door. Ze zag een paar lompe, zwarte, jongensachtige instappers.

'Hallo?' zei een jongensstem. 'Is... is hier iemand?'

Hanna sloeg haar hand voor haar mond. Wat deed een jongen op het meidentoilet?

Tenzij... *Nee, dat zou toch niet?*

'Hanna?' De schoenen stonden voor haar hokje stil. Nu herkende ze de stem ook.

Ze gluurde door de kier in de deur. Het was Lucas, die jongen uit Rive Gauche! Ze zag een stukje van zijn neus, een lange lok witblond haar en een grote HUP ROSEWOOD VOETBAL!-button op zijn revers. 'Hoe wist je dat ik het was?'

'Ik zag je naar binnen gaan,' zei hij eenvoudig. 'Je weet toch dat dit de jongens-wc's zijn, hè?'

Hanna's antwoord was een gegeneerde snik. Ze trok haar natte blazer uit, kwam het hokje uit geschuifeld, liep naar een wastafel en drukte een paar maal flink op de zeepdispenser. De zeep had die nepamandelgeur waar ze zo'n vreselijke hekel aan had.

Lucas keek naar de deur van Old Faithful. 'Heeft-ie het weer geflikt?'

'Ja.' En toen kon Hanna haar emoties niet langer de baas; ze boog zich over de wastafel heen en liet haar tranen stromen.

Lucas bleef heel even staan kijken en legde toen zijn hand op haar rug. Hanna voelde dat hij een beetje trilde. 'Joh, die rare Old Faithful barst zo'n beetje één keer per uur uit. Dat weet je toch?'

'Dat is het niet,' zei Hanna en ze pakte een ruw papieren handdoekje en snoot er haar neus in. 'Mijn beste vriendin haat mij. En ze is ervoor aan het zorgen dat anderen dat ook gaan doen.'

'Hè? Nee, natuurlijk doet ze dat niet. Doe niet zo gek!'

'O ja, hoor!' Hanna's stem weerkaatste schel tegen de tegelmuren. 'Mona gaat nu om met de meiden die wij eerst samen haatten... en ze roddelt met hen over mij – enkel omdat ik onze Frenniversary heb gemist en die luchtschrijver heeft geschreven: "Knalscheet met Mona" in plaats van: "Knalféést met Mona"... en nu mag ik niet eens meer op haar verjaarsfeest komen... en ik ben nog wel haar beste vriendin!'

Ze had het in één lange zin gezegd, zonder adem te halen en zonder rekening te houden met waar ze was en wie ze dit vertelde. Ze keek Lucas aan, plots geïrriteerd dat hij daar stond en alles had gehoord.

Hij was zo lang dat hij bijna moest bukken om zijn hoofd niet aan het plafond te stoten. 'Mmm... ik zóú geruchten over haar kunnen gaan verspreiden... Bijvoorbeeld dat ze een ziekte heeft waardoor ze het niet kan helpen dat ze stiekem, als niemand kijkt, haar eigen snot opeet...'

Eindelijk ontdooide Hanna. Jeetje, wat smerig... maar ook grappig... en lief ook. 'Eh nee, laat maar.'

'Nou ja, dat aanbod staat nog wel even,' zei Lucas met een ernstige blik. Zelfs in dat afgrijselijke groenige tl-licht zag hij er eigenlijk best leuk uit. 'Maar... ik weet iets waar we jou mee kunnen opvrolijken!'

Hanna keek hem bevreemd aan. Wat kregen we nu: dacht hij dat ze ineens vrienden waren, omdat hij haar op het toilet was tegengekomen? Toch was ze nieuwsgierig. 'Ja? Wat dan?'

'Kan ik niet zeggen: topgeheim. Ik haal je morgenochtend op.'

Hanna keek hem vermanend aan. 'Een afspraakje, bedoel je?'

Lucas maakte een gebaar alsof hij zich overgaf. 'Nee, joh! Gewoon... als vrienden.'

Hanna slikte. Ze kon nu best een vriend gebruiken. En niet zo'n beetje ook. 'Oké dan,' zei ze zacht – te murw om te gaan staan kibbelen. En met een diepe zucht duwde ze de deur van de jongenstoiletten open en ging op weg naar haar volgende les. Vreemd genoeg voelde ze zich zelfs een ietsiepietsie beter.

Maar toen ze de hoek omsloeg naar de talenvleugel en haar blazer weer wilde aantrekken, voelde ze iets op de rug zitten. Ze trok het gekreukelde papiertje ervanaf. *Heb meelij met mij* stond erop, in hoekige knalroze letters.

Ze keek naar de leerlingen die haar aan alle kanten passeerden, maar niemand keek naar haar. Hoelang liep ze al met dat ding op haar rug? Wie had dat gedaan? Het kon iedereen zijn: ze had tijdens die brandoefening tussen iedereen in gestaan en de hele school had meegedaan.

Ze keek nog eens naar het briefje en draaide het om. Op de achterkant stond iets getypt. Ze kreeg dat bekende zware gevoel in haar maag.

Hanna, weet je nog toen je Mona uit de Bill Beach-kliniek voor plastische chirurgie zag komen? Lipootje! Maar ssst... dat heb je dus niet van mij, hè! –A

20

HET LEVEN IS NET ALS DE KUNST

Donderdagmiddag na de lunch sloeg Aria de hoek om naar de administratieve vleugel van Rosewood Day. Alle leraren hadden hier een kantoortje en gaven er tijdens de lunchpauze vaak bijles of studieadvies.

Aria stopte bij Ezra's dichte deur. Deze was nogal veranderd sinds het begin van het schooljaar: Ezra had er een whiteboard opgehangen, dat zijn leerlingen met een blauwe stift tjokvol berichtjes hadden gekrabbeld. *Meneer Fitz, wil graag praten over mijn Fitzgerald-rapport. Kom na school even langs. Kelly.* Helemaal onderaan stond een citaat uit *Hamlet*: O, schurk, schurk, gij glimlachende, vervloekte schurk! Onder het bord hing een uitgeknipte cartoon uit de *New Yorker* van een hond op de bank bij een psychiater. En aan de deurknop hing een NIET STOREN-bordje van een Day's Inn. Ezra had het met de andere kant naar voren opgehangen: KAMERMEISJE, DEZE KAMER S.V.P. SCHOONMAKEN.

Aria klopte voorzichtig. 'Binnen!' hoorde ze hem aan de andere kant roepen. Ze had eigenlijk verwacht dat er al iemand binnen zou zijn – in de klas had ze begrepen dat het bij Ezra in de lunchpauze altijd druk was – maar hij zat er in zijn eentje. Op zijn bureau stond een Happy Meal-doos; de hele kamer rook naar McNuggets.

'Aria!' riep hij en hij trok één wenkbrauw omhoog. 'Wat een verrassing. Ga zitten.'

Ze plofte op zijn ruwe tweed bank – dezelfde als in het kantoor van de rector. Ze wees naar zijn bureau. 'Een Happy Meal?'

Hij grijnsde schaapachtig. 'Ik ben gewoon gek op de speeltjes die erin zitten.' Hij stak een autootje uit een kinderfilm in de lucht. 'McNuggetje?' zei hij, haar de doos voorhoudend. 'Barbecuesmaak.'

Ze wuifde hem weg. 'Ik eet geen vlees.'

'Och, da's waar ook.' Hij pakte een frietje en bleef haar aanstaren terwijl hij het opat. 'Helemaal vergeten.'

Aria kreeg een raar gevoel – een soort mengeling van vertrouwelijkheid en onbehagen. Ezra hield op met staren; hij voelde het waarschijnlijk ook. Ze keek naar zijn bureau: stapels papier, wel duizend boeken en een 'zen'-achtig mini-rotstuintje.

'Welnu...' Hij veegde zijn mond af met een servet, zonder Aria aan te kijken. 'Wat kan ik voor je doen?'

Ze legde haar elleboog op de armleuning van de bank. 'Nou eh... ik vroeg me af of ik misschien uitstel zou kunnen krijgen... voor dat essay over *De rode letter* dat we morgen moeten inleveren.'

Hij zette zijn frisdrank neer. 'O? Dat verbaast me, jij bent nooit te laat met dingen.'

'Ja, weet ik,' mompelde ze. Het studeerde niet fijn in het huis van de familie Ackard. Ten eerste was het er te rustig: zij was gewend haar huiswerk te moeten maken terwijl ze naar muziek luisterde, met de tv aan én Mike aan de telefoon in de kamer naast de hare. Ten tweede was het lastig je te concentreren als je constant het gevoel had dat iemand... je in de gaten hield. 'Niet veel, hoor,' ging ze verder. 'Het weekend erbij is genoeg.'

Ezra krabde op zijn hoofd. 'Tja, ik heb eigenlijk nog helemaal geen regels rond uitstel... maar eh, oké dan. Maar alleen deze ene keer, hoor, volgende keer krijg je een punt aftrek.'

Aria duwde haar haar achter haar oren. 'Ik zal er geen gewoonte van maken.'

'Mooi zo. Maar hoe komt het eigenlijk? Vind je het geen goed boek? Of ben je er nog niet eens in begonnen?'

'Ik heb het net uit. Maar ik vond het drie keer niks. Ik had een hekel aan die stomme Hester Prynne.'

'O? Waarom dat dan?'

Ze friemelde aan de gesp van haar Urban Outfitters-ballerina's van ivoorkleurig suède. 'Omdat ze maar aanneemt dat haar man op zee is zoekgeraakt en een affaire begint,' mompelde ze.

Ezra kwam een beetje naar voren. Hij keek geamuseerd. 'Maar haar echtgenoot is ook geen lekkertje. Dat maakt het juist zo ingewikkeld.'

Aria keek naar de opeengepakte boeken op de houten planken aan Ezra's muur. *Oorlog en vrede*, *Gravity's Rainbow*, een uitgebreide verzameling gedichten van E.E. Cummings en Rilke en maar liefst twee exemplaren van *Met gesloten deuren*. En daar had je ook de Edgar Allan Poe-verzameling die Sean niet had gelezen. Alles zag er even gebruikt en beduimeld uit. 'Ik kon gewoon niet hebben wat die Hester deed,' zei Aria stilletjes. 'Zij bedroog hem!'

'Maar het is eigenlijk de bedoeling dat je juist meeleeft met haar strijd: hoe haar omgeving haar brandmerkt en zij vecht om haar eigen identiteit te ontwikkelen – en niet accepteert dat anderen er een voor haar verzinnen.'

'Toch haatte ik haar, oké?' ontplofte Aria haast. 'Ik zal het haar nooit vergeven!'

Ze sloeg haar handen voor haar gezicht en barstte in huilen uit: de tranen biggelden over haar wangen. Ze sloot haar ogen en zag Byron en Meredith voor zich als de verboden minnaars uit het boek en Ella als Hesters wraakzuchtige, onrechtvaardig behandelde echtgenoot. Maar als het leven werkelijk net als de kunst was, moesten haar vader en zijn minnares boeten – niet zij, de dochter! Ze had gisteravond weer eens geprobeerd naar huis te bellen, maar zodra Ella haar stem hoorde, had ze opgehangen. En toen ze vandaag in het gymlokaal naar Mike zwaaide, had deze zich vlug omgedraaid en was de kleedkamer in gevlucht. Niemand stond aan haar kant.

'Oei...' zei Ezra zacht, na nog een verstikte snik van Aria. 'Al goed, al goed. Dus je vond dat boek maar niks. Dat kan.'

'Het spijt me... het komt gewoon doordat...' Er vielen hete tranen op haar handen. Het was ineens akelig stil in Ezra's kantoortje. Je hoorde enkel nog het gesnor van de computer, het gezoem van de tl-buis, het vrolijke geroep buiten – de onderbouw had net speelkwartier.

'Wil je soms ergens over praten?' vroeg Ezra.

Aria veegde haar ogen droog met de mouw van haar blazer en plukte aan een losse knoop op een van de zitkussens van de bank. 'Mijn vader had drie jaar terug iets met een van zijn studentes,' gooide ze eruit. 'Hij is hoogleraar op Hollis. Ik heb het vrij in het begin ontdekt, maar hij vroeg me het niet aan mijn moeder te verklappen. En nu is hij dus weer terug bij die studente... en mijn moeder heeft het zelf ontdekt... en nu is ze furieus dat ik het al die tijd heb verzwegen... en mijn vader is het huis uit.'

'Jezus,' fluisterde Ezra. 'En dat is allemaal nog maar pas gebeurd?'

'Ja, in de afgelopen weken.'

'Mijn god.' Hij staarde een poos naar het balkenplafond. 'Dat klinkt niet erg eerlijk van je vader... of van je moeder.'

Aria trok haar schouders op, maar haar kin begon alweer te trillen. 'Ik had het niet voor mijn moeder mogen verzwijgen. Maar ja, wat moest ik anders?'

'Het is jouw schuld niet,' verzekerde Ezra haar.

Hij stond op, schoof wat papieren opzij en ging op het puntje van zijn bureau zitten. 'Oké... dit heb ik nog nooit iemand verteld, maar eh... toen ik nog op de middelbare school zat, heb ik mijn moeder een keer met haar dokter zien zoenen. Zij had toen kanker en omdat mijn vader op zakenreis was, had ze mij gevraagd haar naar de chemotherapie te brengen. Op een keer moest ik tijdens het wachten naar het toilet. Toen ik door de gang terugliep naar de wachtkamer, zag ik de deur van een van de spreekkamers openstaan. Ik weet nóg niet waarom, maar ik keek er naar binnen en... zag ze zitten zoenen.'

Aria hapte naar adem. 'Zo! En wat heb je toen gedaan?'

'Alsof mijn neus bloedde. Mijn moeder had geen idee dat ik haar had gezien. Ze kwam twintig minuten later naar buiten – helemaal weer keurig en vol haast. Ik wílde wel iets zeggen, maar kon het gewoon niet.' Hij schudde zijn hoofd. 'Dokter Poole... ik heb hem nooit meer anders kunnen zien.'

'Zei je laatst niet dat je ouders gescheiden waren?' vroeg Aria. 'Is je moeder er met die dokter Poole vandoor gegaan?'

'Nee...' Ezra graaide een McNugget uit de doos. 'Ze zijn pas een paar jaar later gescheiden. Dokter Poole en mijn moeders kanker waren toen allang verleden tijd.'

'Goh,' was het enige wat Aria kon bedenken.

'Ja, klote.' Ezra verlegde een van de stenen in de mini-zenrotstuin op zijn bureau. 'Ik dweepte altijd met het huwelijk van mijn ouders; dacht dat zij totaal geen problemen hadden. Daarna lag mijn hele idee van een ideale relatie aan diggelen.'

'Bij mij net zoiets,' zei Aria somber, zachtjes schoppend tegen een stapel paperbacks op de vloer. 'Mijn ouders leken altijd heel gelukkig samen.'

'Het heeft niks met jou te maken,' zei Ezra. 'Dat is het belangrijkste dat ik ervan heb geleerd. Het is hún probleem. Helaas moet jij er wel mee zien om te gaan, maar ik geloof ook dat je daar weer sterker van wordt.'

Aria kreunde en liet haar hoofd tegen de harde rugleuning van de bank vallen. 'Ik haat het als mensen dat soort dingen tegen me zeggen: dat sommige dingen een beter mens van je maken – zelfs als het klotedingen zijn.'

Ezra grinnikte. 'Dat vind ik eigenlijk ook.'

Aria sloot haar ogen. Eigenlijk was dit maar een rare situatie, bedacht ze. Ze had lang gesnakt naar iemand met wie ze over dit alles kon praten; iemand die het werkelijk begreep. Ze kon Ezra wel zoenen, omdat hij net zo'n verknipte familie had als zij.

Of misschien wilde ze Ezra gewoon zoenen... omdat hij Ezra was.

Zijn blik ontmoette de hare en ze zag zichzelf in zijn inktzwarte pupillen. Hij gaf het Happy Meal-autootje een zetje; het reed dwars over het bureau en over de rand, haar schoot in. Er trok een fluwelen glimlach over zijn gezicht.

'Heb jij een vriendin in New York?' flapte Aria er ineens uit.

Ezra trok een diepe rimpel in zijn voorhoofd. 'Een vriendin...' Hij knipperde een paar maal met zijn ogen. 'Die hád ik, ja. Maar we hebben het van de zomer uitgemaakt.'

'O.'

'Hoe kom je daar ineens bij?' vroeg hij.

'O eh... een paar klasgenoten hadden het erover en ik... ik vroeg me af hoe zij was.'

Er verscheen een duivelse blik in Ezra's ogen, die meteen weer vervloog. Hij opende zijn mond al om iets te zeggen, maar veranderde toen blijkbaar van gedachten.

'Wat is er?' vroeg Aria.

'Nee nee, dat kan ik beter niet doen...'

'Wat niet?'

'Nou gewoon...' Hij keek haar schuin aan. 'Zij was niets, vergeleken met jou.'

Er trok een hete golf door Aria's lichaam. Langzaam – zonder zijn ogen van haar af te halen – liet Ezra zich van zijn bureau glijden en ging staan. Aria schoof traag naar de rand van de bank. De tijd leek stil te staan. Opeens schoot Ezra naar voren, greep Aria bij de schouders en drukte haar tegen zich aan. Haar lippen stootten tegen de zijne. Zij omklemde zijn gezicht; hij wreef van boven naar beneden over haar rug. Ze lieten elkaar even los, keken elkaar aan... en vielen opnieuw aan. Ezra rook verrukkelijk, naar een mengeling van Pantene-shampoo, pepermunt, Indiase thee en iets wat gewoon... Ezra moest zijn. Aria had zich nog nooit zo gevoeld bij het zoenen – niet bij Sean, noch bij iemand anders.

Ach ja, Sean... Zijn beeld zweefde door haar hoofd: Sean, die haar tegen zich aan trok toen ze gisteravond samen naar de BBC-versie van *The Office* keken; Sean, die haar voor de biologieles een zoen gaf, om haar te troosten omdat ze voor het eerst moest gaan ontleden; Sean, die haar hand vasthield tijdens het eten bij zijn familie – Sean, haar vriend.

Aria duwde Ezra van zich af en sprong op. 'Ik moet gaan.' Ze voelde zich zweterig, alsof iemand de thermostaat twintig graden hoger had gezet. Met bonzend hart en gloeiende wangen pakte ze gauw haar spullen bijeen.

'Bedankt voor de extra tijd!' riep ze en ze duwde de deur toen onhandig open.

Op de gang haalde ze een paar maal diep adem. Om de hoek zag ze opeens iemand wegglippen. Ze verstrakte. Iemand had het gezien!

Toen viel haar blik op Ezra's deur. Ze sperde haar ogen wijd open: iemand had alle oude berichtjes uitgewist en vervangen door een nieuwe boodschap, geschreven met een onbekende, knalroze stift.

Voorzichtig, voorzichtig nou! Ik kijk altijd mee! –A

En in iets kleinere letters, helemaal onderaan:

Nog een hint voor je: jullie allen kenden elke vierkante centimeter van haar achtertuin. Maar voor een van jullie was het o zo gemakkelijk.

Aria trok de mouw van haar blazer omlaag en veegde alles vlug weg. Bij de ondertekening aangekomen, veegde ze extra hard: ze boende en boende, tot er geen spoortje van de A meer te bekennen was.

21

HOE SPEL JE J.E.Z.U.S.M.I.N.A.?

Donderdagavond nam Spencer plaats op een van de rode plushen zitjes van het restaurant van de Rosewood Country Club en keek door het erkerraam naar buiten. Op de golfbaan probeerde een stel oude kerels in V-halstruien en kaki broeken voor de zon onderging nog een paar holes mee te pikken. Buiten op het zonneterras genoten een paar mensen van de laatste warme dagen van het jaar, met gin-tonic, garnalen en bruschetta. Meneer en mevrouw Hastings roerden in hun Bombay Sapphire-martini's en keken elkaar toen aan.

'Ik wil graag een toost uitbrengen.' Mevrouw Hastings duwde haar blonde bob achter haar oren en de driekaraats diamant in haar ring flonkerde in het licht van de ondergaande zon. Spencers ouders toostten altijd voordat ze ergens een slok van namen – zelfs bij een glas water.

Mevrouw Hastings stak haar glas omhoog. 'Op Spencer! Voor het halen van de finale van de Gouden Orchidee.'

Meneer Hastings klonk zijn glas tegen het hare. 'Én omdat ze zondag op de cover van de *Sentinel* staat!'

Spencer klonk met hen mee, maar was er met haar hoofd niet bij. Ze wilde hier helemaal niet zitten: ze was veel liever thuis – veilig en beschermd. Ze moest steeds terugdenken aan die vreemde sessie met dokter Evans vanochtend. Het visioen dat ze er had gehad – die vergeten ruzie met Ali op de avond van haar verdwijning – bleef haar maar achtervolgen. Waarom had ze zich dat niet eerder herinnerd? Zat er soms meer achter? Stel dat zij Ali's moordenaar had gezíén?

'Ja, proficiat, Spencer,' onderbrak haar moeder haar gedachten. 'Ik hoop echt dat je wint.'

'Dank je,' mompelde Spencer, terwijl ze trachtte haar groene servet in zijn oorspronkelijke harmonicavorm terug te duwen. Daarna liep ze om de tafel heen om alle andere servetten ook weer goed te vouwen.

'Ben je ergens nerveus over?' vroeg haar moeder, met een hoofdknikje naar de servetten.

Spencer stopte meteen met vouwen. 'Nee hoor,' zei ze vlug. Telkens wanneer ze haar ogen sloot, stond ze meteen weer midden in die Ali-herinnering. Die was nu zo helder dat ze de kamperfoelie in het bos naast de woonschuur kon ruiken, de vroege zomerbries kon voelen en de vuurvliegjes in de donkere lucht kon zien tekenen. Maar dat kon allemaal niet echt zijn.

Toen ze weer opkeek, zaten haar ouders haar eigenaardig aan te kijken. Ze hadden haar vast iets gevraagd, wat zij volledig had gemist. Voor het allereerst in haar leven wilde ze dat Melissa erbij was om het gesprek naar zich toe te trekken.

'Ben je soms zo nerveus door die... dokter?' fluisterde haar moeder.

Spencer kon een grijns niet onderdrukken; ze vond het grappig dat haar moeder dokter Evans liever haar 'dokter' noemde dan haar 'therapeute'. 'Nee hoor, ik voel me prima.'

'Vind je dat je al veel...' – haar vader friemelde met zijn dasspeld terwijl hij naar de juiste woorden zocht – '... hebt bereikt met die... dokter?'

Spencer speelde wat met haar vork. Wat bedoel je precies?, wilde ze zeggen.

Maar voordat ze had kunnen antwoorden, verscheen de ober al. Het was iemand die hen hier al jaren bediende: een kalend mannetje met een Winnie de Poeh-stem. 'Dag, meneer en mevrouw Hastings.' Poeh schudde haar vaders hand. 'En Spencer... wat zie je er mooi uit vanavond!'

'Dank u,' mompelde Spencer, hoewel ze bijna zeker wist dat hij loog. Ze had haar haar na het hockeyen niet gewassen en de laatste keer dat ze in de spiegel keek, had ze een wilde, angstige blik in haar ogen gezien. Bovendien had ze constant last van zenuwtrekjes en bleef ze maar om zich heen kijken, om te zien of er niemand naar haar zat te staren.

'En hoe gaat het met u allen vanavond?' vroeg Poeh. Hij schudde de servetten uit die Spencer net had opgevouwen en legde ze op hun schoot. 'Bent u hier voor een speciale gelegenheid?'

'Inderdaad,' zei mevrouw Hastings. 'Spencer heeft de finale van de Gouden Orchidee-competitie gehaald, een belangrijke academische prijs.'

'Mám!' siste Spencer. Ze haatte het als haar moeder over haar gezin begon op te scheppen (zeker als het niet eerlijk verdiend was).

'Prachtig, prachtig!' teemde Poeh. 'Fijn om ook eens góéd nieuws te horen.' Hij boog een beetje naar hen toe. 'Aardig wat van onze gasten denken dat ze die stalker waar iedereen het over heeft, hebben gezien. Sommigen zeggen zelfs dat er gisteravond iemand in de buurt van de club is gesignaleerd.'

'Heeft deze stad niet al genoeg meegemaakt?' verzuchtte meneer Hastings.

Mevrouw Hastings keek haar man ongerust aan. 'Weet je, ik zou durven zweren dat ik ook iemand naar me heb zien staan staren – maandag, toen ik Spencer bij haar dokter opzocht.'

Spencers hoofd kwam met een ruk omhoog; haar hart ging als een razende tekeer. 'Heb je hem goed kunnen zien?'

Mevrouw Hastings trok haar schouders op. 'Nee, niet echt.'

'Sommigen zeggen dat het een man is, anderen een vrouw,' zei Poeh.

Ze deden allemaal geschokt van tsss...

Toen nam Poeh eindelijk hun bestelling op. Spencer mompelde dat ze de tonijn wilde – dat bestelde ze altijd sinds ze niet meer uit het kindermenu kon kiezen. Terwijl de ober wegdrentelde, keek Spencer afwezig om zich heen. Het restaurant had een krakkemikkig Nantucket-botenthema meegekregen, met veel donkere rieten stoelen, reddingsboeien en bronzen boegbeelden. En op de achterwand stond nog steeds die muurschildering van de oceaan, compleet met monsterlijk grote inktvis, orka en die meerman met zijn golvende blonde lokken en beschadigde, Owen Wilson-achtige neus. Als Spencer, Ali en de rest hier zonder hun ouders kwamen eten – wat ze in groep 8 en de brugklas enorm stoer vonden – gingen ze altijd het liefst onder die meerman zitten. Op een keer, toen Mona Vanderwaal en Chassey Bledsoe hier met zijn tweetjes waren binnengekomen, had Ali geëist dat zij de meerman een tongzoen gaven. Tranen van schaamte waren hun over de wangen gestroomd, terwijl ze hun tong tegen de lippen van de geschilderde meerman drukten.

Wat was Ali toch gemeen, dacht Spencer. En daar kwam de droom weer! Maar dit krijg je niet!, had Ali geroepen. En waarom werd zijzelf toen zo kwaad? Ze had gedacht dat Ali Melissa over Ian wilde vertellen. Was dat de reden? En wat bedoelde dokter Evans met dat sommige mensen bepaalde dingen die hun waren overkomen, gewoon uit hun hoofd wisten? Had ze dat zelf ook weleens gedaan?

'Mam?' vroeg Spencer opeens benieuwd. 'Weet jij of ik weleens een hele hoop dingen zomaar ben vergeten? Heb ik weleens last gehad van tijdelijk geheugenverlies?'

Het drankje van haar moeder bleef midden in de lucht hangen. 'H-hoezo vraag je dat?'

Spencers nek voelde ineens klam aan. Haar moeder kreeg precies dezelfde verstoorde 'ik-wil-me-hier-helemaal-niet-mee-bezighouden'-blik in haar ogen als toen haar broer – Spencers oom Daniel – op een van hun feestjes zo dronken was geworden dat hij een paar zeer goed bewaard gehouden familiegeheimen had verraden. En zo had Spencer dus ontdekt dat haar oma verslaafd was geweest aan morfine en dat haar tante Penelope op haar zeventiende een kind had gekregen, dat ze had laten adopteren. 'Ho... héb ik dat soms weleens gehad?'

Haar moeder streek nerveus met haar vingers over de ribbelrand van haar bord. 'Je was zeven. Je had de griep.'

De aders in haar moeders nek verraadden dat ze haar adem inhield – wat betekende dat ze nog wat achterhield. 'Mám...?'

Nu wreef haar moeder over de rand van haar martiniglas. 'Het doet er niet toe.'

'Ach, vertel het haar toch, Veronica,' zei haar vader korzelig. 'Ze kan het heus wel aan.'

Mevrouw Hastings haalde diep adem. 'Oké dan... Melissa, jij en ik gingen naar het Franklin Instituut. Jullie waren allebei dol op dat hart waar je doorheen kon lopen, weet je nog?'

'Natuurlijk,' zei Spencer. De hart-expositie daar was wel vijfhonderd vierkante meter, had aders zo dik als Spencers onderarm en klopte zo luid dat je, als je in de hartkamers stond, niets anders meer hoorde.

'Nou ja, toen we na afloop terugliepen naar de auto,' vervolgde haar moeder, turend in haar schoot, 'werden we ineens tegengehouden door een man.' Ze zweeg en pakte de hand van Spencers vader. Ze keken allebei heel ernstig. 'Hij... hij had een wapen in zijn jas en eiste mijn portemonnee.'

Spencer sperde haar ogen open. 'Wát?'

'We moesten van hem op onze buik op de stoep gaan liggen,' zei mevrouw Hastings met trillende lippen. 'Het kon me niet schelen dat ik mijn portemonnee moest afgeven... maar ik maakte me zo ongerust over mijn meisjes... Jullie bléven maar jammeren en huilen... en jij vroeg de hele tijd of we nu doodgingen...'

Spencer frunnikte op schoot met een punt van haar servet. Ze kon zich dit totaal niet herinneren.

'Hij zei dat we pas mochten opstaan als ik tot honderd had geteld,' zei haar moeder. 'Toen de kust eindelijk veilig was, spurtten we naar onze auto en reden naar huis. Ik weet nog dat ik wel vijftig kilometer te hard reed; het is een wonder dat ik niet ben aangehouden.'

Toen zweeg ze en nam een slok van haar drankje. In de keuken liet iemand een stapel borden vallen. Het merendeel van de gasten rekte zich uit in de richting van het brekende porselein, maar Spencers moeder leek niets te hebben gehoord. 'Toen we eindelijk thuiskwamen, had jij vreselijk hoge koorts,' ging ze verder. 'Acuut. Dus gingen we met je naar de EHBO. We waren namelijk bang dat het hersenvliesontsteking was, omdat daar kort daarvoor een paar dorpen verderop een geval van was geweest. Na een aantal onderzoeken werden we weer naar huis gestuurd. Maar we mochten tijdens het wachten op de uitslagen niet weg, omdat jij misschien met spoed terug naar het ziekenhuis moest. En daardoor misten we dus Melissa's deelname aan de nationale spelwedstrijd. Kun je je nog herinneren dat ze daarvoor aan het oefenen was?'

Ja, dat wist Spencer nog wel. Ze hadden samen soms Spelwedstrijdje gespeeld: Melissa als deelnemer en zij als jurylid, waarbij ze haar zus allerlei woorden van een lange lijst moest overhoren. Dat was toen Melissa en Spencer elkaar nog aardig vonden. Maar in Spencers herinnering had Melissa zich uit die wedstrijd teruggetrokken, omdat hij samenviel met een belangrijke hockeywedstrijd... 'Is ze toch nog naar die spelwedstrijd geweest?' polste ze.

'Ja, maar met Yolanda en haar ouders. Herinner je je Yolanda nog? Met haar deed Melissa altijd aan al die kennisquizzen mee.'

Spencer trok een diepe rimpel in haar voorhoofd. 'Yolanda Hensler?'

'Inderdaad.'

'Maar Melissa en Yolanda zijn toch nooit...' Maar toen legde ze zichzelf het zwijgen op. Bijna had ze gezegd dat Melissa nooit vriendinnen met Yolanda Hensler kon zijn geweest. Yolanda was zo'n type dat met volwassenen in de buurt een suikerzoet engeltje was, maar als je alleen met haar was een bazig monster. Zo wist Spencer dat Yolanda Melissa een keer had gedwongen door te gaan met vragen oefenen, terwijl haar zus al tientallen keren had geroepen dat ze heel nodig moest plassen. Het was zover gekomen dat Melissa het uiteindelijk in haar broek had gedaan: Yolanda's Lilly Pulitzer-sprei was kletsnat geweest...

'Maar goed, een week later was je koorts eindelijk voorbij,' zei haar moeder. 'Maar toen je wakker werd, was je dus alles vergeten. Je wist nog wel dat we naar het Franklin Instituut waren gegaan en dat je er door het hart had gelopen. Maar toen ik je vroeg of je je die gemene man ook herinnerde, zei je: 'Welke gemene man?' Je wist niets meer van de EHBO, de onderzoeken die ze allemaal met je hadden gedaan, hoe ziek je was geweest – niets. Je had dat alles gewoon... uitgewist. We hebben je die hele zomer angstvallig in de gaten gehouden, omdat we bang waren dat je opnieuw ziek zou worden. Melissa en ik moesten ons moeder-dochterkajakkamp in Colorado ervoor laten schieten, evenals dat grote pianorecital in New York... maar ik geloof dat ze het wel begreep.'

Spencers hart ging als een idioot tekeer. 'Waarom hebben jullie me dit nooit verteld?'

Haar moeder keek even naar haar vader. 'Het was allemaal zo merkwaardig... Ik dacht dat het je van streek zou maken als je wist dat je een hele week kwijt was. Je was daarna toch al zo'n tobber.'

Spencer zocht naar houvast bij de tafelrand. Ik ben misschien wel meer dan een week van mijn leven kwijt, wilde ze tegen haar ouders zeggen. Stel dat dát niet mijn enige black-out is geweest?

Ze sloot haar ogen. Het enige wat ze hoorde, was die *krak!* uit haar herinnering. Stel dat ze ook een black-out had gehad vlak voor Ali's verdwijning? Stel dat ze die avond ook kwijt was?

Tegen de tijd dat Poeh hun dampende borden op tafel zette, zat Spencer te trillen. Haar moeder hield haar hoofd scheef en vroeg: 'Spencer, wat is er?' Toen draaide ze zich naar Spencers vader. 'Ik wist wel dat we het haar niet hadden moeten vertellen!'

'Spencer?' Meneer Hastings zwaaide zijn handen voor Spencers gezicht. 'Alles goed met je?'

Spencers lippen voelden als verdoofd, alsof er novocaïne in gespoten was. 'Ik ben bang.'

'Bang?' herhaalde haar vader, terwijl hij naar haar toeboog. 'Waarvoor dan?'

Spencer knipperde een paar maal met haar ogen. Ze had het gevoel alsof ze in die droom zat die ze wel vaker had: in haar hoofd wist ze wat ze zeggen wilde, maar in plaats van woorden kwam er een schelp uit haar mond... of een worm... of een pluimpje paarse, stoffige rook. Ze klemde haar tanden op elkaar. Ze realiseerde zich plots wat het antwoord was waarnaar ze zocht – waar ze bang voor was...

Voor zichzelf.

22

NIETS ZO MOOI ALS ROSEWOOD – VAN 900 METER HOOGTE

Vrijdagochtend stapte Hanna uit Lucas' bordeauxrode Volkswagen Jetta. Ze stonden op de parkeerplaats van het Ridley Creek State Park. De zon was nog maar net op.

'Is dit nou die grote verrassing waar ik me weer helemaal beter van moet gaan voelen?' Ze keek om zich heen. Het Ridley Creek Park was een en al golvende weides en wandelroutes. Er passeerde een groepje meiden in korte broek en T-shirt met lange mouwen, daarna fietste er een stel jongens in kleurige fietsbroeken voorbij. Hanna voelde zich lui en dik. Moest je zien: nog geen zes uur in de ochtend en die figuren waren al braaf calorieën aan het verbranden! En die hadden waarschijnlijk gisteravond ook niet een hele doos kaaszoutjes naar binnen gepropt...

'Ik zeg niks,' zei Lucas. 'Anders is het geen verrassing meer.'

Hanna kreunde. De lucht rook naar verbrande bladeren, wat ze altijd maar een spookachtige sfeer vond geven. Toen ze over het grind van de parkeerplaats knerpten, dacht ze dat ze iemand hoorde grinniken. Meteen alert draaide ze zich met een ruk om.

'Is er iets?' vroeg Lucas en hij stopte een paar passen voor haar.

Hanna wees naar de bomen. 'Zie jij iemand?'

Lucas keek, met zijn hand boven zijn ogen. 'Zit je soms in over die stalker?'

'Ja, zoiets.'

De angst knaagde in Hanna's buik. Toen ze hier in het halfdonker naartoe reden, had ze al het gevoel gehad dat ze werden gevolgd. A? Ze kon maar niet ophouden met piekeren over dat bizarre sms'je van gister: Mona die naar Bill Beach zou zijn geweest voor plastische chirurgie... Ergens leek het niet eens zo onzinnig: Mona droeg nooit iets erg bloots, ook al was ze nog dunner dan Hanna. Maar ja, plastische chirurgie – borstvergroting uitgezonderd – was best... gênant. Het betekende immers dat je zo was gebouwd, dat je zelfs met keihard trainen nog niet het ideale lichaam kon veroveren. Als ze dát gerucht over Mona verspreidde, daalde diens populariteit misschien wel met een paar punten tegelijk. Bij een ander meisje had ze het zonder enige aarzeling gedaan... maar Mona? Het voelde toch anders om haar te kwetsen.

'Volgens mij is er niets aan de hand, hoor,' zei Lucas, terwijl hij naar een kiezelpad liep. 'Die stalker schijnt mensen alleen in hun huis te bespieden.'

Hanna wreef nerveus door haar ogen. Voor deze ene keer hoefde ze zich geen zorgen te maken over haar mascara: ze had zich vanochtend nauwelijks opgemaakt. En ze was gekleed in een velours Juicy-broek en de grijze capuchontrui die ze vaak tijdens het hardlopen droeg. Allemaal om te laten zien dat dit níét een of ander idioot ochtendafspraakje was.

Toen Lucas vanochtend bij haar voor de deur stond, had ze tot haar opluchting geconstateerd dat hij was gekleed in een haveloze spijkerbroek, een slordig T-shirt en net zo'n trui als zij. Onderweg naar de auto was hij voor de grap boven op een bladerhoop gesprongen en had er net als Dot, Hanna's mini-dobermann, op liggen kronkelen. Eigenlijk best leuk (wat natuurlijk heel iets anders was dan zeggen dat Lúcas leuk was...).

Ineens draaide Lucas zich om. 'Klaar voor je verrassing?'

'Nou, ik hoop dat het wat voorstelt,' bromde Hanna en ze rolde met haar ogen. 'Ik zou verdorie nog lekker in mijn bed kunnen liggen!'

Lucas leidde haar door de bomen naar een open plek. Daar lag een regenboogkleurige luchtballon slap op de grond, de rieten mand op zijn zij ernaast. Er stonden een paar jongens bij, die zorgden dat enorme ventilators lucht onder de rimpelende stof bliezen.

'Ta-dáááááá!' riep Lucas.

'O-kééé...' zei Hanna weifelend, met haar hand boven haar ogen. 'Ik mag dus kijken hoe zij een ballon opblazen?' Ze wíst wel dat het een slecht idee was – die stomme Lucas ook!

'Niet precies,' zei Lucas, heen en weer wippend op zijn hakken. 'Je mag er ook in omhoog.'

'Hè?' piepte Hanna. 'In mijn eentje?'

Lucas gaf haar een speelse tik. 'Nee, hè hè: ik ga mee natuurlijk.' Hij liep naar de ballon toe. 'Ik heb een brevet voor vliegen met een heteluchtballon. En ik leer ook vliegen in een Cessna. Maar dit is mijn grootste prestatie.' Hij hield een roestvrijstalen kan omhoog. 'Ik heb vanochtend een sapje voor ons gemaakt. De eerste keer dat ik de blender heb gebruikt... überhaupt de eerste keer dat ik een keukenapparaat heb gebruikt, trouwens. Ben je niet trots op me?'

Hanna grijnsde. Sean had altijd voor haar gekookt – wat haar eerder het gevoel had gegeven dat ze een stumper was dan dat ze verwend werd. Ze vond het eigenlijk wel grappig dat Lucas, als een echte jongen, een totale nitwit in de keuken was.

'Ja hoor, ik ben trots,' zei ze met een glimlach. 'En jazeker: ik ga met jou dat enge ding in.'

Toen de ballon rond en strak stond, klommen Hanna en Lucas in de mand. Lucas joeg een lange vuurpluim de ballon in, waarna ze binnen enkele seconden begonnen op te stijgen. Tot Hanna's verbazing kreeg ze niet eens dat akelige gevoel in haar buik dat ze soms in een lift kreeg. Toen ze naar beneden keek, bleken de twee jongens die hadden geholpen met het opblazen nog maar een paar stipjes in het gras. Toen zag ze Lucas' rode Jetta op de parkeerplaats, de viskreek, het kronkelende wandelpad, Route 352...

'Daar heb je de torenspits van Hollis!' riep ze opgetogen, wijzend in de verte.

'Cool, hè?' zei Lucas met een glimlach.

'Echt wel,' moest Hanna toegeven. Het was zo lekker rustig hierboven: geen verkeersgeluiden, geen storende vogels... alleen het geluid van de wind. En het mooiste van alles: A was hier niet. Ze voelde zich zo vrij als een vogel. Ze zou wel voorgoed willen wegvliegen, net als de tovenaar van Oz.

Ze vlogen boven Old Hollis, met zijn Victoriaanse huizen en rommelige voortuintjes; daarna de King James Mall, met een bijna-lege parkeerplaats. Toen ze over het quaker-internaat vlogen, moest Hanna lachen om de avant-gardistische obelisk op het gazon. Zijn bijnaam luidde: 'William Penns Penis'.

Toen zweefden ze boven Alison DiLaurentis' oude huis. Het zag er zo vredig uit van hierboven. Ernaast was het huis van Spencer, met zijn windmolen, stallen, woonschuur en zwembad met rotsblokkenrand. Weer een paar huizen verderop lag dat van Mona: een mooi roodstenen huis, met een groepje kersenbomen aan de ene en een garage aan de andere kant van de tuin. Op een keer, vlak na hun beider metamorfose, hadden ze met reflecterende verf HM + MV = BBBBBVV op het dak geschilderd. Ze hadden natuurlijk nooit geweten hoe dat er van bovenaf uitzag. Hanna reikte al naar haar BlackBerry om het Mona te vertellen...

En toen wist ze het ineens weer: ze waren geen vriendinnen meer. Ze zuchtte.

'Alles goed?' vroeg Lucas.

Ze keek expres de andere kant uit. 'Ja hoor... prima.'

Lucas trok zijn wenkbrauwen in een V. 'Ik zit op school bij de Bovennatuurlijke Club. We leren er onder andere gedachtelezen, dus kan ik het zo buitenzintuiglijk waarnemen, hoor.' Hij sloot demonstratief de ogen en legde zijn handen op zijn slapen. 'Jij bent overstuur, omdat... Mona haar verjaardagsfeest zonder jou viert.'

Hanna dwong zichzelf niet smalend te snuiven: zo'n gok was dat nu ook weer niet. Hij had haar immers op dat toilet gezien, vlak nadat ze dat te horen had gekregen. Ze draaide de dop van de kan. 'Waarom zit jij eigenlijk op elke mogelijke club die Rosewood Day heeft?' Hij leek wel een soort Spencer, maar dan minder populair.

Lucas deed zijn ogen weer open. Ze waren net zo fel lichtblauw als de tint 'korenbloem' uit haar Crayola 64-kleurpotlodendoos. 'Ik blijf graag bezig. Anders ga ik maar zitten piekeren.'

'Waarover?'

Hij slikte; zijn adamsappel ging op en neer. 'Mijn oudere broer heeft een jaar geleden zelfmoord proberen te plegen.'

Hanna's ogen werden groot.

'Hij is manisch-depressief. Hij had zijn medicijnen niet ingenomen en toen... ging er iets mis in zijn hoofd. Hij slikte een enorme hoop aspirientjes... ik vond hem bewusteloos in de woonkamer. Nu zit hij in een psychiatrische inrichting, waar ze allerlei medicijnen op hem uitproberen enne... hij is niet echt zichzelf meer, dus eh...'

'Zat hij ook op Rosewood Day?' vroeg Hanna.

'Ja, maar hij is zes jaar ouder. Ik denk niet dat jij je hem kunt herinneren.'

'Mijn god, wat erg voor je,' fluisterde Hanna. 'Klote, zeg.'

Lucas trok zijn schouders op. 'Veel mensen zouden waarschijnlijk op hun kamer een beetje stoned gaan zitten wezen... maar voor mij werkt bezig blijven beter.'

Hanna kruiste haar armen voor haar borst. 'Míjn manier om niet door te draaien... is een berg kaassnacks opvreten en vervolgens weer uitspugen.'

Ze sloeg haar hand voor haar mond. Niet te geloven dat ze dat had gezegd!

Lucas trok één wenkbrauw op. 'Kaassnacks? Zoals Cheez-Its, Dorito's?'

'Mm-mm.' Hanna staarde naar de houten bodem van de mand.

Lucas peuterde wat aan zijn vingers. Zijn handen waren sterk en mooi van vorm en leken geweldig geschikt voor een fantastische rugmassage. Hanna besefte ineens dat ze ze zou willen aanraken. 'Mijn nichtje had... hetzelfde eh... probleem,' zei Lucas zacht. 'Maar zij is eroverheen gegroeid.'

'Hoe dan?'

'Zij is gelukkig geworden. Verhuisd.'

Hanna keek over de rand van de mand. Ze vlogen nu boven Cheswold, de rijkste buurt van Rosewood. Hier had ze altijd willen wonen. Van hierboven zagen al die villa's er nog schitterender uit dan op straatniveau. Maar ook star, afstandelijk, niet echt... meer een ontwerp dan iets waar je werkelijk in kon wonen.

'Ik was ook gelukkig,' verzuchtte Hanna. 'Ik had dat... kaasgedoe... al in geen jaren meer gedaan. Maar de laatste tijd is mijn leven gewoon verschrikkelijk. Ik ben inderdaad overstuur over Mona. Maar er is nog meer... het is gewoon... alles. Sinds dat eerste berichtje is het gewoon van kwaad tot erger gegaan...'

'Ho... even terugspoelen,' zei Lucas, achteroverleunend. 'Welk berichtje?'

Hanna bleef even stil. Ze had eigenlijk niets over A willen zeggen. 'Eh... ik krijg steeds sms'jes... van iemand die me eh... treitert... met allerlei privédingen.' Ze wierp een schuine blik op Lucas, in de hoop dat het hem niet boeide – zoals de meeste jongens. Helaas keek hij nogal bezorgd.

'Zo, dat klinkt misselijk,' zei hij, met een diepe rimpel in zijn voorhoofd. 'Wie verstuurt die dingen dan?'

'Dat weet ik niet. Eerst dacht ik aan Alison DiLaurentis.' Ze zweeg weer en streek het haar uit haar ogen. 'Ik weet dat het idioot klinkt, maar in die eerste berichtjes stond steeds iets wat alleen zij wist.'

Lucas trok een walgend gezicht. 'Alisons lichaam is... – wat is het nu – een maand geleden gevonden... en nu geeft iemand zich voor haar uit? Maar dat is... dat is echt bizar!'

Hanna zwaaide met haar armen. 'Nee nee... die berichtjes kwamen al vóórdat Ali's lichaam was gevonden... toen niemand nog wist dat ze dood was...' Ze begon hoofdpijn te krijgen. 'Ik weet dat het verwarrend is... Ach weet je, maak je er maar niet druk over; vergeet dat ik het ooit gezegd heb.'

Lucas keek haar ongerust aan. 'Misschien moet je het de politie maar eens vertellen.'

Hanna snoof. 'Ha... degene die dit doet, overtreedt geen enkele wet.'

'Nee, maar je weet ook niet met wie je te maken hebt,' zei Lucas.

'Ach, vast een of ander stom rotjoch.'

Lucas bleef even stil. 'Zegt de politie niet altijd dat als je wordt lastiggevallen, met neptelefoontjes of zo, dat zoiets meestal komt van iemand die je kent? Dat heb ik eens in een misdaadserie gezien.'

Er trok een rilling door Hanna's lichaam. Ze dacht aan A's bericht: *Een van je oude vriendinnen verbergt iets voor je. Iets groots.* Ze dacht opnieuw aan Spencer. Niet lang na Ali's verdwijning waren ze een keer door Spencers vader meegenomen naar Wildwater Kingdom – een waterpark bij hen in de buurt. Terwijl ze met Spencer de trap naar de Duivelsduik beklom, had ze haar gevraagd of zij en Ali soms kwaad op elkaar waren.

Spencers gezicht kreeg exact dezelfde kleur als haar wijnrode Tommy Hilfiger-stringbikini. 'Waarom vraag je dat?'

Hanna klemde haar schuimplastic plankje tegen haar borst. 'Gewoon, uit nieuwsgierigheid.'

Spencer kwam wat dichterbij. Het werd ineens doodstil: al het geplons en gegil leken te vervliegen. 'Ik was niet kwaad op Ali, zij was kwaad op mij! Ik heb geen idee waarom. Oké?' Toen draaide ze zich om en liep terug de houten trap af – de andere wachtenden zowat omverduwend.

Hanna's tenen krulden zich. Ze had al heel lang niet meer aan dat moment gedacht.

Lucas schraapte zijn keel. 'Waar gaan die berichtjes dan over? Gaan ze over dat kaasverhaal?'

Hanna keek naar de dakraampjes boven op Rosewood Abbey, waar Ali's rouwdienst was gehouden. Ach, stik ook maar, dacht ze. Ze had hem al over A verteld, dus waarom de rest dan ook niet? Het deed haar denken aan die oefening over vertrouwen, die ze tijdens het schoolkamp van groep 8 hadden gedaan. Viviana Rogers, een meisje uit haar slaapzaal, stond achter haar en Hanna moest zich in haar armen laten vallen – en erop vertrouwen dat ze haar keurig opving en niet in het gras liet vallen.

'Ja, het kaasverhaal,' zei ze kalm. 'Enne... nou ja, je hebt misschien nog meer opgevangen; er doet van alles over mij de ronde. Zoals over mijn vader, die een paar jaar geleden is verhuisd en nu bij zijn bloedmooie stiefdochter woont – maatje xxs, man!'

'Hè? Wat voor maat heb jij dan?' vroeg Lucas confuus.

Hanna haalde diep adem en wist deze vraag te negeren. 'En ik ben betrapt op stelen: sieraden bij Tiffany en de auto van Sean Ackards vader.'

Ze keek op. Tot haar verbazing was Lucas nog steeds niet kotsend over de rand van de mand gesprongen. 'In de brugklas was ik een dikke, lelijke sufferd. En ook al was ik vriendinnen met Alison, ik bleef me... een nul voelen. Mona en ik hebben er keihard aan gewerkt om te veranderen. Als je het mij vraagt, werden we allebei... Alison. Dat werkte een hele poos uitstekend, maar nu is het helaas weer uitgewerkt.'

Nu ze haar problemen hardop benoemde, voelde ze zich zo'n gigantische loser! Maar het was ook een beetje als die keer dat ze samen met Mona naar een kuuroord ergens in de provincie was gegaan, voor een darmspoeling: het was een gore toestand geweest, maar na afloop voelde ze zich enorm bevrijd.

'Ík ben anders blij dat je Alison níét bent,' zei Lucas kalm.

Hanna rolde met haar ogen. 'Iedereen was dol op Alison.'

'Nou, ikke niet!' Hij vermeed Hanna's geschokte blik. 'Ik weet dat het heel erg is om te zeggen en ik vind het echt vreselijk wat er met haar is gebeurd... maar ze was niet erg aardig tegen me.' Hij blies weer een vuurpluim de ballon in. 'In de brugklas heeft Ali het gerucht verspreid dat ik hermafrodiet zou zijn.'

Hanna keek op. 'Nee... dat kwam toch niet van Ali?'

'Echt wel! Of eigenlijk heb ik het zelf gedaan. Ali vroeg me eens tijdens een voetbalwedstrijd of ik soms hermafrodiet was. Ik zei dat ik dat niet wist – gewoon, omdat ik geen idee had wat dat was. Schaterend ging ze dat toen overal rondbazuinen. Toen ik het woord later opzocht, was het al te laat: het gerucht was geboren.'

Hanna keek hem vol ongeloof aan. 'Nee... zoiets zou Ali nooit doen.'

Maar dat was natuurlijk wél zo. Ali was degene die ervoor had gezorgd dat iedereen Jenna Cavanaugh 'Sneeuw' ging noemen; zij had het gerucht verspreid dat Jenna's stiefbroer Toby kieuwen had. En iedereen had alles wat Ali zei zonder meer aangenomen.

Hanna tuurde weer over de rand van de mand. Dat gerucht dat Lucas hermafrodiet zou zijn, was begonnen vlak nadat ze hadden ontdekt dat hij haar op Snoepdag een hartvormige doos wilde geven. Ze was zelfs nog samen met Ali een nieuw Seven-spijkerbroek met glitterzakken gaan kopen om dit feit te vieren. Ali had gezégd dat ze hem prachtig vond, maar dat was vast ook een leugen.

'En je moet niet zeggen dat je lelijk bent, Hanna,' zei Lucas. 'Want je bent o zo knap.'

Hanna verstopte haar kin in de kraag van haar shirt. Het verbaasde haar hoe verlegen ze ineens werd.

'Echt, hoor! Ik kan niet ophouden met naar je kijken,' zei Lucas. Toen trok hij een grimas. 'O, jakkes... dat ging vast veel te ver voor een gewone vriendschap, hè?'

'Is niet erg.' Ze voelde de hitte door haar huid trekken. Ze vond het heerlijk om te horen dat ze er goed uitzag. Wanneer had iemand haar dat voor het laatst gezegd? Lucas leek in de verste verte niet op perfecte Sean. Hij was lang, slungelig en absoluut niet cool – met zijn baantje bij Rive Gauche, zijn Bovennatuurlijke Club en die sticker op zijn auto met de tekst SCISSOR SISTERS (wat net zo goed een band als een kapsalon of een sekte kon zijn). Maar er zat meer in hem. Je moest er alleen naar graven – net zoals ze een keer met haar vader het strand van New Jersey met een metaaldetector had geplunderd. Uren hadden ze lopen zoeken en uiteindelijk hadden ze maar liefst twee diamanten oorbellen onder het zand gevonden.

'Oké, luister,' zei Lucas. 'Ik ben ook niet uitgenodigd voor Mona's feest. Zullen we zaterdag samen een antifeest houden? Wij hebben thuis een super-de-luxe zwembad, verwarmd en alles. Of als je dat niks vindt, kunnen we ook... ik weet niet... pokeren of zo...'

'Pokeren?' Hanna keek hem schuin aan. 'Maar geen strippoker, hoor!'

'Wat dénk jij wel niet van me?' Hij legde een hand op zijn borst. 'Ik bedoel natuurlijk gewoon Texas Hold 'Em. Maar... pas op: ik ben er goed in!'

'Oké. Tuurlijk, dan kom ik bij jou poker spelen.' Ze leunde achterover en realiseerde zich dat ze er nu al naar uitkeek. Ze glimlachte schuchter. 'Maar je bent stiekem van onderwerp veranderd. Ík heb mezelf voor schut gezet; nu moet jij ook iets gênants over jezelf opbiechten. Wat probeer jij nog meer te ontlopen met al die drukke bezigheden van je?'

Lucas leunde achterover. 'Hmm, eens kijken... het feit dat ik hermafrodiet ben natuurlijk.'

Zijn gezicht stond dodelijk serieus. Hanna zette grote ogen op: dát had ze niet zien aankomen! Maar toen grinnikte Lucas en begon hard te lachen. Hanna lachte maar met hem mee.

23

DE ROZENSTRUIKEN HEBBEN OGEN

Vrijdag tijdens de lunch zat Emily in de plantenkas van Rosewood Day, waar hoge bladerrijke planten en enkele vlindersoorten in de vochtigheid floreerden. Het was er heet en rook er naar aarde, maar toch zaten hier veel leerlingen hun lunch op te eten. Misschien om te ontsnappen aan het druilerige weer... of om in de buurt te zijn van Rosewood Days nieuwste *it-girl*, Emily Fields.

'En? Ga je naar Mona's feest?' Aria's broer Mike keek Emily verwachtingsvol aan. Hij was samen met een paar oudere jongens van zijn lacrosseteam op een bankje tegenover haar neergeploft en ze hingen aan haar lippen.

'Ik weet het niet,' antwoordde Emily, terwijl ze haar zakje chips leeg at. Het was nog maar de vraag of ze daar van haar moeder naartoe mocht en ze wist ook nog niet of ze wel zin had.

'Kom in ieder geval na afloop lekker bij mij in de hot-tub.' Noel Kahn krabbelde zijn nummer op een blaadje uit een notitieblok, scheurde het uit en gaf het haar. 'Dan begint pas het échte feest.'

'Ja, en breng vooral ook je vriendin mee,' zei Mike met een hongerige blik in zijn ogen. 'Je mag gerust met haar vrijen waar wij bij zitten, hoor, wij zijn heel ruimdenkend.'

'Ik kan zelfs mijn fotohokje voor je van zolder halen,' bood Noel met een vette knipoog aan. 'Als dát je opwindt...'

Emily rolde met haar ogen. Terwijl de jongens wegslenterden, leunde ze op haar bovenbenen en zuchtte vermoeid. Het was jammer dat ze geen uitbuiter was: ze zou een hoop geld uit deze hitsige op lesbo's beluste Rosewood-jongens kunnen persen.

Een kleine hand greep haar plots bij haar pols. 'Zo! Afspraakje met een lacrosser?' fluisterde Maya in haar oor. 'Ik zag wel dat hij je zijn nummer gaf!'

Emily keek op; haar hart maakte een sprongetje. Het leek wel alsof ze Maya al weken niet had gezien. Ze dacht constant aan haar: telkens als ze haar ogen sloot, zag ze Maya's gezicht voor zich en dacht ze aan haar lippen tijdens die vrijpartijtjes op hun rots bij de kreek.

Maar dat kon nu nooit meer.

Ze trok haar hand weg. 'Maya, nee... dit kan niet.'

Maya stak haar onderlip naar voren en keek om zich heen. Overal zaten leerlingen met elkaar te praten en te lunchen: op de fonteinen, op de houten bankjes bij de bloembedden, bij de vlindertuin... 'Joh, niemand kijkt.'

Emily rilde. Het vóélde anders wel alsof er iemand keek. De hele lunchpauze had ze al het akelige gevoel dat ze werd bespied. De planten in de kas waren zo hoog en breed dat iemand zich er gemakkelijk achter kon verstoppen.

Maya klapte het roze Zwitserse zakmes uit haar rugzak open en sneed een roos van de weelderige struik achter hen. 'Hier,' zei ze, terwijl ze hem aan Emily gaf.

'Maya!' Ze liet de roos op haar schoot vallen. 'Je mag hier niks plukken!'

'Kan mij dat nou schelen,' zei Maya. 'Ik wil 'm gewoon aan jou geven.'

'Maya...' Emily sloeg met haar handen op haar bovenbenen. 'Je kunt maar beter gaan.'

Maya keek haar boos aan. 'Ga je dat Tree Tops-gedoe echt doen?' Toen Emily knikte, kreunde ze. 'Ik dacht dat jij sterker zou zijn. Het klinkt ook zo eng.'

Emily verfrommelde haar boterhamzakje. Dit hadden ze toch allang besproken! 'Als ik Tree Tops niet doe, moet ik naar Iowa.

En dat is wel het laatste wat ik wil: die oom en tante zijn echt gestoord.'

Ze sloot haar ogen en dacht aan haar familie in Iowa. Ze had ze al in geen jaren meer gezien en herinnerde zich alleen nog vijf afkeurende blikken. 'De laatste keer dat ik bij hen op bezoek was, zei tante Helene dat ik als ontbijt altijd Cheerio's moest nemen, *uitsluitend Cheerio's*, omdat die de seksuele driften onderdrukken. Mijn neven renden elke ochtend een enorm eind tussen de maïsvelden, om hun seksuele energie kwijt te raken. En mijn nicht Abby, die van mijn leeftijd is, wilde non worden – wat ze onderhand wel zal zijn. Zij liep altijd met een notitieblokje op zak, dat ze Abby's Boekje van het Kwaad noemde, waarin ze alles opschreef wat zij als een zonde zag. Zo registreerde ze maar liefst dertig zondige dingen van mij. Maar ja, ze vond op blote voeten lopen al zondig!'

Maya grinnikte. 'Nou... als je echt gore zweetvoeten hebt...'

'Dit is geen grap, hoor!' schreeuwde Emily. 'En het gaat er niet over of ik sterk genoeg ben, of Tree Tops wel goed voor me is of dat ik dan lieg tegen mezelf. Ik wil gewoon niet uit Rosewood weg!'

Ze beet op haar lip. Ze voelde de warme golf door haar lichaam trekken die ze altijd kreeg vlak voor ze moest huilen. De afgelopen twee dagen hadden haar familieleden haar niet eens aangekeken als ze haar op de gang of in de keuken tegenkwamen. Ook tijdens het eten hadden ze geen woord tegen haar gezegd. Het voelde zelfs raar om bij hen op de bank tv te kijken. Zelfs haar zus Carolyn leek niet te weten wat ze met haar aan moest. Sinds de zwemwedstrijd had ze haar niet meer op hun slaapkamer gezien. Terwijl ze anders altijd samen aan hun bureau hun huiswerk maakten, smiespelend over wiskundeproblemen, geschiedeniswerkstukken of roddels die ze op school hadden gehoord. Gisteravond was Carolyn pas naar boven gekomen toen Emily al in bed lag, had zich in het donker uitgekleed en was zonder iets te zeggen onder de wol gekropen.

'Mijn familie houdt niet van me als ik homoseksueel ben,'

lichtte Emily toe, starend in Maya's ronde bruine ogen. 'Moet je je eens voorstellen dat jóúw familie morgenochtend ineens besluit dat ze je haten!'

'Maar ik wil gewoon bij jou zijn,' mompelde Maya, spelend met de roos.

'Ik ook,' antwoordde Emily. 'Maar het kan gewoon niet.'

'Laten we elkaar dan stiekem ontmoeten,' stelde Maya voor. 'Ik ga morgen naar dat feest van Mona Vanderwaal. Als we elkaar daar nu eens zien, er samen tussenuit knijpen en een plekje zoeken waar we alleen kunnen zijn?'

Emily beet op haar duimnagel. Ze wou dat dat kon... maar Becka's woorden klonken nog steeds in haar oren: *Het leven is al moeilijk genoeg. Waarom zou je het nog erger maken?*

Gister had ze tijdens haar vrije uur op Google ingetypt: is het leven voor lesbiennes hard? Terwijl ze het schreef – met haar rechterhand de L, met haar linker de E, de S, de B enzovoorts – vond ze het maar raar dat dat woord op haar zou slaan. Ze vond het zelfs een raar woord: het deed haar om de een of andere reden denken aan rijstebrij, iets waarvan ze gruwde. En elke link die Google haar gaf, verwees naar een geblokkeerde pornosite. Tja, ze had de woorden 'lesbienne' en 'hard' ook samen als zoekterm ingevoerd...

Ze voelde opeens dat er iemand naar haar keek. Toen ze om zich heen keek, door de kronkelende wijnranken en struiken heen, zag ze Carolyn en een paar andere meiden van het zwemteam bij de bougainville zitten. Haar zus zat hen recht aan te staren, een walgende blik op haar gezicht.

Emily sprong op. 'Maya, ga nou! Carolyn ziet ons!'

Ze deed een paar passen achteruit en deed alsof ze gefascineerd werd door een bak goudsbloemen. Maya verroerde zich echter niet. 'Schiet op!' siste Emily. 'Ga weg!'

Maya keek haar aan. 'Ik ga morgen naar Mona's feest,' zei ze zacht. 'Ben jij daar dan ook?'

Zonder haar aan te kijken, schudde Emily haar hoofd. 'Het spijt me. Ik moet veranderen.'

Maya griste haar groenwitte canvas tas van de vloer. 'Je kúnt jezelf niet veranderen. Dat heb ik je al wel duizend keer gezegd.'

'Misschien ík wel,' antwoordde Emily. 'En misschien wíl ik dat ook.'

Maya gooide Emily's roos op het bankje en beende weg. Emily keek hoe ze langs de rijen bloembakken en de beslagen ramen naar de uitgang liep. Ze kon wel huilen. Haar leven was een puinhoop. Haar oude, eenvoudige leventje – zoals het was geweest voor het begin van dit schooljaar – leek wel van een totaal ander iemand.

Opeens kriebelden er vingernagels in haar nek. Er trok een rilling over haar rug en ze draaide zich vliegensvlug om. Het was maar een sliert van een rozenstruik, met dikke, scherpe doornen en vlezige rozen. Maar toen zag ze iets op een van de ramen staan, een paar meter verderop. Haar mond viel open. Iemand had in de condens geschreven: *Ik zie je*, met twee wijd open ogen met zware wimpers ernaast en ondertekend met: *A*.

Ze vloog er meteen op af en begon de letters met haar mouw weg te vegen. Hoelang stond dat hier al; waarom had ze het niet eerder opgemerkt? Maar toen bedacht ze nog iets: in deze vochtige kas zat alleen condens aan de binnenkant. Degene die dit had geschreven moest dus... binnen zijn geweest.

Ze draaide zich om, op zoek naar een of ander teken, maar ze werd alleen maar aangestaard door Maya, Carolyn en de lacrossejongens. De rest liep wat te ijsberen bij de uitgang, wachtend op het eind van de lunchpauze. Ze kon het niet helpen dat ze zich afvroeg of A daar ook bij was.

24

EN IN EEN ANDERE TUIN AAN DE ANDERE KANT VAN DE STAD...

Vrijdagmiddag boog Spencer zich over haar moeders bloembed en trok het dikke, weerbarstige onkruid eruit. Haar moeder hield de tuin meestal zelf bij, maar Spencer wilde vandaag iets aardigs doen – en zichzelf vrijpleiten, ook al wist ze niet precies waarvan.

De kleurige ballonnen die haar moeder een paar dagen geleden ter ere van de Gouden Orchidee had gekocht, hingen nog steeds langs het terras. *Gefeliciteerd, Spencer!* stond erop, naast een plaatje van blauwe linten en trofeeën. Spencer keek in het glimmende Mylar-plastic en zag haar eigen, verwrongen spiegelbeeld. Het leek wel een lachspiegel: haar gezicht was lang in plaats van rond, haar ogen klein in plaats van groot en haar dopneus breed en enorm. Misschien was het wel dit ballonnenmeisje – en niet Spencer zelf – dat had gefraudeerd om in de finale van de Gouden Orchidee te komen. En wie weet was het ook Ballonnenmeisje geweest dat had geruzied met Ali op de avond dat ze verdween.

Het sproeisysteem van de buren, het oude huis van de familie DiLaurentis, sprong aan. Spencer keek omhoog, naar Ali's vroegere raam. Het was het laatste aan de achterkant, recht tegenover dat van Spencer. Ze vonden altijd dat ze zo geboft hadden, dat hun slaapkamers tegenover elkaar lagen en hadden signalen verzonnen voor als ze niet meer met elkaar mochten bellen. Eén flits met de zaklamp betekende: *Ik kan niet slapen, jij?*; twee flitsen was: *Welterusten* en drie: *Sluip naar buiten: ik moet je spreken!*

Maar toen dreef de herinnering uit dokter Evans' spreekkamer haar hoofd weer binnen. Ze probeerde die nog weg te duwen, maar ze kwam meteen weer boven. *Dat interesseert jou juist veel te veel,* had Ali gezegd. En toen die verre *krak!* Waar was die toch vandaan gekomen?

'Spencer!' fluisterde een stem. Ze draaide zich met bonzend hart om, richting het bos achter hun huis. Daar, tussen twee kornoeljes in, stond Ian Thomas.

'Wat doe jij hier?' siste ze met een vlugge blik naar Melissa's woonschuur, slechts een paar meter verderop.

'Kijken... naar mijn favoriete dame...' Zijn ogen gingen gretig over haar lichaam.

'D'r loopt hier een stalker rond, hoor,' waarschuwde Spencer bars – ondertussen trachtend dat opwindende gevoel in haar buik te bedwingen dat ze altijd kreeg als Ian naar haar keek. 'Wees maar voorzichtig!'

Ian lachte: 'Mmm... wie zegt dat ik niet bij de buurtwacht hoor? Misschien bescherm ik jou juist wel tegen die stalker!' Hij leunde tegen de boom naast hem.

'En? Ís dat zo?' vroeg Spencer.

Hij schudde zijn hoofd. 'Nee joh, ik ben gewoon vanuit huis rechtdoor gestoken. Ik kom voor Melissa.' Hij zweeg even en stak zijn handen in de zakken van zijn spijkerbroek. 'Wat vind je ervan dat Melissa en ik weer bij elkaar zijn?'

Spencer trok haar schouders op. 'Gaat mij niet aan.'

'Is dat wel zo?' Hij keek haar strak aan, zonder met zijn ogen te knipperen. Spencer keek gauw de andere kant op; haar wangen gloeiden. Hij doelde toch niet op hun kus, wel? Of toch?

Ze dook in haar herinnering. Ian had zijn mond zo ruw op de hare gedrukt dat hun tanden elkaar hadden geraakt en erna waren haar lippen nog lang rauw en gevoelig geweest. Toen ze Ali dit opwindende nieuwtje had verteld, was deze in lachen uitgebarsten. 'Denk je soms dat Ian nu verkering met jou wil?' had ze gehoond. 'Echt niet!'

Spencer keek hoe Ian daar stond – kalm, nonchalant en geheel onwetend van het feit dat hij de oorzaak van al die strijd was geweest. Ergens wilde ze dat ze hem nooit had gezoend: het leek wel alsof dat ene voorvalletje een soort domino-effect had gehad – het had geleid tot die ruzie in de woonschuur, die had geleid tot Ali's vertrek, dat weer had geleid tot... ja, wat?

'Ik hoorde van Melissa dat je in therapie bent,' zei Ian. 'Maf, hoor!'

Spencer verstrakte. Raar dat Melissa het met Ian over háár therapie had. Het was toch zeker de bedoeling dat die sessies privé waren? 'Nou, zo maf is dat niet.'

'O nee? Volgens Melissa had ze je horen gillen.'

Spencer knipperde met haar ogen. 'Gillen?' Ian knikte. 'W-wat dan?'

'O, ze zei niet dat je iets speciaals riep, alleen dat je gilde.'

Spencers huid begon te kriebelen. Het sproeisysteem van de familie DiLaurentis klonk ineens alsof duizenden miniguillotines de grassprietjes stonden af te hakken. 'Ik moet gaan.' Ze begon ietwat gebogen richting het huis te lopen. 'Ik heb een glaasje water nodig.'

'Wacht even,' zei Ian, op haar afstappend. 'Heb je gezien wat er in jullie bos is?'

Ze verstijfde. Hij had zo'n rare blik in zijn ogen dat ze zich afvroeg of het soms iets van Ali was. Een van haar botten, een aanwijzing, iets wat die herinnering van haar ophelderde.

Ian stak haar zijn geopende hand toe: er lagen zes dikke, zachte bramen in. 'Daarachter staan geweldige bramenstruiken. Wil je er ook een?'

De bramen hadden zijn handpalm donker bloederig paars gekleurd. Spencer zag zijn liefdeslijn, zijn levenslijn en allerlei krasjes bij zijn vingers.

Ze schudde haar hoofd. 'Ik zou nooit iets eten wat uit dat bos komt,' zei ze.

Tenslotte was Ali daar vermoord.

25

SPECIALE BESTELLING VOOR HANNA MARIN

Vrijdagavond inspecteerde een puisterige, stevig in de gel gezette verkoper van T-Mobile het scherm van Hanna's BlackBerry. 'Uw telefoon ziet er prima uit,' zei hij. 'En uw accu doet het ook gewoon, hoor.'

'Nou, dan kijk je vast niet goed,' zei Hanna korzelig, leunend tegen de glazen toonbank. 'En de verbinding dan? Ligt jullie netwerk er soms uit?'

'Nee.' De verkoper wees naar het schermpje. 'Ziet u wel? Vijf staafjes. Ziet er prima uit.'

Hanna ademde heftig in door haar neus. En tóch was er iets mis met haar BlackBerry! Haar telefoon was de hele avond niet overgegaan. Mona mocht haar dan gedumpt hebben, ze weigerde te geloven dat de rest haar zo snel zou volgen. En A zou haar ook vast weer sms'en, met meer informatie over Mona's mogelijke liposuctie, of om uit te leggen wat het betekende als hij/zij zei dat een van haar vriendinnen een groot, nog te onthullen geheim had.

'Wilt u anders gewoon een nieuwe BlackBerry?' vroeg de verkoper.

'Ja,' zei Hanna fel, waarbij haar stem verrassend veel op die van haar moeder leek. 'Maar ditmaal wel eentje die werkt, alsjeblieft.'

De verkoper keek haar vermoeid aan. 'Ik kan uw data echter niet overzetten, want dat doen we op deze locatie niet.'

'Mij best,' snauwde Hanna. 'Ik heb thuis toch alles op papier staan.'

De verkoper haalde een nieuwe telefoon uit het magazijn, trok hem uit zijn piepschuimen verpakking en begon een aantal knopjes in te drukken. Met haar elleboog op de toonbank keek Hanna hoe het winkelpubliek door de hoofdgang van de King James Mall stroomde – en probeerde niet te denken aan hoe zij en Mona hun vrijdagavond altijd hadden doorgebracht. Eerst kochten ze een Vrolijke Vrijdag-outfit, als beloning voor het feit dat ze weer een week hadden overleefd; vervolgens gingen ze naar een sushi-restaurant en namen er de zalmschotel; en dan – Hanna's favoriete gedeelte – gingen ze naar huis om op Hanna's *queensize*-bed te gaan liggen roddelen, te lachen en de draak te steken met de 'Auw!-van-de-dag'-column uit de *CosmoGirl!* Toegegeven, over sommige dingen kon ze het met Mona niet hebben. Zo was ze alle emotionele gesprekken over Sean uit de weg gegaan, omdat Mona hem ervan verdacht homoseksueel te zijn, en kon ze nooit iets zeggen over Ali's verdwijning, omdat Hanna geen slechte herinneringen over haar oude vriendinnen wilde ophalen. Nu ze er zo eens over nadacht: waar hadden zij en Mona eigenlijk wél over gepraat? Jongens? Kleren? Schoenen? Mensen aan wie ze een hekel hadden?

'Het duurt nog even, hoor,' zei de verkoper, met een fronsende blik naar zijn computer. 'Om de een of andere reden reageert ons netwerk niet.'

Ha! dacht Hanna. Er was dus toch iets mis met het netwerk!

Iemand kwam lachend de winkel binnen. Hanna keek op. Ze had geen tijd meer om snel weg te duiken: het was Mona, met Eric Kahn.

Haar lichtblonde haar stak fel af bij haar donkergrijze sweaterjurk met col, zwarte maillot en hoge zwarte laarzen. Hanna wilde dat ze zich kon verstoppen, maar waar? De toonbank met kassa stond als een eiland midden in de ruimte: die stomme winkel had niet eens een gangpad om in weg te sluipen of planken om je onder te verstoppen – slechts vier muren vol mobieltjes en aanverwante zaken.

En ja hoor: voor ze iets had kunnen doen, zag Eric haar al. Er ging een flits van herkenning door zijn ogen. Hij knikte naar haar. Hanna's ledematen gingen op slot: ze wist nu precies hoe een overstekend hert zich voelde, gevangen in het licht van een naderende auto.

Mona volgde Erics blik. 'O,' zei ze vlak, toen deze bij Hanna bleek uit te komen.

Eric, die meidengedoe voelde aankomen, slenterde schouderophalend verder de zaak in. Hanna deed een paar houterige passen in Mona's richting. 'Hoi.'

Mona tuurde naar de muur met headsets en handsfreekits. 'Hai.'

Er tikten een paar minuten voorbij. Mona krabde aan haar neus. Ze had haar nagels gelakt met zwarte Chanel *limited edition* La Vernis – Hanna wist nog dat ze samen twee potjes bij Sephora hadden gejat. Die herinnering maakte haar bijna aan het huilen. Zonder Mona voelde ze zich als een schitterende outfit zonder bijpassende accessoires... als een Screwdriver zonder wodka... als een iPod zonder oortelefoontje. Oftewel: niet oké. Ze dacht aan die zomer na de tweede klas, toen ze met haar moeder mee op zakenreis was gegaan. Haar mobieltje had daar geen bereik gehad en toen ze terugkwam, waren er wel twintig voicemails van Mona. 'Het was zo raar om niet iedere dag met jou te kunnen kletsen, dat ik het maar heb ingesproken,' had ze gezegd.

Hanna ademde uit, lang en bibberig. Het rook in de T-Mobilewinkel vreselijk naar tapijtreiniger en zweet (dat laatste hopelijk niet van haar). 'Ik heb gezien wat wij toen boven op jullie garage hebben geschilderd,' flapte ze er uit. 'Je weet wel: HM + MV = BBBBBVV. Vanuit de lucht is het hartstikke goed te lezen.'

Daar had Mona niet op gerekend. Haar gezicht verzachtte wat. 'Echt?'

'Mm-mm.' Hanna keek naar een van de T-Mobile-reclameposters aan de muur. Het was een knullige foto van twee meiden die ergens over zaten te giechelen, met hun mobieltjes op schoot. De een had kastanjebruin haar, de ander was blond – net als Hanna en Mona.

'O, wat is het ook een zootje,' zei Hanna stilletjes. 'Ik weet niet eens meer hoe het allemaal is begonnen. Het spijt me vreselijk dat ik onze Frenniversary heb gemist, Mon. Ik wilde helemaal niet bij mijn oude vriendinnen zijn; ik ben heus niet weer met ze aan het aanpappen of zo.'

Mona drukte haar kin zowat in haar borst. 'O nee?' Hanna kon haar bijna niet horen, boven het geluid van de voorbijrazende kindertrein uit. Er zat maar één kind in: een mollig, ellendig kijkend jongetje.

'Echt niet!' zei Hanna toen het treintje voorbij was. 'We zijn gewoon... er gebeuren vreemde dingen met ons. Ik kan het je nu nog niet uitleggen, maar als je geduld hebt, vertel ik je binnenkort alles.' Ze zuchtte. 'En je weet toch dat ik dat gedoe met die luchtboodschap echt niet expres heb gedaan. Zoiets zou ik jou nooit aandoen!'

Er klonk een krakerig hikje. Hanna kreeg altijd de hik voor ze moest huilen – en dat wist Mona. Ze vertrok heel even haar mond en Hanna's hart maakte een sprongetje. Misschien kwam het toch nog allemaal goed!

Maar toen was het alsof de coole-meid-software in Mona's hoofd ineens werd gereset: haar gezicht sprong weer in de zelfverzekerde glamourstand, ze rechtte haar rug en produceerde een ijzige glimlach. Hanna wist exact wat Mona deed: zij hadden ooit met elkaar afgesproken nooit, maar dan ook nooit in het openbaar te huilen. Ze hadden er zelfs een handleiding bij bedacht: als je er zelfs maar aan dácht in huilen uit te barsten, moest je je billen samenknijpen, jezelf eraan herinneren dat je mooi was en glimlachen. Een paar dagen geleden had Hanna dat ook nog gedaan, maar nu zag ze het nut er niet meer van in. 'Ik mis je, Mona,' zei ze. 'Ik wil dat alles weer wordt zoals het was.'

'Misschien,' antwoordde Mona stijfjes. 'We zullen zien.'

Hanna dwong zichzelf te glimlachen. *Misschien?* Wat betekende dát nou weer?

Toen ze thuis de oprit opreed, zag Hanna een politiewagen naast haar moeders Lexus staan. Binnen zaten haar moeder en Darren Wilden samen op de bank naar het nieuws te kijken. Op de salontafel stonden een fles wijn en twee glazen en te oordelen naar zijn T-shirt en spijkerbroek, gokte Hanna dat SuperAgentje vanavond geen dienst had.

Het journaal vertoonde weer eens dat uitgelekte filmpje van hun vijven. Geleund tegen de deurpost tussen de woonkamer en de keuken, keek Hanna hoe Spencer zich op haar zus' vriend Ian stortte en Ali zich aan de andere kant van de bank zat te vervelen. Na het filmpje verscheen Jessica DiLaurentis, Alisons moeder, op het scherm. 'Het is voor mij erg moeilijk om naar deze video te kijken,' zei ze. 'Hierdoor hebben wij immers alle ellende nóg een keer moeten doormaken. Toch willen wij iedereen in Rosewood bedanken. Jullie zijn allemaal fantastisch geweest. De tijd die mijn man en ik hier, in verband met Alisons onderzoek, weer hebben doorgebracht, heeft ons doen beseffen hoezeer we Rosewood hebben gemist.'

De camera zwenkte even naar de mensen achter mevrouw DiLaurentis. Een van hen was agent Wilden, op zijn paasbest in zijn politie-uniform. 'Hé, dat ben jij!' riep Hanna's moeder uit en ze gaf Wilden een kneepje in zijn schouder. 'Je ziet er geweldig uit op tv.'

Hanna dacht dat ze moest overgeven: zo opgetogen had haar moeder niet gedaan toen zij vorig jaar Sneeuwvlokkoningin was geworden en op een praalwagen in de Philadelphia Mummers Parade had meegereden!

Wilden voelde blijkbaar ineens Hanna's aanwezigheid. 'O... hoi, Hanna.' Hij schoof een beetje weg van mevrouw Marin, alsof Hanna hen ergens bij had betrapt.

Hanna gromde wat, draaide zich om, trok een keukenkastje open en haalde er een doos Ritz Bits met pindakaassmaak uit.

'O ja, Han, er is een pakket voor je bezorgd,' riep haar moeder, terwijl ze het geluid van de tv wat zachter zette.

'Een pakket?' herhaalde Hanna met haar mond vol.

'Ja. Het stond voor de deur toen wij aankwamen. Ik heb het op je kamer gezet.'

Hanna nam de Ritz Bits mee naar boven. Er stond inderdaad een grote doos tegen haar bureau, naast het Gucci-mandje van haar minidobermann. Dot rekte zich uit en sprong, zwaaiend met zijn stompstaartje, op zijn vrouwtje af. Hanna's vingers trilden toen ze met haar nagelschaartje het plakband om het pakket doorknipte. Ze scheurde de doos verder open, gooide de lappen zijdepapier opzij... en toen lag daar, op de bodem... een champagnekleurige Zac Posen-jurk.

Hanna hield haar adem in: de hofdamejurk voor Mona's feest! Helemaal op maat gemaakt, gestreken en klaar om aan te trekken. Ze zocht in de doos naar een briefje, maar vond niets. Nou ja, dit kon maar één ding betekenen: ze was vergeven.

Haar lippen spreidden zich langzaam tot een brede grijns. Ze klom op haar bed en begon te springen tot de veren kraakten; Dot draaide opgewonden rondjes om haar heen, keffend als een idioot. 'Jááááá!' riep Hanna opgelucht uit. Ze wíst wel dat Mona weer bij zinnen zou komen; ze zou wel gek zijn om lang boos op haar te blijven!

Ze ging weer zitten en pakte haar gloednieuwe BlackBerry. Het was kort dag; ze kon die haar- en make-upafspraken die ze onlangs had afgezegd, vast niet meer terugdraaien. Toen herinnerde ze zich iets anders: Lucas. Ik ben ook niet uitgenodigd voor Mona's feest, had hij gezegd.

Ze trommelde met haar vingers op het scherm van haar BlackBerry. Ze kon hem natuurlijk niet meenemen naar Mona's feest. Niet als haar afspraakje; niet als wat dan ook. Lucas was leuk, dat zeker... maar hij was absoluut niet feestwaardig...

Ze rechtte haar rug en bladerde door haar roodleren Coach-agenda voor Lucas' e-mailadres. Ze zou hem een kort, bits mailtje sturen, zodat hij precies wist waar hij met haar stond: nergens. Hij zou er vast kapot van zijn, maar ach... ze kon het niet iedereen naar de zin maken, wel?

26

SPENCER KRIJGT HET BENAUWD – LETTERLIJK EN FIGUURLIJK

Vrijdagavond lag Spencer te weken in hun hot-tub – een van haar favoriete bezigheden, zeker 's avonds, als alle sterren in de pikdonkere lucht stonden te stralen. De enige geluiden waren vanavond het geslobber en geknars van Beatrice, een van hun labrador-poedels, die lag te kauwen op een bot van buffelhuid.

Maar toen hoorde ze opeens een twijg knappen... en nog een... en toen... iemands ademhaling. Geschrokken draaide ze zich om. Haar zus kwam in een geruite Burberry-bikini de trap af en zette zich naast haar in het warme water.

Even zaten ze samen te zwijgen. Spencer verstopte zich achter een baard van bubbels; Melissa staarde naar de parasolstandaard naast het zwembad. Maar toen opeens keek Melissa Spencer doordringend aan en zei: 'Ik ben een beetje boos op dokter Evans.'

'Hoezo?'

Melissa ging met haar handen door het water. 'Soms zegt ze allemaal van die dingen over me alsof ze me al jaren kent. Doet ze dat bij jou ook?'

Spencer trok haar schouders op. Ze had haar immers zelf gewaarschuwd dat dokter Evans dat zou doen.

Melissa legde haar hand tegen haar voorhoofd. 'Ze zei tegen me dat ik altijd onbetrouwbare mannen uitkies; dat ik altijd achter jongens aan ga van wie ik weet dat ze zich niet willen binden of langer iets met me willen... omdat ik bang ben om te dicht bij iemand te komen.'

Ze nam een paar slokken uit de literfles Evian die ze naast de hot-tub had neergezet. Hoog boven Melissa's hoofd zag Spencer het silhouet van een grote vogel – of misschien een vleermuis – voor de maan langs vliegen. 'Eerst was ik er boos over, maar nu... weet ik het zo net nog niet.' Ze zuchtte. 'Misschien heeft ze wel gelijk. Ik ben eens over al mijn relaties gaan nadenken en sommige jongens met wie ik verkering heb gehad, leken inderdaad behoorlijk onbetrouwbaar – vanaf het begin al.'

Haar ogen boorden zich in die van haar zus; Spencer bloosde.

'Wren is een goed voorbeeld,' ging Melissa verder, alsof ze Spencers gedachten had geraden. Spencer keek gauw de andere kant op, naar de waterval aan de overkant van het zwembad. 'Maar ze heeft me ook aan het twijfelen gebracht over Ian. Ik denk namelijk dat hij me, toen we nog op de highschool zaten, heeft bedrogen.'

Spencer verstijfde. 'Echt waar?'

'Mm-mm.' Melissa inspecteerde haar perfect gemanicuurde perzikroze nagels. Haar blik werd donker. 'Ik weet het bijna zeker. En ik geloof dat ik ook weet met wie.'

Spencer beet een stukje nagel van haar duim. Had Melissa haar en Ian daarstraks in de tuin soms afgeluisterd? Ian had immers gezinspeeld op hun zoen. Of erger nog: had Ali Melissa soms verklapt wat Spencer had gedaan – jaren terug al?

Kort voor Ali's verdwijning had Spencers vader hun vijven meegenomen voor een spelletje paintball. Melissa was er ook bij. 'Ik ga Melissa vertellen wat jij gedaan hebt,' had Ali tegen Spencer gezegd toen ze in de kleedkamer hun speciale pak aantrokken.

'Dat doe je niet,' siste Spencer.

'O nee?' zei Ali plagerig. 'Let maar eens op.'

Spencer was samen met de anderen naar het speelterrein gelopen, waar ze met z'n allen gehurkt achter een grote hooibaal moesten wachten tot het spel zou beginnen. Op dat moment boog Ali zich naar voren en tikte Melissa op haar schouder. 'Hé Melissa, ik moet je wat vertellen!'

Spencer gaf haar een duw. 'Hou op!'

Toen klonk het fluitsignaal en schoot iedereen naar voren om het andere team te bekogelen – iedereen, behalve Ali en Spencer. Spencer pakte Ali bij haar arm en sleurde haar achter een andere hooibaal. Ze trilde van woede.

'Waarom doe je dit?' wilde ze weten.

Ali leunde grinnikend tegen het hooi. 'Waarom doe je dit?' deed ze haar met een hoog stemmetje na. 'Omdat het niet goed is; omdat Melissa het moet weten.'

De woede stapelde zich op in Spencers lichaam, als wolken voor een gigantisch onweer. Hielden vriendinnen elkaars geheimen dan niet voor zich? Dat hadden ze toch ook gedaan met het Jenna-geheim? Ali was degene geweest die dat vuurwerk had afgestoken, Ali was degene die Jenna blind had gemaakt. Maar ze hadden met zijn allen gezworen dit nooit te verklappen. Was Ali dat soms vergeten?

Spencer wílde de trekker van haar paintballgeweer helemaal niet overhalen – het gebeurde gewoon. Ali's hele pak spatte onder de blauwe verf. Ze slaakte een geschrokken gil, keek Spencer even woest aan en stormde toen weg.

Stel dat Ali het toen aan Melissa was gaan vertellen; dat Melissa al die tijd het juiste moment had afgewacht om haar bom te laten vallen? Misschien ging ze dat nu wel doen.

'Enig idee wie?' polste Melissa. Spencer keerde terug uit haar herinnering.

Ze liet zich nog wat dieper in de bubbels zakken; haar ogen prikkend van de chloor. Een zoen telde toch niet echt als vreemdgaan? En het was ook al zo lang geleden. 'Nee... geen flauw idee.'

Melissa zuchtte. 'Misschien zegt die dokter Evans ook maar wat. Wat weet zij er ook van?'

Spencer bestudeerde haar zus en dacht aan wat dokter Evans over Melissa had gezegd – dat zij constant bevestiging zocht, dat ze jaloers op haar was. Ze vond het maar raar om het zo te bekijken. Hadden Melissa's problemen soms te maken met die keer dat ze waren overvallen en zij ziek was geworden, waardoor Melissa met Yolanda naar die spelwedstrijd had gemoeten? Hoeveel andere dingen was haar zus die zomer misgelopen, omdat hun ouders het te druk hadden met Spencer? Hoe vaak was Melissa aan de kant geschoven?

Ik vond het fijn toen we nog vriendinnen waren, zei een stem in Spencers hoofd. *Ik vond het fijn om jou die woordjes te overhoren. En ik haat het hoe het nu tussen ons is – al een hele tijd.*

'Ach, maakt het eigenlijk uit als Ian je op de highschool heeft bedrogen?' zei Spencer kalm. 'Ik bedoel... het is al zo lang geleden.'

Melissa keek omhoog, naar de heldere, donkere hemel. Alle sterren waren nu te zien. 'Natuurlijk maakt het uit. Het is gewoon verkeerd. Als ik er ooit achter kom dat het waar is, zal ik zorgen dat Ian daar de rest van zijn leven spijt van heeft.'

Spencer kromp ineen. Zo wraakzuchtig had ze Melissa nog nooit gehoord. 'En wat doe je dan met dat meisje?'

Melissa draaide zich uiterst traag om en schonk Spencer een onaangename glimlach. Op hetzelfde moment liet de tijdklok de lichten in de achtertuin aan springen. Melissa's ogen gloeiden. 'Wie zegt dat ik niet allang iets met haar héb gedaan?'

27

OUDE GEWOONTES LEER JE MAAR MOEILIJK AF

Laat die zaterdagmiddag liet Aria zich zakken achter een esdoorn in de tuin van de familie McCready, aan de overkant van de straat. Drie padvindsters liepen koekjes te verkopen; ze stapten net naar hun voordeur. *Ella is niet thuis, maar noteer haar maar voor een paar doosjes Thin Mints*, wilde ze naar de meisjes roepen. *Dat zijn haar lievelingskoekjes.*

De padvindsters stonden even te wachten. Toen er niet werd opengedaan, liepen ze door naar het volgende huis.

Aria wist ook wel dat het idioot was om van Seans huis hiernaartoe te fietsen, om haar eigen huis te bespieden – alsof het om een chique club voor beroemdheden ging en zij een paparazzo was. Maar ze miste haar familie zo. De Ackards waren zo'n beetje de bizarre versie van de Montgomery's. Zo hadden meneer en mevrouw Ackard zich onlangs aangemeld bij de Rosewood-stalker Buurtbewakingsraad. Deze zorgde onder andere voor een continu bemande tiplijn en over een paar dagen moesten de Ackards de nachtelijke ronde lopen. En wanneer ze haar aankeken, had Aria altijd het gevoel dat ze precies wisten wat zij met Ezra in zijn kantoortje had uitgespookt – alsof zijzelf nu ook een grote rode A op haar shirt droeg...

Ze moest nodig haar hoofd opruimen en Ezra eruit gooien. Maar ze kon niet stoppen met aan hem te denken! Alleen deze fietsrit al: de ene Ezra-herinnering na de andere. Toen ze een dikke man passeerde die McNuggets liep te eten, kreeg ze slappe knieën van de geur. Toen ze een meisje zag met net zo'n zwarte bril als Ezra, liepen de rillingen over haar rug. Zelfs een kat op een tuinmuur had haar aan Ezra doen denken – waarom wist ze zelf ook niet. Maar ach, wat haalde ze zich toch in haar hoofd? Hoe kon iets wat zo verkeerd was... tegelijkertijd zo goed voelen?

Toen ze langs een huis met een watermolen reed, zoefde er een busje van het Channel 7-journaal voorbij en verdween achter de heuvel. De wind glipte tussen de bomen door, de lucht werd donkerder. Aria voelde zich ineens alsof er wel honderd spinnen over haar lichaam kropen. Iemand stond haar te bespieden!

A?

Toen daarop ook nog haar Treo begon te rinkelen, viel ze zowat van haar fiets. Ze kneep in de remmen, stopte langs de stoeprand en stak haar hand in haar zak. Het was Sean.

'Hé, waar ben je?' vroeg hij.

'Eh... een eindje fietsen,' antwoordde ze, kauwend op de manchet van haar versleten rode capuchontrui.

'Nou, kom dan snel naar huis,' zei Sean. 'Anders komen we nog te laat bij Mona.'

Aria zuchtte. Ze was dat hele feest vergeten.

Hij zuchtte ook. 'Heb je soms geen zin?'

Aria keek naar het prachtige neogotische huis voor haar. De eigenaar had besloten het dieppaars te verven. Aria's ouders waren de enigen van de hele wijk die níét de petitie hadden getekend waarin van het kunstenaarsstel dat er woonde een wat gedekter tint werd geëist. De rechter had de petitie echter verworpen. 'Ik ben niet echt bevriend met Mona,' mompelde Aria. 'Of met wie dan ook die daar komt.'

'Wat bedoel je daar nou weer mee?' klonk Sean verbijsterd. 'Het zijn míjn vrienden, dus ook de jouwe. Het wordt vast te gek! Trouwens, behalve die fietstocht samen, heb ik het idee dat ik jou nog nauwelijks heb gezien sinds je bij ons in huis woont. Wat toch idioot is, als je erover nadenkt.'

Er klonk een piepje in Aria's oor: nog iemand die haar wilde spreken! Ze haalde haar telefoon even van haar oor om op het schermpje te kijken: *Ezra!* Ze sloeg een hand voor haar mond.

'Sean, mag ik je heel even in de wacht zetten?' Ze deed haar best de opwinding in haar stem te onderdrukken.

'Hoezo?' vroeg Sean.

'Nou gewoon... blijf even hangen.' Ze drukte hem weg, schraapte haar keel en streek even door haar haar – alsof Ezra haar zien kon. 'Hallo?' zei ze, zo onderkoeld én verleidelijk mogelijk.

'Aria?' Ze smolt meteen bij het horen van Ezra's slaperige, rasperige stemgeluid.

'Ezra...' deed ze verrast. 'Hoi!'

Er vielen een paar tellen stilte. Aria draaide aan haar pedalen en keek naar een eekhoorn die dwars over het gazon van het paarse huis spurtte. 'Ik kan maar niet ophouden met aan je te denken,' bekende Ezra ten slotte. 'Kunnen we niet iets afspreken?'

Aria sloot haar ogen. Ze wist dat ze het niet moest doen... maar ze wilde het zo graag. Ze slikte. 'Wacht even.'

Ze klikte terug naar Sean. 'Sean?'

'Wie had je aan de lijn?' vroeg hij meteen.

'D-dat was... mijn moeder,' hakkelde ze.

'Echt? Maar dat is geweldig! Toch?'

Ze beet op de binnenkant van haar wang en concentreerde zich op de kunstig uitgesneden pompoenen op de trap van het paarse huis. 'Ik moet iets doen,' verzon ze. 'Ik bel je nog!'

'Wacht even,' riep Sean. 'En Mona's feest dan?'

Maar Aria's vinger had haar alweer terug naar Ezra gebracht. 'Ben ik weer!' riep ze ademloos. Ze voelde zich alsof ze zojuist een soort jongenstriatlon had gedaan. 'Ik ben zo bij je!'

Ezra opende de deur van zijn appartement – in een oud victoriaans huis in Old Hollis – met een fles whisky in zijn rechterhand. 'Ook een glas?' vroeg hij.

'Graag,' antwoordde Aria. Ze liep zijn woonkamer binnen en zuchtte tevreden. Ze had zo vaak aan dit huis gedacht sinds de laatste keer dat ze er was. De duizenden boeken op de planken, de blauwe kaarsenwas die in smurfachtige hompen over de schoorsteenmantel was gedropen, de grote badkuip die nutteloos midden in de kamer stond... het gaf haar allemaal zo'n aangenaam gevoel – alsof ze thuiskwam.

Ze kropen samen op de zachte, mosterdgele loveseat. 'Bedankt dat je bent gekomen,' zei Ezra zacht. Hij droeg een lichtblauw T-shirt met een scheurtje op de schouder; Aria wilde haar vinger er wel doorheen steken.

'Graag gedaan, hoor,' zei ze en ze schopte haar geblokte Vans-instappers uit. 'Zullen we toasten?'

Ezra dacht even na; een donkere lok viel voor zijn ogen. 'Op chaotische gezinnen,' besloot hij en hij tikte zijn glas tegen het hare.

'Proost.' Aria nam een slok. De whisky smaakte naar Glassex en rook naar lampolie, maar dat kon haar niet schelen. Ze dronk haar glas vlug leeg; de vloeistof brandde in haar slokdarm.

'Nog eentje?' vroeg Ezra toen hij mét de whiskyfles weer naast haar plofte.

'Ja hoor,' antwoordde Aria.

Ezra stond op om nog wat ijsblokjes te halen. Onderweg wierp hij een blik op de kleine tv in de hoek. Er was een reclame op voor iPods. Het zag er grappig uit om iemand zonder geluid zo enthousiast te zien dansen.

Hij kwam terug en schonk Aria's glas weer vol. Aria had het gevoel alsof met elke slok een deel van haar stoere buitenkant wegsmolt. Ze praatten een tijdje over Ezra's ouders: zijn moeder woonde tegenwoordig in New York; zijn vader in Wayne, een stadje hier niet zo ver vandaan. Toen begon Aria weer over haar familie. 'Weet je wat mijn lievelingsherinnering van thuis is?' vroeg ze (terwijl ze hoopte dat het niet al te erg opviel dat ze al een beetje met dikke tong sprak – die akelige whisky speelde een spelletje met haar motoriek). 'Mijn dertiende verjaardag... bij Ikea.'

Ezra trok een van zijn wenkbrauwen op. 'Dat meen je niet! Ikea is een nachtmerrie.'

'Ja, klinkt maf, hè? Maar mijn ouders kenden iemand die iets heel hoogs was bij de Ikea hier in de buurt en toen hebben we Ikea na sluitingstijd afgehuurd. Het was te gek! Byron en Ella waren er eerder naartoe gegaan en hadden een gigantische speurtocht door alle slaapkamers, keukens en kantoren uitgestippeld. Ze deden er zelf ook heel uitgelaten over. En we kregen allemaal een Zweedse meubelnaam voor het feest: Byron was Ektorp, geloof ik; Ella was Klippan... O, ze leken zo... een paar.'

Ze kreeg tranen in haar ogen. Haar verjaardag was in april, in mei had ze Byron met Meredith aangetroffen, in juni was Ali verdwenen... Dat feest leek wel de laatste perfecte, ongecompliceerde avond van haar leven. Iedereen was zo vrolijk geweest, zelfs Ali... nee, voorál Ali. Op een gegeven moment, ergens in een donker gangetje tussen de Ikea-douchegordijnen, had ze Aria's handen gepakt en gefluisterd: 'Ik ben zo gelukkig, Aria, zó gelukkig!'

'Hoezo dan?' had Aria gevraagd.

Ali had gegrijnsd en wat heen en weer gewipt op haar hakken. 'Dat vertel ik je binnenkort. Het is nog een verrassing.'

Maar daar had ze de kans niet meer voor gekregen.

Aria streek met haar vinger over de rand van haar whiskyglas. Op de tv was net het journaal begonnen. Het ging – alweer – over Ali. *Moordonderzoek,* zei de regel onder in beeld. In de linkerbovenhoek stond Ali's schoolfoto uit de brugklas: stralende glimlach, fonkelende diamanten ringen in haar oren, blonde haren golvend en glanzend, Rosewood Day-blazer perfect op maat en pluisjesvrij. Zo raar dat Ali voor eeuwig een brugpiepertje blijven zou...

'En?' zei Ezra. 'Heb je je vader nog gesproken?'

Aria weekte zich los van de tv. 'Niet echt. Hij wilde me wel spreken... maar nu waarschijnlijk niet meer – niet na het Rode A-incident.'

Ezra fronste zijn voorhoofd. 'Het Rode A-incident?'

Aria plukte aan een los draadje van haar favoriete Parijse APC-spijkerbroek. Dit kon ze natuurlijk eigenlijk niet uitleggen aan iemand die Engelse literatuur had gestudeerd. Maar Ezra leunde al naar voren, zijn mooie lippen verwachtingsvol half open. Dus nam ze nog maar een slok en vertelde hem alles over Meredith, Hollis en de druipende rode A.

Tot haar afgrijzen barstte Ezra na haar verhaal in lachen uit. 'Dat méén je niet! Heb je dat echt gedaan?'

'Ja,' zei ze stekelig. 'Ik had het je nooit moeten vertellen.'

'Nee nee, het is een fantastisch verhaal, echt geweldig.' Onstuimig pakte hij haar handen. De zijne waren groot, warm en een beetje zweterig. Toen ontmoette zijn blik de hare... en kuste hij haar. Eerst nog zacht, maar toen boog Aria naar hem toe en kuste hem wat harder terug. Toen ze even stopten, zakte Aria terug op de bank.

'Vind je het goed?' vroeg Ezra voorzichtig.

Aria had eigenlijk geen idee. Ze had nog nooit zoveel tegelijk gevoeld; ze wist niet zo goed wat ze precies met haar mond moest. 'Ik eh...'

'Ik weet dat we dit eigenlijk niet moeten doen,' onderbrak Ezra haar. 'Je bent mijn leerling; ik ben jouw leraar. Maar...' Hij zuchtte en streek een haarlok uit haar gezicht. 'Ik zou gewoon willen dat dit... op de een of andere manier... iets zou kunnen worden.'

Hoe graag had ze niet gewenst dat hij dit een paar weken geleden had gezegd? Ze voelde zich bij hem perfect: levendiger, meer zichzelf. Maar toen verscheen Seans gezicht in haar gedachten: hoe hij zich naar haar toe had gebogen voor een kus toen hij op die begraafplaats dat konijntje had gezien. En toen zag ze A's bericht voor zich: *Voorzichtig, voorzichtig nou! Ik kijk altijd mee!*

Ze keek weer naar het tv'tje. Het bekende filmpje was er voor de miljoenste keer op. Ze kon gewoon liplezen wat Spencer zei: *Willen jullie haar sms'jes ook lezen?* De meiden verdrongen zich rond het telefoontje. Toen kwam Ali in beeld. Heel even keek ze recht in de camera, haar ogen rond en blauw. Het leek wel alsof ze van het tv-scherm recht in Ezra's kamer keek... recht in Aria's ogen.

Toen draaide Ezra zich om en zag wat er op tv was. 'Shit!' zei hij. 'Sorry.' En hij begon te rommelen in de stapel tijdschriften en menukaarten van Thaise afhaalrestaurants op zijn stafel tot hij eindelijk de afstandsbediening vond. Hij schakelde door naar de volgende zender, QVC, waarop Joan Rivers een gigantische libel-broche stond te verkopen.

Hij wees naar de tv. 'Koop ik zo voor je, als je wilt.'

Aria giechelde: 'Nee, dank je,' legde haar hand op die van Ezra en haalde diep adem. 'Wat je daarnet zei... over dat dit iets zou kunnen worden... Ik eh... ik geloof dat ik ook wil dat het met jou wat wordt.'

Zijn gezicht klaarde op; Aria zag zichzelf in zijn brillenglazen; de oude staande klok naast de eetkamertafel sloeg het hele uur. 'Echt w-waar?' fluisterde Ezra.

'Ja. Maar... ik wil het ook goed doen.' Ze slikte hoorbaar. 'Ik heb op dit moment nog een vriend. Dus... dat moet ik eerst afhandelen, begrijp je?'

'Tuurlijk,' zei hij. 'Dat begrijp ik.'

Ze keken elkaar zeker een minuut lang aan. Aria hád naar voren kunnen leunen, zijn bril af kunnen rukken en hem duizend keer kunnen zoenen. 'Ik denk dat ik nu maar beter kan gaan,' zei ze echter sip.

'Oké,' antwoordde Ezra, zonder haar blik los te laten. Maar toen ze opstond van de bank en haar schoenen probeerde aan te trekken, trok hij aan haar T-shirt. En al had ze echt willen gaan, ze kón het gewoon niet.

'Kom hier, jij,' fluisterde Ezra. Aria liet zich weer tegen hem aan vallen. Ezra opende zijn armen en ving haar handig op.

28

ENKELE VAN HAAR LETTERS VORMEN TEVENS HET WOORDJE ‘CEL’

Even voor achten die zaterdagavond lag Spencer op bed, te kijken hoe haar plafondventilator van palmbladeren zijn rondjes draaide. Het ding had meer gekost dan een degelijke auto, maar ze had haar moeder gesmeekt hem te kopen, omdat hij precies leek op de ventilator uit haar strandhuisje, die keer dat ze op vakantie naar The Caves op Jamaica waren geweest. Maar nu vond ze hem wel erg... Spencer-op-haar-dertiende.

Ze stond op en liet haar voeten in haar zwarte Chanel-pumps glijden. Ze wist dat ze onderhand wat enthousiasme voor Mona’s feest moest zien te verzamelen. Dat was haar vorig jaar tenslotte ook gelukt. Maar ja, toen was alles anders. Nu had ze de hele dag al van die rare visioenen: ruzie met Ali bij de woonschuur, Ali’s mond die bewoog zonder dat ze kon horen wat ze zei, zijzelf die een stap in haar richting zette, een *krak!* Het leek wel alsof die herinnering na jaren opgesloten te hebben gezeten, ineens constant de ster wilde uithangen.

Spencer deed nog wat amandelkleurige gloss op haar lippen, trok haar zwarte jurk met kimonomouwen recht en stampte toen naar beneden. Bij de keuken aangekomen, zag ze tot haar verrassing haar vader, moeder en Melissa aan tafel rond een leeg scrabblebord zitten, de twee honden gezellig aan hun voeten. Haar vader droeg geen pak of fietskleding, zijn standaarduniform, maar een roomwit T-shirt op een spijkerbroek; haar moeder was gekleed in haar yogabroek. En het rook er naar warme melk uit het Miele-espressoapparaat.

'Hallo!' Ze kon zich niet eens meer herinneren wanneer ze haar ouders voor het laatst op een zaterdagavond thuis had gezien. Ze waren altijd druk bezig gezien te worden – of het nu was bij de opening van een nieuw restaurant, een concert van het symfonieorkest of een etentje van haar vaders bedrijf.

'Spencer! Daar ben je eindelijk!' riep mevrouw Hastings. 'Raad eens wat we net binnen hebben gekregen?' Met een zwierig gebaar haalde ze een computeruitdraai achter haar rug vandaan. Bovenaan stond in de bekende gotische letters *Philadelphia Sentinel*, met daaronder: *Aan de kant, Trump! Hier komt Spencer Hastings!* Spencer staarde naar de foto van haarzelf achter haar vaders bureau. Dat middelgrijze Calvin Klein-pak met dat framboosroze zijden hemdje eronder was een goede keuze geweest.

'Jordana mailde ons net de link,' tsjilpte haar moeder. 'De voorpagina van zondag is natuurlijk pas morgenochtend klaar, maar jouw verhaal staat al online!'

'Wauw,' zei Spencer met trillerige stem. Ze was niet helder genoeg om het verhaal te kunnen lezen. Dus dit was echt. Hoever zou het gaan? Stel dat ze die prijs nog won ook?

'We trekken een fles champagne open om het te vieren,' zei meneer Hastings. 'Zelfs jij mag daar wat van, Spence. Dit is tenslotte een bijzondere gelegenheid.'

'En heb je misschien ook zin in een potje scrabble?' vroeg mevrouw Hastings.

'Mam, ze heeft zich helemaal opgetut voor een feest!' wees Melissa haar. 'Spencer wil helemaal niet gaan zitten voor scrabble met champagne.'

'Onzin,' zei mevrouw Hastings. 'Het is nog geen acht uur. Die feesten beginnen toch nooit zo vroeg, wel?'

Tja, nu zat ze in de val. Ze keken haar allemaal aan. 'Ik eh... geloof het niet,' zei ze.

Dus trok ze een stoel naar achteren, ging zitten en schopte haar schoenen uit. Haar vader haalde een fles Moët uit de koelkast, liet de kurk knallen en pakte vier Riedel-glazen uit de kast. Toen schonk hij een vol glas voor zichzelf, Spencers moeder en Melissa in en een half voor Spencer. Melissa zette ondertussen een scrabblerekje voor haar neer.

Spencer stak haar hand in de fluwelen zak en pakte een paar letters; daarna deed haar vader hetzelfde. Het verbaasde haar dat hij zelfs maar wist hoe dat moest: ze had hem nog nooit een spelletje zien doen, zelfs niet op vakantie. 'Wanneer hoor je de uiteindelijke beslissing van de jury?' vroeg hij en hij nam een slok champagne.

Spencer haalde haar schouders op. 'Geen idee.' Ze keek even naar Melissa, die haar een korte, niet te ontcijferen glimlach schonk. Ze had haar sinds hun hot-tubsessie van gisteravond niet meer gesproken en voelde zich een beetje vreemd bij haar zus – bang haast.

'Ik heb gister eindelijk de kans gezien je essay te lezen,' vervolgde meneer Hastings, terwijl hij zijn handen vouwde. 'Ik vond het vooral erg goed hoe je dat concept naar de moderne tijd hebt vertaald.'

'Zo, wie begint?' riep Spencer schril. Ze wilde het nu absoluut niet over de ínhoud van dat essay hebben – niet waar Melissa bij was.

'Heeft de Gouden Orchidee-winnaar van 1996 vorig jaar niet een Pulitzer gewonnen?' vroeg mevrouw Hastings.

'Nee, een National Book Award,' zei Melissa.

Hou nu alsjeblieft eens op over die Gouden Orchidee, dacht Spencer. Maar toen pas besefte ze: voor deze ene keer ging het eens over háár, niet over Melissa.

Ze keek naar haar stenen. Ze had: I, A, S, J, L, R, C, E en H. Ze verlegde enkele letters een beetje en beet toen bijna op haar tong. *L-I-A-R* – leugenaar – en S-J-H – van Spencer Jill Hastings – stond er...

Buiten was de lucht inmiddels inktzwart; ergens jankte een hond. Spencer pakte haar champagneglas en dronk het in drie teugen leeg. 'Zo zo, ik weet iemand die zeker een uur nog niet in haar auto mag stappen,' deed haar vader quasistreng.

Spencer probeerde te lachen en ging op haar handen zitten, zodat haar vader niet zag hoe erg ze trilden.

Mevrouw Hastings legde het woordje 'worm' neer. 'Jouw beurt, Spencer,' zei ze toen.

Net op het moment dat Spencer haar 'L' pakte, begon het lampje van Melissa's dunne Motorola te branden, waarna uit het speakertje een heftig vibrerende nepcello klonk, die het thema van *Jaws* speelde: *Duh-DUH, duh-DUH...* Spencer las op het schermpje: nieuw tekstbericht.

Melissa klapte haar mobieltje open en hield het toen zo dat Spencer er niet meer op kon kijken. Ze fronste haar voorhoofd. 'Hè?' zei ze hardop.

'Wat is er?' zei mevrouw Hastings, terwijl ze wegkeek van haar stenen.

Melissa krabde op haar hoofd. '"*Het concept van de onzichtbare hand van de grote Schotse econoom Adam Smith kan heel gemakkelijk worden samengevat – of het nu gaat om de markten van de negentiende eeuw of die van de eenentwintigste: je dénkt misschien dat mensen bepaalde dingen doen om jou behulpzaam te zijn, maar in werkelijkheid is iedereen slechts uit op eigen gewin.*" Wat raar! Waarom stuurt iemand mij nou een stukje van een essay dat ik zelf heb geschreven?'

Spencer opende haar mond om iets te zeggen, maar het enige wat eruit kwam, was een geschokt, bijna geluidloos: 'O!'

Meneer Hastings zette zijn glas neer. 'Hè? Maar dat is Spencers Gouden Orchidee-essay.'

Melissa keek nog eens naar het schermpje. 'Nee pap... dat is het niet, het is míjn...' Toen keek ze naar Spencer. 'Néé toch!'

Spencer kromp helemaal ineen. 'Melissa... het was een vergissing.'

Melissa opende haar mond zo ver dat Spencer de zilverkleurige vullingen in haar kiezen kon zien. 'Jij... secreet!'

'Het is uit de hand gelopen!' wierp Spencer tegen. 'De situatie is met me aan de haal gegaan!'

Meneer Hastings fronste verward zijn voorhoofd. 'W-wat is hier precies aan de hand?'

Melissa's gezicht vertrok tot een grimas: haar ooghoeken gingen naar beneden, haar lippen krulden onheilspellend omhoog. 'Eerst steel je mijn vriendje... en dan ook nog mijn essay? Wie denk jij wel niet dat je bent?'

'Hé, ik zei toch dat het me speet!' riep Spencer.

'Wacht even... is het... Melissa's essay?' vroeg mevrouw Hastings, terwijl ze bleek wegtrok.

'D-dat moet een vergissing zijn,' hield meneer Hastings vol.

Melissa zette haar handen op haar heupen. 'Zal ik het ze zeggen? Of wil je het zelf doen?'

Spencer sprong op. 'Verklik me maar – zoals je altijd doet.' En ze rende de gang in, naar de trap. 'Daar ben je onderhand erg goed in.'

Melissa vloog achter haar aan. 'Ze moeten weten wat een leugenaar jij bent.'

'En ze moeten weten wat een kreng jíj bent,' beet Spencer terug.

Melissa's lippen vormden een brede grijns. 'Wat ben je toch zielig, Spencer. Dat vindt iedereen – ook pap en mam.'

Spencer klom achteruit de trap op. 'Nietes!'

'O, jawel!' hoonde Melissa. 'En het is nog waar ook, is het niet? Je bent een vriendjesstelend, frauderend, zielig klein secreet!'

'O, ik heb het zo gehád met jou!' gilde Spencer. 'Val toch gewoon dood, mens!'

'Meisjes!' vermaande meneer Hastings.

Maar het leek wel alsof de zussen samen gevangenzaten in een soort geluiddichte luchtbel. Melissa's blik liet die van Spencer niet los. Uiteindelijk begon Spencer te trillen. Het was waar: ze wás zielig, ze wás verachtelijk.

'Ach, ga toch lekker rotten in de hel!' schreeuwde ze en ze liep met twee treden tegelijk de trap op.

Maar Melissa kwam achter haar aan. 'Ja hoor, stomme kleine baby, ren maar weg!'

'Hou je kop!'

'Stomme kleine baby, die mijn vriendjes afpakt en niet eens

slim genoeg is om haar eigen essay te schrijven! Wat wou je op tv gaan zeggen als je had gewonnen, Spencer? "Jazeker, ik heb elk woord zelf geschreven, want ik ben o zo slim!" Heb je bij je tentamens soms ook vals gespeeld?'

Spencer kreeg het gevoel alsof Melissa met haar lange nagels dwars over haar hart kraste. 'Hou op!' riep ze schor, bijna struikelend over een lege J. Crew-doos die haar moeder op de trap had gezet.

Toen greep Melissa haar bij haar arm en draaide haar om. Haar gezicht was vlak bij dat van Spencer; haar adem rook naar espresso. 'Stomme kleine baby wil alles wat ík heb. Maar weet je? Jij kunt niet krijgen wat ik heb; dat zal je nooit lukken, nooit!'

En toen brak alle woede die Spencer jaren in toom had gehouden los en doorstroomde haar hele lichaam. Ze werd eerst gloeiend heet, toen kletsnat en toen rillerig. Haar binnenste werd zo doordrenkt van razernij dat het begon te rimpelen. Ze klampte zich vast aan de trapleuning, greep Melissa bij haar schouders en begon aan haar te schudden alsof ze een Magische Biljartbal was. Toen duwde ze haar van zich af en krijste: 'Ik zei: ophouden!'

Melissa struikelde en greep naar de leuning. De angst stond in haar ogen te lezen.

Langzaam ontstond er een kleine barst in Spencers hersenen: in plaats van Melissa zag ze ineens Ali voor zich – ze hadden dezelfde zelfgenoegzame 'ik-ben-alles-jij-bent-niks'-uitdrukking op hun gezicht. *Jij probeert altijd alles van mij af te pakken. Maar dit krijg je niet!* Spencer rook de vochtige dauw, zag de vuurvliegjes, voelde Ali's adem vlak bij haar gezicht. En toen... maakte een merkwaardige kracht zich van haar meester: er klonk een gekwelde grom ergens diep vanuit haar binnenste, ze schoot naar voren... en toen zag ze zichzelf naar Ali reiken en haar – of was het Melissa? – met al haar kracht een enorme duw geven. Zowel Melissa als Ali viel achterover... en allebei hun hoofden maakten een akelige krak toen ze ergens tegenaan vielen.

Toen werd Spencers hoofd ineens weer helder en zag ze alleen

Melissa naar beneden vallen... vallen... vallen... de hele trap af... tot ze als een klein hoopje onderaan bleef liggen.

'Melissa!' gilde haar moeder.

En toen werd alles zwart.

29

VOLLE MAAN IN HET HOLLIS PLANETARIUM

Even na negenen strompelde Hanna naar de poort van het planetarium. Gek, maar het was nog best lastig lopen in die hofdamejurk... of zitten... of zelfs ademen...

Oké oké, het ding zat haar gewoon te strak. Ze had er een eeuwigheid over gedaan om zich erin te wurmen en nog langer om de rits ook nog dicht te krijgen. Ze had zelfs even overwogen haar moeders Spanx-korset te lenen, maar dan had ze de jurk weer moeten uittrekken en die hele rits-ellende opnieuw moeten doorstaan. Die jurk had haar zoveel tijd gekost dat ze nauwelijks tijd over had gehad voor iets anders, zoals haar make-up bijwerken, haar calorieën van vandaag optellen of haar oude telefoonnummers in haar nieuwe BlackBerry zetten.

En inmiddels leek de jurk zelfs nog te zijn gekrompen! De stof sneed overal in haar vel en hij zat rond haar heupen zo strak dat ze niet wist hoe ze hem straks omhoog moest krijgen om te plassen. Bij elke beweging hoorde ze draadjes knappen en er waren zelfs plekken – haar buik, de zijkant van haar borsten, haar billen – die, zeg maar... uitpuilden.

Oké, ze had de afgelopen dagen best veel Cheez-Its gegeten... en heel hard haar best gedaan daar niets van uit te spugen. Maar kon ze dan zo snel zijn aangekomen? Misschien was er wel iets mis met haar stofwisseling; misschien was ze wel zo'n meid geworden die al dik werd van alleen maar naar eten kíjken!

Maar ja, ze móést deze jurk nu eenmaal aan. Misschien ging hij na een tijdje dragen wel wat losser zitten, net als bij leer. Ach, op dat feest was het toch vast overal zo donker dat het niemand opviel. Maar toen ze de trap van het planetarium op waggelde, voelde ze zich toch een beetje een bevroren, champagnekleurige pinguïn.

Bij het horen van de dreunende bas binnen probeerde ze zich te wapenen. Ze was niet meer zo nerveus geweest over een feest sinds Ali's Halloween-fuif in de brugklas, toen ze nog net op het randje van het loser-dom balanceerde. Kort na haar waren Mona en haar suffige vriendinnen Chassey Bledsoe en Phi Templeton verschenen, verkleed als de drie Hobbits uit *The Lord of the Rings*. Ali had één blik op hen geworpen en ze toen weggestuurd. 'Jullie zien eruit alsof je ónder de vlooien zit,' had ze hun recht in hun gezicht uitgelachen.

Een dag later was Hanna met haar moeder naar de supermarkt gegaan en had Mona met haar vader in de rij zien staan. Op de revers van Mona's spijkerjack zat het met glittertjes afgezette pompoenspeldje uit Ali's cadeauzakje. Ze droeg het vol trots, alsof ze er helemaal bij hoorde.

Hanna voelde opeens een schuldige steek in haar buik, omdat ze Lucas had gedumpt. Hij had niet meer teruggemaild, nadat ze had afgezegd. Maar ze had toch geen andere keus? Mona had haar bij de T-Mobile zo goed als vergeven en haar toen deze jurk gestuurd. En hartsvriendinnen gingen altijd voor – zeker zo iemand als Mona.

Voorzichtig duwde ze de enorme deur met de ijzeren voorkant open. De muziek sloeg meteen als een vloedgolf over haar heen. In de grote hal zag ze blauwige ijssculpturen; iets verderop hing een reuzentrapeze; aan het plafond glinsterden planeten en boven het podium doemde een gigantisch videoscherm op – en op deze Jumbotron tuurde net een meer dan levensgrote Noel Kahn door een telescoop.

'O, mijn god,' hoorde ze achter zich. Ze draaide zich om. Bij de bar stonden Naomi en Riley. Ze droegen allebei een nauwsluitende smaragdgroene jurk en een piepklein satijnen tasje. Gniffelend achter haar hand bekeek Riley Hanna van top tot teen; Naomi schaterde het gewoon uit. Hanna had meteen geschrokken haar buik in willen trekken – ware het niet dat haar jurk dat al voor haar deed.

'Leuke jurk, Hanna,' zei Riley, zogenaamd poeslief. Met haar knalrode haar en felgroene jurk leek ze wel een omgekeerde wortel.

'Ja... staat je erg goed,' schamperde Naomi.

Hanna rechtte haar rug en beende weg. Ze ontweek een zwartgeklede serveerster met een dienblad met minikrabcrackers en probeerde er niet naar te kijken – bang dat er nog een pondje door haar mondje zou glijden. Toen keek ze toe hoe het beeld op de Jumbotron veranderde. Nicole Hudson en Kelly Hamilton – Riley en Naomi's kattige volgelingen – verschenen op het scherm. Zij droegen eveneens een strakke groene jurk met dezelfde satijnen tasjes. 'Gefeliciteerd, Mona, van je feesthofhouding!' riepen ze, al kusjes blazend.

Hanna fronste haar voorhoofd. Feesthofhouding? Nee... de hofdamejurk was niet groen, maar champagnekleurig. Toch?

Opeens week de menigte van dansende jongeren uiteen en kwam een prachtige blonde meid recht op Hanna afgestapt. Het was Mona. Zij droeg exacte dezelfde champagnekleurige Zac Posen-jurk als Hanna – de jurk die ze samen bij Saks hadden gepast. Alleen trok die van haar niet bij haar buik of kont, zat haar rits niet bobbelig of gespannen en had zij nergens uitpuilende bobbels. In plaats daarvan accentueerde Mona's jurk haar smalle middel en kwamen haar lange, elegante benen er perfect in uit.

Mona's blik aarzelde even. 'Wat doe jíj hier?' Toen bekeek ze Hanna van boven naar beneden. Haar mond vormde een weifelende glimlach. 'En hoe kom je in godsnaam aan die jurk?'

'Die heb jij me toch gestuurd?' antwoordde Hanna.

Mona keek haar aan alsof ze geschift was en wees naar Riley. 'Welnee, dát is de hofdamejurk. Ik heb voor mijn gevolg een andere gekozen: ik wilde de enige in champagne zijn, niet met zijn allen.' Ze bekeek Hanna nogmaals van top tot teen. 'En al helemaal geen walvis erbij.'

Iedereen giechelde, zelfs de serveersters en de barkeeper. Hanna zette beduusd een stap achteruit. Het was even verbluffend stil om haar heen – de dj zat net tussen twee nummers in. Mona trok haar neus op; Hanna kreeg plots het gevoel alsof er een wurgkoord om haar nek zat. Alle puzzelstukken vielen afschuwelijk en misselijkmakend op hun plek.

Natuurlijk, Mona had die jurk niet opgestuurd... dat had A gedaan!

'Ga alsjeblieft weg.' Mona kruiste haar armen voor haar borst en staarde naar de vele bobbels op Hanna's lichaam. 'Ik heb je niet uitgenodigd, weet je nog?'

Hanna deed een stap in Mona's richting. Ze wilde uitleggen hoe het zat, maar wankelde op haar hoge gouden Jimmy Choohakken: ze voelde haar enkel omzwikken, haar benen onder haar uitglijden en haar knieën de grond raken. En nóg erger: vervolgens hoorde ze een luid, onmiskenbaar rrrrrt... en haar achterste voelde opeens een stuk minder opgesloten... En toen ze zich omdraaide om de schade op te nemen, scheurde ook de zijnaad nog: de hele zijkant van de jurk barstte open, van haar ribbenkast tot aan haar heup, waardoor iedereen ineens de dunne kanten bandjes van haar Eberjey-beha en -string kon zien.

'Mijn god!' gilde Riley en iedereen barstte in lachen uit. Hanna trachtte zichzelf te bedekken, maar wist niet waar ze moest beginnen. En Mona stond daar maar en deed niets – als een mooie, ongenaakbare koningin in een perfect passende jurk. Het was moeilijk voor te stellen dat Hanna en Mona nog maar een paar dagen geleden van elkaar hielden, zoals alleen hartsvriendinnen dat konden.

Mona zette haar handen op haar heupen en keek naar de anderen. 'Kom, meiden,' snoof ze. 'Dit rampgebied is onze tijd niet waard.'

Hanna's ogen vulden zich met tranen. De menigte begon zich weer te verspreiden; iemand struikelde over haar en morste wat lauw bier over haar benen. *Dit rampgebied is onze tijd niet waard* echode het door haar hoofd. Maar toen bedacht ze iets.

Weet je nog toen je Mona uit de Bill Beach-kliniek voor plastische chirurgie zag komen? Lipootje!

Hanna duwde zich omhoog op de ijskoude marmeren vloer. 'Hé, Mona!'

Mona draaide zich om en keek haar aan.

Hanna haalde diep adem. 'Je ziet er een stuk dunner uit... sinds ik je bij Bill Beach de deur uit zag komen... voor je lipootje...'

Mona hield haar hoofd schuin. Maar ze keek niet ontzet of beschaamd... alleen verbaasd. Ze snoof en rolde met haar ogen. 'Ach Hanna... doe toch niet zo zielig.'

En ze gooide haar haar over haar schouder en zigzagde naar het podium. Er stond algauw weer een muur van mensen tussen hen in. Hanna kroop overeind – de scheur aan haar zijkant met haar ene hand bedekkend, die op haar achterste met de andere. En toen... zag ze het: haar gezicht – wel duizend keer zo groot – op de Jumbotron, gevolgd door een lang shot van boven naar beneden over haar jurk. Het vet onder haar armen lilde, de randen van haar string tekenden zich af onder de strakke stof... Toen deed de Hanna op het scherm een stap richting Mona en kieperde om. De camera ving precies het moment dat haar jurk openspleet...

Ze slaakte een gil en sloeg haar handen voor haar ogen. Het geschater om haar heen voelde als scherpe naaldjes die haar hele huid tatoeëerden.

Toen voelde ze een zachte hand op haar rug. 'Hanna?'

Ze gluurde tussen haar vingers door. 'Lucas?'

Hij droeg een donkere broek, een T-shirt van Atlantic Records en een krijtstreepjasje; zijn vrij lange, blonde haar zat wild. En de blik op zijn gezicht zei haar dat hij alles had gezien.

Hij trok zijn jasje uit en gaf het haar. 'Hier, doe dat maar aan. En laten we dan gauw eens zorgen dat jij hier wegkomt.'

Op dat moment beklom Mona het podium. Een verwachtingsvolle siddering trok door het publiek. Als dit een normaal feest was geweest, dan had Hanna helemaal vooraan in het midden gestaan, klaar om los te barsten op de muziek. Nu nam ze dankbaar Lucas' arm aan.

30

VERANDERING IS GOED… MAAR NIET ALTIJD

Het was zaterdagavond. Emily had haar gehuurde schaatsen zo strak vastgemaakt dat ze haar voeten amper nog voelde. 'Niet te geloven dat je drie paar sokken aan moet,' klaagde ze tegen Becka, die naast haar op de bank het witte paar schaatsen zat aan te trekken dat ze van huis had meegenomen.

'Ik weet het,' was Becka het met haar eens, terwijl ze haar kanten haarband rechttrok. 'Maar dan krijg je tenminste geen koude voeten.'

Emily strikte haar veters. Het was maar een graad of tien op de schaatsbaan, maar ze droeg enkel een Rosewood-zwemclub-T-shirt met korte mouwen. Ze voelde zich zo verdoofd dat de kou haar niets kon schelen. Onderweg hiernaartoe had ze Becka verteld dat ze maandag haar eerste Tree Top-sessie had. Becka leek daar eerst een beetje van te schrikken, maar toen had ze meteen weer vrolijk gedaan. Veel meer had Emily niet gezegd; ze zat alleen maar te bedenken hoeveel liever ze bij Maya zou zijn.

Maya… Als ze haar ogen sloot, zag ze steeds weer Maya's boze gezicht in de plantenkas voor zich. Haar mobieltje had de hele dag gezwegen. Ergens wilde ze dat Maya haar belde, om te proberen haar weer voor zich te winnen; aan de andere kant wilde ze dat ook weer niet. Ze probeerde het van de positieve kant te bekijken: nu haar ouders zagen dat ze zich echt inzette voor Tree Tops, waren ze weer veel liever tegen haar. En vanochtend tijdens de zwemtraining had coach Lauren haar verteld dat die zwemcoach van de universiteit van Arizona haar nog steeds wilde zien. Ook probeerden alle jongens van het zwemteam haar nog steeds te versieren en uit te nodigen voor hot-tubfeestjes en zo, maar dat was altijd nog beter dan dat ze haar uitlachten. En toen ze terugreden van de training, had Carolyn gezegd: 'Leuke cd,' toen ze een oudje van No Doubt in de cd-speler had gestopt. Ach, het wás een begin.

Ze keek naar de schaatsbaan. Net na Het Voorval Met Jenna waren zij en Ali hier praktisch elk weekend naartoe gegaan. Het was er nog niets veranderd: de blauwe banken waar je je schaatsen op kon aantrekken, dat apparaat voor warme chocolademelk die naar aspirine smaakte, die reusachtige plastic ijsbeer die je bij de hoofdingang begroette... Het zag er allemaal zo griezelig nostalgisch uit dat ze bijna verwachtte Ali te zien zwieren, oefenend op haar achterwaartse overstap. Maar vanavond was de ijsbaan bijna leeg. Er waren wel wat groepjes kinderen, maar niemand van haar leeftijd. Iedereen was natuurlijk op Mona's feest – waar zijzelf in een parallel universum ook naartoe zou zijn gegaan.

'Becka?'

Emily en Becka keken allebei op. Voor hen stond een lang meisje met korte donkere krullen, een dopneus en lichtbruine ogen. Ze droeg een roze A-lijnjurk, een witte kabelmaillot, een dunne parelarmband en knalroze lipgloss. Aan haar polsen bungelde een paar witte schaatsen met regenboogkleurige veters.

'Wendy!' riep Becka uit, terwijl ze opstond. Je kon zien dat ze Wendy eigenlijk wilde omhelzen, maar toen corrigeerde ze zichzelf en deed zelfs een stapje achteruit. 'J-jij... jij hier?'

Wendy glimlachte breed. 'Wauw, Becks, je ziet er... fantastisch uit.'

Becka glimlachte schaapachtig. 'Jij ook.' Ze inspecteerde Wendy bijna ongelovig – alsof ze was opgestaan uit de dood. 'Je hebt je haar laten knippen!'

Wendy voelde er verlegen aan. 'Is het te kort?'

'Nee, joh!' zei Becka snel. 'Staat je heel leuk.'

En zo stonden ze maar te grijnzen en te giechelen. Dus kuchte Emily maar eens. Becka keek haar aan. 'O ja, dit is Emily, mijn nieuwe Tree Tops-vriendin.'

Emily schudde Wendy's hand. Haar korte nagels waren parelmoerroze gelakt en er zat een Pokémon-stickertje op haar duim.

Wendy ging zitten en begon haar schaatsen aan te trekken.

'Gaan jullie vaak schaatsen?' vroeg Emily. 'Omdat jullie allebei je eigen schaatsen hebben.'

'Vroeger wel,' zei Wendy met een vlugge blik naar Becka. 'We hebben samen les gehad... nou ja, soort van...'

Becka giechelde; Emily keek haar verward aan. 'Wat is er nou?'

'O, niks,' zei Becka. 'Alleen... weet je nog, Wendy, van die schaatsverhuurbalie?'

'Mijn god!' Wendy sloeg een hand voor haar mond. 'De blik van die jongen!'

Okééé... Emily kuchte nog maar een keer. Becka hield onmiddellijk op met lachen, alsof ze zich ineens weer realiseerde waar ze was – of misschien wel wíé ze was.

Toen Wendy haar schaatsen aanhad, stapten ze samen het ijs op. Wendy en Becka begonnen meteen rondjes te draaien, achteruit te schaatsen en zo. Emily, die alleen maar een beetje krampachtig vóóruit kon, voelde zich bij hen maar een domme stuntel.

Even zwegen ze alledrie; Emily luisterde naar het gekras van hun schaatsen op het ijs.

'Heb jij nog steeds iets met Jeremy?' vroeg Wendy uiteindelijk aan Becka.

Becky beet op een punt van haar wollen want. 'Niet echt.'

'Wie is Jeremy?' vroeg Emily, een blond meisje in een Brownie-uniform ontwijkend.

'O, een jongen die ik bij Tree Tops heb ontmoet,' antwoordde Becka met een ongemakkelijke blik naar Wendy. 'We hebben een maand of twee verkering gehad. Maar het werkte niet echt.'

Wendy trok haar schouders op en duwde een haarlok achter haar oor. 'Ja, ik had verkering met een meisje uit mijn geschiedenisklas, maar dat werd ook niks. En volgende week heb ik een blind date. Maar ik weet nog niet of ik ga: ze schijnt van hiphop te houden.' Ze trok haar neus op.

Emily realiseerde zich ineens dat Wendy 'ze' had gezegd en niet 'hij'. Maar voor ze ernaar kon vragen, schraapte Becka haar keel. Haar gezicht stond gespannen. 'Ik ga misschien ook op een blind date,' zei ze, luider dan normaal. 'Met een andere jongen van Tree Tops.'

'Nou, veel succes dan maar,' zei Wendy stijfjes en ze maakte aanstalten om weer voor hen uit te gaan schaatsen. Ze liet Becka's blik echter niet los, noch Becka de hare. En toen ze naast elkaar wegschaatsten, leek het wel of hun handen elkaar met opzet raakten.

Toen werden opeens de lichten gedimd en werd een discobol vanaf het plafond naar beneden gelaten. Overal op het ijs dansten plots gekleurde lichtjes. Op een paar stelletjes na strompelde iedereen het ijs af. 'Liefdesdans,' klonk een Isaac Hayesachtige stem door de speakers. 'Pak degene van wie je houdt.'

Terwijl 'Unchained Melody' uit de boxen schalde, ploften ze met zijn drieën op een van de banken. Ali had een keer opgemerkt dat ze het zat was om de liefdesdans steeds te moeten uitzitten. Ze had haar hand uitgestoken en gezegd: 'Zullen wij samen schaatsen, Em?' Emily zou nooit vergeten hoe het had gevoeld om haar armen om Ali heen te slaan; om de zoete, Granny Smith-geur van Ali's hals te ruiken; om in Ali's handen te knijpen als ze haar evenwicht verloor; om per ongeluk met haar arm langs Ali's blote huid te strijken.

En ze vroeg zich af of ze zich die belevenis volgende week ánders zou herinneren. Zou Tree Tops die gevoelens uit haar gedachten wissen – net zoals de Zamboni-machine alle krassen en kerven van het schaatsen uit het ijs wegpoetste?

'Zo terug,' mompelde ze en ze stommelde onhandig op haar schaatsen naar het toilet. Ze liet er gloeiend heet water over haar handen lopen en staarde naar zichzelf in de streperige spiegel. Kiezen voor Tree Tops was de juiste beslissing, zei ze tegen haar spiegelbeeld. Het was de énige beslissing. Na Tree Tops ging ze waarschijnlijk – net als Becka – gewoon met jongens uit. Toch?

Toen ze terugkwam, zag ze dat Becka en Wendy er niet meer zaten. Ze plofte op de lege plek neer. Ze waren vast even iets te eten halen. Ze tuurde naar de romantisch verlichte baan. Ze zag stelletjes hand in hand schaatsen, stelletjes die elkaar tijdens het schaatsen probeerden te zoenen... Eén koppel had het ijs zelfs niet eens gehaald, die waren blijven steken bij een van de ingangen – het meisje woelde door de donkere krullen van de jongen.

Het langzame nummer eindigde abrupt, de tl-buizen sprongen weer aan. Emily keek naar het koppel bij de ingang... en haar ogen werden steeds groter. Het meisje droeg een wel heel bekende kanten haarband, ze hadden allebei witte schaatsen, die van de jongen hadden regenboogkleurige veters en hijzelf... was gekleed in een roze A-lijnjurkje.

Becka en Wendy zagen Emily precies tegelijk. Becka's mond vormde een geschokt rondje; Wendy keek snel de andere kant op; Emily begon te trillen.

Becka kwam naar haar toe. Ze blies een ijskoud wolkje uit. 'Dat zal ik moeten uitleggen, hè?'

Het ijs rook koud, naar sneeuw; iemand had een rode kinderwant op de bank naast de hunne laten liggen; op de ijsbaan vloog een kind voorbij. Het riep: 'Ik ben een vliegtuig!' Emily staarde Becka aan. Er lag een steen op haar borst.

'Ik dacht dat Tree Tops werkte,' zei ze kalm.

Becka streek met haar handen door haar lange haar. 'Dat dacht ik dus ook! Maar toen ik daarnet Wendy weer zag... nou ja, ik denk dat je het wel snapt.' Ze trok de manchetten van haar Fair Isle-trui tot over haar handen. 'Misschien kun je toch niet echt veranderen.'

Een warme gloed verspreidde zich door Emily's buik. De gedachte dat Tree Tops iets zo wezenlijks van haar kon veranderen, had haar angst ingeboezemd. Het leek zo vreselijk in te druisen tegen alle principes van... tja, van haar hele mens-zijn eigenlijk.

Maar het kon dus niet. Maya en Becka hadden gelijk: je kón helemaal niet veranderen hoe je was.

Maya... Ze sloeg haar hand voor haar mond. Ze moest Maya spreken – nu meteen. 'Eh, Becka...' zei ze kalm. 'Wil jij iets voor mij doen?'

Becka's blik verzachtte. 'Natuurlijk.'

Emily schaatste naar de uitgang. 'Ik wil dat je me naar een feest brengt. Nu. Er is daar namelijk iemand die ik móét zien.'

31

MET DE STERKE ARM DER WET VALT NIET TE SPOTTEN

Aria kneep haar ogen halfdicht voor de lens van haar Sony Handycam, terwijl Spencer de nepdiamanten kroon op haar hoofd rechtzette. 'Hé jongens,' fluisterde Spencer, terwijl ze naar een LG-klapmobieltje sloop dat met de goede kant naar boven op de leren bank van de familie Hastings lag. 'Willen jullie haar sms'jes ook lezen?'

'Ikke wel,' fluisterde Hanna.

Emily stond op van de armleuning van de leren bank. 'Ik weet het niet, hoor...'

'Ah, kom op! Willen jullie dan niet weten wie haar net sms'te?' wilde Spencer weten.

Spencer, Hanna en Emily bogen zich over Ali's mobieltje; Aria haalde de camera van het statief en kwam ook dichterbij. Ze wilde het allemaal op film vastleggen: alle geheimen van Ali. Ze zoomde net in voor een goed shot van het schermpje van de telefoon, toen er een stem uit de gang klonk.

'Zaten jullie soms in mijn mobieltje te gluren?' gilde Ali, terwijl ze de kamer binnen beende.

'Natuurlijk niet!' riep Hanna uit. Ali keek even naar haar mobieltje op de bank, maar richtte haar aandacht toen op Melissa en Ian, die net binnenkwamen.

'Ha meiden!' riep Ian, terwijl hij de woonkamer binnenstapte. Hij wierp een blik op Spencer. 'Leuke kroon.'

Aria keerde terug naar haar statief. Spencer, Ian en Ali kropen samen op de bank; Spencer begon met haar rol als talkshowpresentatrice.

Maar toen liep plots een tweede Ali recht op de camera af. Haar huid zag grauw, haar irissen waren groot en pikzwart en haar knalrode lippenstift zat raar kronkelig rónd haar mond, als bij een clown.

'Aria...' commandeerde Ali's dubbelgangster, turend in de lens. 'Kijk dan! Het antwoord ligt vlak voor je neus.'

Aria trok een diepe rimpel in haar voorhoofd. De rest van de scène verliep zoals altijd: Spencer ondervroeg Ian over basejumpen, Melissa werd steeds pissiger terwijl ze met hun afhaaleten in de weer was, de andere Ali – de normaal uitziende op de bank – zat verveeld voor zich uit te kijken. 'Hoe bedoel je?' fluisterde Aria tegen de Ali voor haar lens.

'Het ligt vlak voor je neus,' herhaalde Ali. 'Kijk dan goed!'

'Oké oké,' zei Aria haastig en ze keek nogmaals de kamer in. Spencer hing zowat tegen Ian aan en hing aan zijn lippen; Hanna en Emily stonden tegen het dressoir geleund, zo te zien kalm en relaxed. Waar moest ze naar kijken?

'Ik begrijp het niet!' riep ze klaaglijk.

'Maar het lígt er gewoon!' schreeuwde Ali terug. 'Vlak voor je neus!'

'Ik weet niet wat ik doen moet!' protesteerde Aria hulpeloos.

'Gewoon: goed kijken!'

En toen zat ze ineens rechtop in bed. Het was donker in de kamer. Het zweet stroomde over haar gezicht, haar keel deed pijn. En toen ze naast zich keek... lag daar Ezra, op zijn zij. Ze schrok.

'Al goed, al goed,' mompelde Ezra en hij sloeg een arm om haar heen. 'Het was maar een droom. Je bent nu veilig.'

Aria knipperde met haar ogen en keek om zich heen. Ze was helemaal niet in de woonkamer van de familie Hastings, maar lag onder een deken op Ezra's bed. Zijn slaapkamer, die aan de woonkamer grensde, rook naar mottenballen en eau de cologne, zoals alle huizen in Old Hollis. Een licht, vredig briesje blies tegen de rolgordijnen; op het bureau begon het verende hoofd van een William Shakespeare-beeldje te knikken. Ezra's armen lagen om haar heen; zijn blote voeten wreven over haar enkels.

'Was het een enge droom?' vroeg hij. 'Je gilde het uit.'

Aria gaf niet meteen antwoord. Probeerde die droom haar soms iets te vertellen? 'Het gaat alweer,' zei ze. 'Gewoon zo'n rare nachtmerrie.'

'Ik schrok ervan,' zei Ezra en hij hield haar stevig vast.

Terwijl ze luisterde naar de houten windgong die buiten vlak bij het raam hing, wachtte Aria tot haar ademhaling weer normaal was. Ineens viel haar op dat Ezra's bril scheef stond. 'Ben jij met je bril op in slaap gevallen?'

Zijn hand ging naar zijn neus. 'Ik denk het,' zei hij schaapachtig. 'Gebeurt me wel vaker.'

Ze boog zich naar hem toe om hem te kussen. 'Wat ben je toch een rare!'

'Niet half zo raar als jij, gillende keukenmeid!' plaagde hij en hij trok haar boven op zich. 'Wacht maar, ik pak je!' en hij begon haar te kietelen.

'Neeeee!' gilde Aria en ze probeerde zich los te wurmen. 'Hou op!'

'Echt niet!' bulderde Ezra. Maar zijn gekietel veranderde algauw in knuffelen en toen zoenen. Aria sloot haar ogen en liet zijn handen over haar lichaam dwalen. Maar toen plofte hij weer terug op zijn hoofdkussen. 'Ik wou dat we gewoon ons boeltje konden pakken en ergens anders konden gaan wonen.'

'Mmm... ik ken IJsland behoorlijk goed,' opperde Aria. 'Of wat dacht je van Costa Rica? Nemen we een aap als huisdier. Of Capri... beetje rondhangen bij de Blauwe Grotten.'

'Ja, Capri... daar heb ik altijd al naartoe gewild,' zei Ezra zacht. 'We zouden er op het strand kunnen gaan wonen en gedichten schrijven.'

'Als onze apen dan maar mee mogen schrijven,' bedong Aria.

'Uiteraard,' zei Ezra en hij gaf een kus op het puntje van haar neus. 'We nemen zoveel apen als je maar wilt.' Hij kreeg een afwezige blik in de ogen, alsof hij het werkelijk overwoog. De vlinders in Aria's buik fladderden naar hartenlust: ze had zich nog nooit zo gelukkig gevoeld. Het voelde zo... goed. Ze zouden wel zorgen dat dit ging werken. En zij... zij kwam er wel uit wat ze met de rest van haar leven wilde – met Sean, A, haar ouders... Morgen.

Ze kroop dicht tegen Ezra aan. Ze begon net weer weg te dommelen, mijmerend over dansende apen en zandstranden, toen er opeens hard op de voordeur werd gebonsd. En voordat een van hen beiden iets kon doen, vloog de deur al open en stormden twee politiemannen het appartement binnen. Aria slaakte een kreet; Ezra vloog rechtop en trok zijn boxershort (met plaatjes van gebakken eieren, worstjes en pannenkoeken en *Smakelijk eten!* op de heupband) goed. Aria verstopte zich gauw onder de dekens; ze droeg enkel een groot Hollis University T-shirt van Ezra, dat amper tot haar bovenbenen reikte.

De agenten stampten via Ezra's woonkamer de slaapkamer binnen en beschenen met hun zaklamp eerst Ezra en toen Aria. Aria trok de dekens nog wat strakker om zich heen en keek waar op de grond haar kleren en ondergoed lagen. Alles was weg.

'Bent u Ezra Fitz?' wilde de ene agent weten, een potige kerel met Popeye-armen en strak zwart haar.

'Eh... ja,' stamelde Ezra.

'En u geeft les op Rosewood Day?' vroeg Popeye. 'Is dit het meisje? Uw léérlinge?'

'Wat is hier in godsnaam aan de hand?' piepte Ezra.

'U staat onder arrest.' Popeye haakte de zilverkleurige handboeien los van zijn riem. De andere agent, die een stuk kleiner en dikker was, met een glimmende huid die Aria alleen maar kon omschrijven als 'hamkleurig', begon aan Ezra te sjorren. Hij trok de versleten, grauwe deken met zich mee, waardoor Aria's benen bloot kwamen te liggen. Met een gil liet ze zich aan de andere kant van het bed vallen. Ze vond een geruite pyjamabroek die achter de radiator was gepropt. Zo snel als ze kon, stak ze haar benen erin.

'U hebt het recht te zwijgen,' begon Hamkop. 'Alles wat u zegt, kan en zál voor de rechtbank tégen u worden gebruikt.'

'Wacht!' schreeuwde Ezra.

Maar de agenten luisterden niet naar hem. Hamkop draaide Ezra om en klikte de boeien om zijn polsen. Hij wierp een walgende blik op het bed. Ezra's spijkerbroek en T-shirt lagen op een rommelig hoopje bij het hoofdeinde van het bed. Toen zag Aria opeens haar in België op maat gemaakte zwartkanten beha aan een van de bedstijlen hangen. Ze trok hem er vlug vanaf.

Toen duwden de agenten Ezra via de woonkamer naar de voordeur (die heel gevaarlijk aan nog maar één scharnier hing). Aria rende achter hen aan, zonder moeite te doen haar geblokte Vans aan te trekken, die ergens in de buurt van de tv in de tweede balletpositie op haar stonden te wachten. 'Dit kunnen jullie niet maken!' riep ze.

'Bij jou komen we zo, meisje,' gromde Popeye.

In de grauwe, slecht verlichte hal aarzelde Aria even. De agenten hielden Ezra vast alsof hij een magere, in boxershort gestoken geestelijk gestoorde was. Hamkop trapte de hele tijd op Ezra's knobbelige blote voeten. Hierdoor hield Aria alleen maar meer van hem.

Pas toen ze de deur uit stuntelden, de veranda op, realiseerde ze zich dat er nog iemand in de hal was. Haar mond viel open.

'Sean,' stamelde ze. 'W-wat... doe jij hier?'

Ineengedoken tegen de grijze muur met brievenbussen keek hij haar ontzet en teleurgesteld aan. 'Wat doe jíj hier?' kaatste hij haar vraag terug, met een veelbetekenende blik op de veel te grote pyjamabroek, die elk moment op haar enkels kon zakken. Ze trok hem snel omhoog.

'Dat wilde ik je nog uitleggen,' mompelde Aria.

'O ja?' zei Sean fel, met zijn handen op zijn heupen. Hij keek venijnig, geniepig – totaal niet de zachte Sean die zij kende. 'Hoelang heb je al wat met hem?'

Aria staarde zwijgend naar een op de grond gevallen reclamekrantje van de Acme-supermarkt.

'Ik heb al je spullen ingepakt,' vervolgde Sean, zonder haar antwoord af te wachten. 'Het staat allemaal op de veranda. Want ik wil jou dus niet meer bij ons in huis hebben!'

'Maar Sean...' zei Aria zwakjes. 'Waar moet ik dán naartoe?'

'Da's mijn probleem niet,' beet hij haar toe. En toen stormde hij de deur uit.

Aria voelde zich opeens licht in het hoofd. Door de open voordeur zag ze hoe de agenten Ezra over het voorpad leidden en een politiewagen in duwden. Toen ze het achterportier hadden dichtgesmeten, keek Ezra richting zijn huis. Hij keek naar Aria, naar Sean en toen weer terug – hij voelde zich duidelijk verraden.

Er sprong een lampje aan in Aria's hoofd. Ze rende achter Sean aan de veranda op en greep hem bij zijn arm. 'Jíj bent degene die de politie heeft gebeld, hè?'

Sean kruiste zijn armen voor zijn borst en wendde zijn hoofd af. Duizelig en misselijk klampte Aria zich vast aan de roestige, blauwgrijze leuning van de verandatrap.

'Nou, toen ik dit kreeg...' Sean haalde zijn mobieltje tevoorschijn en hield het vlak voor haar gezicht. Op het schermpje stond een foto van Aria en Ezra, zoenend in Ezra's kantoortje. Sean drukte op een pijltjestoets en er verscheen een identieke foto, maar dan vanuit een andere hoek. 'Toen dacht ik dat ik het gezag maar beter kon laten weten dat er een leraar was die met een leerling rommelde.' Vooral bij het woordje 'leerling' krulden zijn lippen zich vol afkeer. 'En nog wel ín school,' voegde hij eraan toe.

'Ik wilde jou geen pijn doen,' fluisterde Aria. En toen zag ze het sms-bericht dat bij de laatste foto hoorde. De hele wereld begon te tollen.

Beste Sean, ik geloof dat iemands vriendinnetje HEEL WAT uit te leggen heeft. –A

32

NIET-ZO-GEHEIME MINNAARS

‘En ze lebberden elkaar helemaal af!’ Emily nam een enorme slok van de sangria, die Maya voor hun tweetjes bij de bar van het planetarium had gehaald. ‘Ik ben de hele tijd bang geweest dat ze je inderdaad konden veranderen... maar dat blijkt dus allemaal nep! Mijn mentor is gewoon weer terug bij haar vriendin!’

Maya trok een gekke bek en gaf Emily een por. ‘Dacht jij werkelijk dat ze je konden veranderen?’

Emily leunde achterover. ‘Ja. Stom, hè?’

‘Ja,’ zei Maya met een brede grijns. ‘Maar ik ben ook blij dat het niet werkt, hoor.’

Ongeveer een uur geleden hadden Becka en Wendy Emily bij Mona’s feest afgezet. Ze was meteen overal gaan zoeken naar Maya – als de dood dat ze al weg was... of erger nog: dat ze al een ander had. Ze had haar echter in haar eentje gevonden, bij het hokje van de dj, gekleed in een zwart-wit gestreept jurkje en lakleren Mary Jane-schoenen en met witte vlinderspeldjes in haar opgestoken haar.

Ze waren meteen naar buiten gevlucht, naar een stukje gazon in de tuin van het planetarium. Vandaar konden ze het feest door de twee verdiepingen hoge matglazen ramen nog wel zíén voortrazen, maar niet meer horen. De tuin stond vol met lommerrijke bomen, in de vorm van planeten gesnoeide struiken en telescopen. Aan de andere kant van de binnenplaats zaten een paar feestgangers te roken en te lachen en bij de grote struik in de vorm van Saturnus lag een stelletje te vrijen, maar Emily en Maya zaten redelijk privé. Ze hadden nog niet gezoend, maar zaten gewoon omhoog te kijken naar de hemel. Het was ongeveer middernacht – normaal gesproken de tijd dat Emily naar huis moest, maar ze had haar moeder gebeld en gezegd dat ze vannacht bij Becka bleef slapen. Becka had beloofd dit verhaal, indien nodig, te bevestigen.

'Kijk,' zei Emily, wijzend naar de sterren. 'Daarzo... is het niet net alsof die sterren, als je er lijntjes tussen trekt, samen een E vormen?'

'Waar?' zei Maya met halfdicht geknepen ogen.

Emily stuurde Maya's kin in de juiste richting. 'En er direct naast staan sterren die samen een M vormen.' Ze glimlachte in het donker. 'E en M... Emily en Maya... dat moet toch een teken zijn.'

'Ach, jij met je tekenen altijd,' lachte Maya. Ze zaten een poosje tevreden samen te zwijgen.

'Ik was woest op je,' zei Maya toen zacht. 'Het zomaar uitmaken in die oven! En me daarna zelfs weigeren aan te kijken in die plantenkas!'

Emily gaf, al turend naar de sterrenbeelden, een kneepje in Maya's hand. Een vliegtuig vloog over, zeker driehonderd meter hoger. 'Het spijt me,' zei ze. 'Ik weet dat ik niet echt eerlijk ben geweest.'

Maya keek Emily aan. Op haar voorhoofd, wangen en neus blonk bronskleurig glitterpoeder; Emily vond haar mooier dan ooit. 'Mag ik je hand vasthouden?' fluisterde ze.

Emily keek naar haar ruwe, vierkante handen – handen die potloden, kwasten en krijtjes hadden vastgeklemd; die de startblokken vastgrepen voor een wedstrijd; die vorig jaar tijdens de reünieparade van de zwemclub een ballon hadden vastgeklampt; die de hand van haar vriendje Ben hadden vastgehouden... en zelfs die van Maya. Maar ditmaal leek het anders, officiëler. Ditmaal was het echt.

Ze wist dat ze niet alleen waren. Maar Maya had gelijk: ze wisten het allemaal toch al. Het moeilijkste hadden ze al achter de rug en dat had ze overleefd. Met Ben was ze totaal niet gelukkig geweest en ze had ook niemand voor de gek kunnen houden met Toby. Misschien moest dit inderdaad maar gewoon in de openbaarheid. Zodra Becka het had gezegd, had ze geweten dat ze gelijk had: je kón niet veranderen hoe je was. En dat idee vond ze eigenlijk net zo beangstigend als spannend.

Ze wreef over Maya's hand – eerst zacht, toen wat harder. 'Ik hou van je, Em,' zei Maya en ze gaf een kneepje terug. 'Heel erg veel.'

'Ik ook van jou,' herhaalde Emily, bijna automatisch. En toen pas besefte ze dat het waar was: ze hield van Maya, meer dan van wie ook – zelfs meer dan van Ali. Ze had Ali gezoend... en heel, heel kort had Ali haar teruggezoend... totdat ze zich vol walging had teruggetrokken en gauw was begonnen over een jongen op wie ze helemaal verkikkerd was – maar wiens naam ze niet wilde verklappen, omdat Emily dan vast 'over de rooie ging'. Nu vroeg Emily zich af of die jongen eigenlijk wel had bestaan: misschien had Ali hem maar gauw verzonnen, om te overschreeuwen dat zij Emily heel even echt had gezoend: *Nee hoor, ik ben verdorie geen lesbo... écht niet!*

Al die jaren had ze gefantaseerd hoe het zou zijn gelopen als Ali toen niet was verdwenen; als die zomer en hun vriendschap gewoon waren verdergegaan. Nu besefte ze ineens: het wás helemaal niet verdergegaan. Als Ali niet was verdwenen, waren ze gewoon steeds verder uit elkaar gedreven. Maar misschien had zij toch wel haar weg naar Maya gevonden...

'Gaat het wel?' vroeg Maya, toen ze merkte dat Emily wel erg stil werd.

'Ja hoor.'

Ze zaten een paar minuten zwijgend elkaars hand vast te houden. Toen richtte Maya zich ineens op en keek fronsend naar het planetarium. Emily volgde haar blik. Binnen stond een schimmige figuur naar hen te kijken. Toen hij op het matglas tikte, maakte Emily een sprongetje van schrik.

'Wie is dat?' bromde ze.

'Geen idee,' zei Maya, terwijl ze haar ogen tot spleetjes kneep, 'maar we zullen het zo weten, want hij komt naar buiten.'

Elke haar op Emily's lichaam ging rechtop staan. Was het A? Ze vloog op. Maar toen hoorde ze een stem die ze maar al te goed kende: 'Emily Catherine Fields... hier komen!'

Maya's mond viel open. 'O, mijn god!'

En toen stapte Emily's moeder onder een van de spots in de binnentuin. Haar haar zat wild, ze had geen spoortje make-up op, ze droeg een haveloos T-shirt en een van de veters van haar gympen zat los. Ze zag er bespottelijk uit, te midden van al die fraai uitgedoste feestgangers – van wie een paar haar dan ook verbijsterd stonden aan te gapen.

Emily stond stuntelig op uit het gras. 'W-wat doe jij hier?'

Mevrouw Fields greep Emily bij haar arm. 'Dit geloof je toch niet! Een kwartier geleden kreeg ik een telefoontje dat je bij háár zou zijn. Maar ik – domme ik – geloofde het niet! Ik zei dat het een leugen was!'

'Mam, ik kan alles uitleggen!'

Haar moeder zweeg en begon in de lucht voor Emily's gezicht te snuffelen. Ze sperde haar ogen open. 'En je hebt nog gedronken ook!' schreeuwde ze woest. 'Wat is er toch met jou gebéúrd, Emily?' Ze keek kort naar Maya, die onbeweeglijk op het gras zat – alsof Emily's moeder haar had bevroren. 'Je bent mijn dochter niet meer!'

'Mam!' gilde Emily. Haar moeder had haar net zo goed met een krultang in het oog kunnen steken. Die uitspraak klonk zo... gerechtvaardigd, zo bindend... zo definitief.

Haar moeder sleurde haar naar het hekje, dat van de binnentuin naar een steegje leidde, dat weer op de straat uitkwam. 'Zodra we thuis zijn, bel ik Helene.'

'Nee!' Emily rukte zich los en keek haar moeder aan. Ze stond half gebogen, zoals een sumoworstelaar die zich breed maakt voor een gevecht. 'Hoe kun je dat zeggen, dat ik je dochter niet meer ben?' krijste ze. 'Hoe kún je mij gewoon wegsturen?'

Mevrouw Fields graaide weer naar haar arm, maar Emily's gympen bleven achter een losse graspol steken, waardoor ze achteroverviel, met haar stuitbeen op de grond. Een verblindende, felwitte pijn flitste door haar hele lichaam.

Toen Emily haar ogen weer opende, hing haar moeder boven haar. 'Sta op! We gaan!'

'Nee!' brulde ze en ze probeerde op te staan, terwijl haar moeders nagels zich in haar arm boorden. Ze verzette zich hevig, maar ze wist dat het hopeloos was. Ze wierp een laatste blik op Maya, die zich nog steeds niet had verroerd. Haar ogen waren zo groot als schoteltjes en stonden vol tranen; ze zag er heel iel en eenzaam uit. Ik zie haar misschien nooit meer, dacht Emily. Dit kan weleens Het Laatste Beeld zijn.

'Wat is er toch zo erg aan?' gilde ze naar haar moeder. 'Wat is er zo erg aan anders zijn dan anderen? Hoe kan het dat je me daarom haat?'

Haar moeder sperde haar neusgaten, balde haar vuisten en opende haar mond al om iets terug te schreeuwen. Maar toen leek opeens alle lucht uit haar weg te lopen. Ze wendde haar hoofd af en stootte een geluidje uit, dat ergens diep vanuit haar keel leek te komen. Van het ene op het andere moment leek ze volkomen uitgeput... bang... beschaamd. Zo zonder make-up en in haar pyjama zag ze er erg kwetsbaar uit. Haar ogen waren rood, alsof ze heel lang had zitten huilen. 'Alsjeblieft... laten we hier gewoon weggaan.'

Emily wist niets anders meer te doen dan haar moeder te volgen door de lege, donkere steeg naar de parkeerplaats, waar ze de bekende Volvo al zag staan. De parkeerwacht keek mevrouw Fields aan en schonk Emily toen een misprijzende grimas, alsof haar moeder hem had uitgelegd waarom ze haar dochter van dit feest kwam plukken.

Emily kroop op de voorbank. Haar blik viel op het gelamineerde horoscooprad in de deur van de auto, waarmee je het jaar kon voorspellen voor elk teken van de dierenriem. Ze trok het tevoorschijn, zette het op haar sterrenbeeld – stier – en keek naar de voorspelling voor oktober. *Uw liefdesrelaties zullen rustiger en bevredigender worden. Zij hebben in het verleden misschien gezorgd voor problemen met anderen, maar van nu af aan zal alles gladjes verlopen.*

Ha ha!, dacht Emily en ze gooide het horoscooprad door het open raam naar buiten. Ze geloofde niet meer in horoscopen, tarotkaarten of welke tekenen, signalen of wat dan ook, die beweerden dat alles een reden had. Wat was híér dan de reden van?

Er trok een huivering door haar lichaam. *Een kwartier geleden kreeg ik een telefoontje dat je bij háár zou zijn.*

Met bonzend hart begon ze in haar tas te zoeken. Ze had één nieuw bericht, dat al bijna twee uur in haar inbox stond.

> Em, ik zie je! En als je niet gauw ophoudt, bel ik je-weet-wel-wie.
> –A

Ze sloeg haar handen voor haar ogen. Waarom vermoordde A haar niet gewoon?

33

IEMAND MAAKT EEN UITGLIJER – EN NIET ZO'N KLEINTJE OOK

Lucas gaf Hanna een gekrompen Rosewood Day-sweater en een rode sportbroek uit de kofferbak van zijn auto. 'Een Eagle-scout is altijd overal op voorbereid,' verklaarde hij.

Toen bracht hij haar naar de leeszaal van Hollis College, een paar straten van het planetarium, om zich om te kleden. Dit was een grote ruimte in een negentiende-eeuws huis, die volledig was ingericht voor lezen en relaxen. Het rook er naar pijptabak en oude leren boekbanden en stond vol met allerlei boeken, kaarten, wereldbollen, encyclopedieën, tijdschriften, kranten, schaakborden, leren banken en knusse loveseats. Officieel was deze zaal enkel toegankelijk voor studenten en faculteitspersoneel, maar via de zij-ingang kwam je vrij gemakkelijk binnen.

Hanna sloot zich op in de piepkleine badkamer, trok haar gescheurde jurk uit en propte hem in de chromen afvalbak – wat nog niet zo makkelijk ging. Toen ze zijn kloffie aanhad, kwam ze weer naar buiten, plofte naast Lucas op de bank en... brak ineens. Alle snikken die ze al weken liep in te houden – misschien zelfs al jaren – kwamen er in één keer uit.

'Niemand zal me ooit nog aardig vinden,' zei ze met verstikte stem tussen het gesnotter door. 'En ik ben Mona voorgoed kwijt.'

Lucas streelde haar haar. 'Al goed, al goed. Die Mona verdient jou niet eens.'

Ze huilde tot haar ogen dik werden en haar keel prikte. Ten slotte legde ze haar hoofd op Lucas' borstkas, die steviger aanvoelde dan hij eruitzag. Zo lagen ze daar een hele poos samen te zwijgen.

'Waarom ging je eigenlijk naar dat feest?' vroeg Hanna na een tijdje. 'Ik dacht dat je niet was uitgenodigd.'

'Jawel, dat was ik wel,' zei Lucas en hij sloeg zijn ogen neer. 'Maar... ik was niet van plan om te gaan. Ik wilde niet dat jij je rot voelde omdat jij níét mocht komen en bracht de avond liever met jou door.'

Hanna voelde zich een beetje duizelig. 'Het spijt me,' zei ze zacht, 'dat ik ons pokerspel op het laatste moment heb afgezegd om naar dat stomme feest van Mona te gaan.'

'Al goed,' zei Lucas. 'Het maakt niet meer uit.'

Ze keek hem aan. Wat had hij toch een zachte blauwe ogen en schattige roze wangen. Maar háár maakte het wel uit – veel zelfs. Zij was de hele tijd maar bezig met perfectie – de perfecte outfit, de perfecte ringtone, haar lichaam in perfecte conditie, de perfecte hartsvriendin, de perfecte vriend – maar wat hád ze daar uiteindelijk aan? Misschien was Lucas wel perfect, alleen op een andere manier. Hij gáf tenminste om haar.

Ze wist achteraf niet precies meer hoe het was gebeurd, maar opeens zaten ze op een van de gebarsten leren loveseats en zat ze bij Lucas op schoot. Gek genoeg was ze helemaal niet bang dat ze met haar gewicht zijn benen brak. Vorige zomer had ze – als voorbereiding op haar reisje met Seans familie naar Cape Cod – wekenlang niets anders gegeten dan grapefruits met cayennepeper en had ze zich in bikini nooit door Sean laten aanraken, bang dat hij haar maar een drilpudding zou vinden. Maar bij Lucas maakte ze zich daar helemaal niet druk over.

Ze bewoog haar gezicht naar Lucas toe; hij kwam ook dichterbij. Ze voelde zijn lippen op haar kin, bij de zijkant van haar mond en toen op haar mond zelf. Ze voelde haar hart bonzen. Zijn lippen waren als een fluistering tegen de hare. Toen trok hij haar tegen zich aan. Haar hart reageerde zo opgewonden dat ze bijna vreesde dat het zou barsten. Lucas hield haar hoofd in zijn beide handen en kuste haar oren. Hanna giechelde.

'Wat is er?' zei Lucas en hij trok zich terug.

'Niets,' antwoordde Hanna met een grijns. 'Ik weet niet, dit is gewoon leuk.'

En dat wás het ook. Dit leek in niets op de ernstige, gewichtige vrijpartijen met Sean – waarbij ze zich soms had gevoeld alsof een panel van juryleden elke kus punten toekende. Lucas was slordig, nat en hyperenthousiast, als een jonge labrador. Soms pakte hij haar stevig vast en kneep haar bijna fijn; op een gegeven moment begon hij haar te kietelen, net zolang tot ze krijsend van de bank rolde.

Uiteindelijk lagen ze op een van de banken. Lucas lag bovenop en liet zijn handen over haar blote buik dwalen. Toen trok hij zijn shirt uit en drukte zijn borstkas tegen de hare. Na een tijdje hielden ze weer op en lagen wat gelukzalig te zwijgen. Hanna liet haar ogen langs de boeken, schaaksets en bustes van beroemde schrijvers dwalen. Opeens vloog ze overeind.

Er stond iemand door het raam te gluren!

'Lucas!' Ze wees naar een donkere gedaante, die zich richting de zij-ingang bewoog.

'Geen paniek,' zei Lucas, terwijl hij zich voorzichtig van de bank liet glijden en naar het raam begon te sluipen. De struiken ruisten, een sleutel werd omgedraaid. Hanna kneep in Lucas' arm.

Het was vast A!

'Lucas...'

'Ssst!' Nog een klik, een klink die naar beneden ging: er kwam iemand binnen! Lucas luisterde, met zijn hoofd aandachtig schuin. Er klonken voetstappen achter in de gang. Hanna deed een stap naar achteren. De vloer kraakte, de voetstappen kwamen dichterbij.

'Hallo?' Lucas greep zijn shirt en trok het achterstevoren aan. 'Wie is daar?'

Er kwam geen antwoord – alleen meer geknars. Er gleed een schaduw over de muur.

Hanna keek om zich heen en pakte het grootste voorwerp dat ze zag: een *Boerenalmanak* uit 1972. Opeens werd het licht aangeknipt. Met een kreet tilde Hanna de almanak boven haar hoofd.

Voor hen stond een oudere man met een baard, een kleine bril met een metalen montuur en een corduroy jack. Hij stond met zijn handen boven zijn hoofd.

'Ik ben van de geschiedenisafdeling!' stamelde hij. 'Ik kon niet slapen, dus kwam ik hier wat lezen...' Hij keek Hanna eigenaardig aan. Ze realiseerde zich dat de hals van Lucas' sweater scheef hing, zodat een van haar schouders bloot was.

Haar hart begon weer wat te kalmeren. Ze legde het boek terug op tafel. 'Sorry,' zei ze. 'Ik dacht...'

'Eh, wij moesten maar eens gaan,' zei Lucas en hij stapte om de oude man heen en sleurde Hanna door de zijdeur mee naar buiten. Toen ze naast de ijzeren toegangspoort van het huis stonden, begon hij te giechelen.

'Zag je die vent zijn gezicht?' bulderde hij. 'Hij was als de dood!'

Hanna probeerde met hem mee te lachen, maar ze was nog te geschrokken. 'Kom, we gaan,' fluisterde ze met trillende stem. 'Ik wil naar huis.'

Lucas liep met haar mee naar de parkeerwacht van Mona's feest. Hanna gaf het kaartje van haar Prius af. Nadat de parkeerwacht haar auto had voorgereden, liet ze hem eerst door Lucas controleren, om zich ervan te verzekeren dat er niemand op de achterbank lag. Toen ze eenmaal veilig in haar auto zat, met de deur op slot, tikte Lucas tegen het raampje. Hij gebaarde dat hij haar morgen zou bellen. Toen keek Hanna hoe hij wegliep. Ze voelde zich tegelijkertijd opgewonden en afschuwelijk verward.

Ze reed de kronkelende oprijlaan van het planetarium af. Om de vijf, zes meter stond een reclamebord voor de nieuwe tentoonstelling. THE BIG BANG stond overal, met een tekening van een exploderend heelal.

Toen haar mobieltje begon te piepen, maakte ze zo'n sprong

van schrik dat haar autogordel blokkeerde. Ze stopte bij een bushalte en trok de telefoon met trillende vingers uit haar tas. Ze had een nieuwe sms.

Oeps, het was zeker toch geen lipo! Geloof niet alles wat je hoort!
–A

Ze keek naar buiten. In de buurt rond het planetarium was alles rustig. Alle oude huizen zaten potdicht en er was niemand op straat. Er stak een bries op. Een vlag op een victoriaanse veranda begon te klapperen, een pompoenvormige bladerzak op een oprit waaide om.

Hanna keek nog eens naar het sms'je. Hé, wat gek! A's laatste bericht kwam niet, zoals anders, van 'nr. onderdrukt', maar van een echt telefoonnummer. En ook nog eentje dat begon met 610: het netnummer van Rosewood.

Het kwam haar bekend voor, hoewel ze nooit telefoonnummers onthield. Ze had al in de brugklas een mobieltje gekregen en belde sinds die tijd alleen nog via het lijstje dat daarin stond. Maar toch... er wás iets met dit nummer...

Toen sloeg ze haar hand voor haar mond en fluisterde: 'O, mijn god.' Ze dacht diep na. Kon dit werkelijk kloppen?

Hanna wist opeens wie A was.

34

HET LIGT VLAK VOOR JE NEUS

'Nog wat koffie?' Een serveerster die rook naar gegrilde kaas en die een heel grote moedervlek op haar kin had, zwaaide met een koffiekan.

Aria keek naar haar bijna lege mok. Haar ouders zouden waarschijnlijk zeggen dat deze koffie tjokvol kankerverwekkende stoffen zat, maar wat wisten díé er nou van? 'Graag,' antwoordde ze.

Jazeker, zover was het dus gekomen. Hier zat ze dan, op een bankje in een restaurant vlakbij Ezra's appartement in Old Hollis, omringd door al haar wereldse goederen – haar laptop, haar fiets, haar kleren, haar boeken. En ze kon nergens naartoe: niet naar Sean, niet naar Ezra en zelfs niet naar haar eigen familie. Dit restaurant was het enige dat nog open was – de 24-uurs Taco Bell niet meegerekend, wat een echte junkiehangplek was.

Ze staarde naar haar Treo en overdacht haar mogelijkheden. Ze koos ten slotte voor haar thuisnummer. De telefoon ging zesmaal over, voordat het antwoordapparaat opnam: 'Bedankt dat u de familie Montgomery hebt gebeld,' klonk Ella's stem opgewekt. 'Wij zijn op dit moment niet thuis...'

Alsjeblieft zeg! Waar zou ze nou zijn – op een zaterdagavond na middernacht? 'Mam, neem eens op,' zei Aria, nadat het apparaat zijn piepje had laten horen. 'Ik weet dat je thuis bent.' Nog niets. Ze zuchtte. 'Moet je horen, ik móét vanavond wel naar huis komen. Het is uit met mijn vriend en ik kan nergens anders heen. Ik zit hier in een restaurant... dakloos.'

Ze zweeg weer even, in de hoop dat haar moeder nu zou opnemen. Maar dat deed ze niet. Aria kon zich helemaal voorstellen hoe ze boven de telefoon hing te luisteren. Of misschien deed ze dat ook niet: misschien had ze haar stem gehoord en was meteen de trap weer opgeklommen, naar haar bed. 'Mam... ik ben in gevaar,' zei ze smekend. 'Ik kan het nu niet uitleggen, niet precies, maar ik ben... ik ben bang dat me iets zal overkomen.'

Piep – de maximale spreektijd was bereikt. Aria liet haar telefoontje op het formica tafelblad vallen. Ze kon natuurlijk meteen nog een keer bellen, maar wat had dat voor zin? Ella's stem echode nog steeds in haar hoofd: *Ik kan je even niet meer zíén!*

Toen viel haar opeens iets anders in. Traag pakte ze haar Treo en scrollde door haar oude sms'jes. Ja hoor: Byrons berichtje plús zijn nummer stond er ook nog tussen. Ze haalde diep adem en toetste het nummer in. Met een slaperige stem nam haar vader op.

'Hoi, met Aria,' zei ze zacht.

'Aria?' herhaalde Byron. Hij klonk verbluft. 'Het is twee uur 's nachts!'

'Weet ik.' De jukebox in het restaurant wisselde van muziekje; de serveerster stond te knoeien met twee halflege ketchupflessen; de laatste klanten stonden op, zwaaiden haar gedag en duwden tegen de deur, die met een vrolijk gerinkel weer sloot.

Byron verbrak de stilte tussen hen. 'Nou, leuk om weer eens van je te horen...'

Aria trok haar knieën op tot haar borst. Ze wilde haar vader eigenlijk vertellen dat hij alles had verpest, door haar te dwingen zijn geheim te bewaren, maar ze was te moe om ruzie te gaan maken. Bovendien... een deel van haar miste Byron gewoon vreselijk. Hij was immers haar vader, de enige die ze had. Hij was degene die die slang had weggejaagd die op die wandeling naar de Grand Canyon ineens voor haar voeten was gekronkeld. Hij was degene die in groep 7 met haar tekendocent, meneer Cunningham, was gaan praten toen deze haar een onvoldoende had gegeven voor een zelfportret, enkel omdat ze zichzelf met gifgroene schubben en een gespleten tong had getekend. 'Die leraar van jou begrijpt gewoon niks van postmodern expressionisme,' had hij gezegd toen hij zijn jas pakte om de strijd aan te binden. En Byron had haar altijd opgepakt, over zijn schouder gegooid, naar boven gedragen en ingestopt. Dat miste ze. Sterker nog: ze had het nodig. Ze wilde haar vader zeggen dat ze in gevaar was en dat hij dan zou antwoorden: 'Ik bescherm je wel.' Want dat zou hij toch, nietwaar?

Maar toen hoorde ze een stem op de achtergrond. 'Alles goed, Byron?'

Aria's stekels kwamen overeind. Meredith!

'Ja ja, één seconde,' antwoordde Byron.

Aria hád het niet meer. Een seconde? Meer had hij niet over voor dit gesprek? Daar was zijn stem weer: 'Aria? Eh... wat is er precies aan de hand?'

'Laat maar,' zei ze met een ijzige stem. 'Ga maar weer slapen... of wat je ook aan het doen was.'

'Aria...' begon Byron.

'Ik meen het: ga maar gauw,' zei Aria stijfjes. 'Vergeet maar dat ik je gebeld heb.'

En ze drukte het gesprek weg en legde haar hoofd op tafel. Ze deed haar best om kalm in en uit te ademen en aan rustige dingen te denken, zoals de zee, een zomers fietstochtje of het breien van een sjaal.

Een paar minuten later realiseerde ze zich toen ze om zich heen keek, dat ze de enige klant was. Alle gescheurde, verbleekte krukken aan de bar waren verlaten; alle banken en tafels waren schoongeveegd en leeg. Op een warmhoudplaatje achter de bar stonden nog twee kannen vol koffie en op het scherm van de kassa stond nog WELKOM maar alle serveersters en koks waren verdwenen. Het was net zo'n horrorfilm, waarin de hoofdpersoon opeens opkijkt en ontdekt dat iedereen om hem heen dood is.

Ali's moordenaar is dichterbij dan je denkt.

Waarom vertélde A haar niet gewoon wie de moordenaar was? Ze was het zat om voor Scooby-Doo te spelen! Ze dacht terug aan die droom waarin een bleke, spookachtige Ali voor haar lens was gaan staan. 'Kijk dan!' had zij gegild. 'Het ligt vlak voor je neus! Het lígt er gewoon!' Maar wát dan? Wat had ze over het hoofd gezien?

De serveerster met de moedervlek kwam achter de bar vandaan en keek Aria aan. 'Wil je soms een stukje taart? De appeltaart is best te eten. Van het huis.'

'N-nee, dank u,' stamelde Aria.

De serveerster leunde met haar brede heup tegen een van de roze krukken voor de bar. Ze had van dat donkere krulhaar dat er altijd uitzag alsof het nat was. 'Heb je gehoord over die stalker?'

'Mm-mm,' antwoordde Aria.

'Weet je wat ík heb gehoord?' zei de vrouw. 'Dat het om een ríjk joch gaat.' Toen Aria niet reageerde, ging ze maar een reeds schone tafel boenen.

Aria knipperde een paar maal met haar ogen. *Kijk dan goed*, had Ali gezegd. Ze trok haar laptop uit haar tas en klapte hem open. Het duurde even voor hij was opgestart en nog wat langer voor ze de map had gevonden waarin ze haar oude filmpjes bewaarde. Het was ook al zo lang geleden dat ze daarnaar had gezocht! Toen ze hem eindelijk had, zag ze dat ze haar files niet erg handig had gelabeld. Ze zag allemaal titels als: 'Met zijn vijven, nr. 1' of: 'Ali en ik, nr. 6' en de data waren niet van de dag van opname, maar van de laatste keer dat ze waren bekeken. Hoe vond ze nu dat filmpje dat naar de pers was gelekt? Het enige wat ze kon bedenken, was ze een voor een openen.

Ze klikte op een willekeurig filmpje, dat was getiteld: 'Miauw!' Aria, Ali en de rest zaten op Ali's slaapkamer en probeerden Ali's Perzische kat Charlotte een handgebreide trui aan te trekken. Al giebelend staken ze haar poten door de armsgaten.

Vervolgens bekeek ze een filmpje dat 'Gevecht nr. 5' heette. Maar er kwam iets heel anders dan je bij zo'n titel zou verwachten. Zij, Ali en de rest maakten chocoladekoekjes. Het eindigde in een voedselgevecht, waarbij het deeg door de keuken van Hanna's ouders vloog. In weer een ander filmpje speelden ze tafelvoetbal samen op de tafel bij Spencer in de kelder.

Pas bij de volgende MPEG, simpelweg DQ geheten, viel haar iets op.

Te oordelen naar Ali's kapsel en hun gloednieuwe mooiweerkleren, was dit filmpje van een paar weken voordat Ali zoekraakte. Aria had ingezoomd op Hanna, die in een recordtempo een mega-ijsje naar binnen zat te werken. Ineens hoorde je Ali op de achtergrond kokhalsgeluiden maken. Hanna hield meteen op met eten; alle kleur trok weg uit haar gezicht. Ali grinnikte luid. Niemand leek dit verder te zijn opgevallen.

Een vreemd gevoel maakte zich van Aria meester. Ze had weleens geruchten gehoord over dat Hanna boulimia zou hebben. Het leek haar wel iets dat A – en Ali – zou kunnen weten.

Ze klikte een ander filmpje open. Ze zaten met zijn allen wat te zappen bij Emily thuis. Ali stopte bij een verslag van de Gay Pride-parade, eerder die dag in Philadelphia. Ze draaide zich naar Emily toe en gniffelde: 'Ziet er lekker uit, hè Em?' Emily werd knalrood en trok de capuchon van haar sweatshirt over haar hoofd. Geen van de anderen verblikte of verbloosde.

Nog eentje. Hij duurde maar zestien seconden. Ze lagen met zijn vijven te luieren bij Spencers zwembad, allemaal met een gigantische Gucci-zonnebril op hun neus (of, in het geval van Emily en Aria, een goedkope kopie). Ali kwam overeind en trok haar zonnebril over haar neus naar beneden. 'Hé Aria,' zei ze plots. 'Wat doet jouw vader eigenlijk als hij een sexy leerlinge in zijn klas krijgt?'

Dat was het eind van de clip. Aria herinnerde zich die dag nog heel goed: het was kort nadat zij en Ali Byron en Meredith hadden zien zoenen in haar vaders auto. Ali begon steeds vaker te dreigen dat ze het de rest ging vertellen.

Jazeker, Ali kende al hun geheimen... en had hen er allemaal mee getart en getreiterd. Al die tijd had het vlak voor hun neus gelegen. Maar ze hadden het niet gezien. Ali wist alles... van hun allemaal... en nu wist A het ook.

Maar... wat was Spencers geheim dan?

Aria klikte nog een filmpje open. Ah, daar had je eindelijk de overbekende scène! Daar zat Spencer op de bank, met die rare kroon op haar hoofd. 'Willen jullie haar sms'jes ook lezen?' Ze wees naar Ali's LG, tussen de zitkussens van de bank.

Spencer klapte Ali's telefoontje open. 'Mmm... beveiligd.'

'Weet jij haar code?' hoorde Aria haar eigen stem vragen.

'Wat dacht je van haar geboortedatum?' fluisterde Hanna.

'Zaten jullie soms in mijn mobieltje te gluren?' gilde Ali.

De telefoon viel weer op de bank. Meteen daarna liepen Spencers oudere zus Melissa en haar vriend Ian door het beeld. Ze glimlachten allebei in de camera. 'Ha meiden,' zei Ian. 'Wat zijn jullie aan het doen?'

Spencer knipperde met haar ogen; Ali keek verveeld. De camera zoomde even in op haar gezicht en ging toen naar het dichtgeklapte telefoontje.

'O, da's dat filmpje dat ik op het nieuws heb gezien,' klonk het ineens achter Aria. De serveerster stond geleund tegen de bar haar nagels te vijlen met een Tweety-vijl.

Aria zette het filmpje op pauze en draaide zich om. 'Pardon?'

De serveerster bloosde. 'Oeps... als het zo doodstil is, verander ik weleens in mijn boze tweelingzus, de luistervink. Ik wilde niet op je laptop gluren, hoor. Maar och, die arme jongen...'

Aria keek haar niet-begrijpend aan. Ze zag nu pas op het naambordje van de serveerster dat zij ook Alison heette – zelfde spelling en alles. 'Arme jongen? Welke arme jongen?' vroeg ze.

Alison wees naar het computerscherm. 'Niemand heeft het ooit over dat vriendje van d'r. Zijn hart moet toch gebroken zijn.'

Verbijsterd staarde Aria naar het scherm. Ze tikte op de stilstaande Ian. 'Dat is haar vriendje niet. Hij hoort bij het meisje in de keuken, die net niet in beeld is.'

'Niet?' Alison trok haar schouders op en begon de bar nog

maar eens schoon te vegen. 'O... zoals ze daar samen zaten... heb ik dat gewoon altijd aangenomen.'

Aria wist niet wat ze moest zeggen. Beduusd bekeek ze het filmpje nog eens vanaf het begin. Zij en haar vriendinnen die Ali's telefoon probeerden te hacken, Ali die terugkwam, Melissa en Ian die glimlachten, dat artistieke shot van de gesloten telefoon, EINDE.

Toen startte ze het filmpje nog eens – maar ditmaal op halve snelheid. Spencer die traag haar kroon rechtzette... Ali's mobieltje in beeld... Ali die terugkwam... Elke gezichtsuitdrukking was loom en verwrongen; en in plaats van door het beeld te hóllen, sjokte Melissa.

Maar toen viel haar ineens iets op, in een hoek van het scherm: een deel van een kleine, slanke hand – die van Ali. Vervolgens kwam er een andere hand bij – groter, mannelijk. Aria verlaagde de afspeelsnelheid nog wat. Een paar maal botsten de grote en de kleine hand... en toen haakten de pinken in elkaar.

Aria hapte naar adem.

De camera zwaaide omhoog naar Ian, die naar iets buiten beeld keek. Rechts in beeld stond Spencer hunkerend naar hem te kijken – zonder te weten dat Ian en Ali elkaar intussen stiekem aanraakten. Het gebeurde allemaal in een flits. Maar nu Aria het eenmaal had gezien, was het overduidelijk.

Iemand wilde iets van Ali. Haar moordenaar is dichterbij dan je denkt.

Aria voelde zich draaierig. Ze wisten allemaal dat Spencer gek op Ian was. Ze had het constant over hem: dat haar zus hem niet verdiende, dat hij zo grappig was, dat hij zo schattig was als hij 's avonds met hun mee at. En ze hadden zich allemaal afgevraagd of Ali soms een groot geheim had. Dít zou dat geheim weleens kunnen zijn! Ali had het Spencer vast verteld. En Spencer had het niet aangekund.

Aria legde nog meer puzzelstukjes op de juiste plek. Ali was uit Spencers woonschuur gevlucht... en was niet veel verder gevonden – in een gat in haar eigen achtertuin. Spencer wist dat de bouwvakkers dat gat de volgende dag met beton zouden komen vullen. In A's bericht had gestaan: *Jullie allen kenden elke vierkante centimeter van haar achtertuin. Maar voor één van jullie was het o zo gemakkelijk.*

Aria bleef een paar tellen roerloos zitten. Toen pakte ze haar telefoon en toetste Emily's nummer in. Hij ging zes keer over voor ze opnam: 'Hallo?' Haar stem klonk alsof ze had liggen huilen.

'Heb ik je wakker gemaakt?' vroeg Aria.

'Nee, ik lag er nog niet in.'

Aria fronste haar voorhoofd. 'Gaat het wel met je?'

'Nee.' Emily's stem brak. Aria hoorde haar snuffen. 'Mijn ouders gaan me wegsturen. Ik vertrek morgenochtend uit Rosewood. Met dank aan A...'

Aria leunde achterover. 'Wát? Hoezo dan?'

'Ach, het heeft niet eens zin om het er nog over te hebben,' klonk Emily verslagen.

'Ik moet je zien,' zei Aria. 'Nu meteen.'

'Heb je dan niet gehoord wat ik zei? Ik word gestraft, heftiger dan ooit.'

'Maar je móét komen.' Aria draaide zich om, om te voorkomen dat de serveerster opving wat ze te zeggen had. 'Ik denk dat ik weet wie Ali heeft vermoord.'

Stilte. 'Nee, dat kan niet,' zei Emily toen.

'En toch is het zo. We moeten Hanna ook bellen.'

Er klonk wat gerommel aan Emily's kant van de lijn. Na een korte onderbreking keerde haar stem terug. 'Aria,' fluisterde ze, 'ik krijg net nog een telefoontje: Hanna.'

Aria huiverde. 'Zet haar op de conferentiestand!'

Er klonk een klik en toen hoorde ze Hanna's stem: 'Jongens...' zei ze. Ze klonk buiten adem en het was een slechte verbinding – alsof ze boven een ventilator uit moest praten. 'Dit gaan jullie niet geloven: A heeft een foutje gemaakt! Althans, dat dénk ik. Ik kreeg een sms'je van een bepaald nummer... en opeens wíst ik wiens nummer het was en...'

Op de achtergrond klonk een claxon. 'Kom gauw naar onze plek,' zei Hanna. 'De schommels van Rosewood Day.'

'Oké,' hijgde Aria. 'Emily, kun jij mij oppikken bij de Hollis Diner?'

'Tuurlijk,' fluisterde Emily.

'Mooi,' zei Hanna. 'Opschieten dan!'

35

FLUISTERINGEN UIT HET VERLEDEN

Spencer sloot haar ogen. Toen ze ze weer opende, stond ze buiten de woonschuur in hun achtertuin. Ze keek om zich heen. Was ze hier soms naartoe getóverd? Of was ze hierheen gerend zonder dat ze zich dat herinnerde?

Opeens vloog de schuurdeur open en stormde Ali naar buiten. 'Mij best!' riep ze over haar schouder, blakend van zelfvertrouwen. 'Ik zie je!' En toen liep ze Spencer straal voorbij – alsof ze een spook was.

Het was weer die avond dat Ali zoekraakte. Spencers ademhaling versnelde. Ze wilde hier eigenlijk helemaal niet zijn, maar ze wist dat ze dit alles móést zien – om zich weer zoveel mogelijk te kunnen herinneren.

'Prima, hoor!' hoorde ze zichzelf vanuit de woonschuur roepen. Maar terwijl Ali het pad af rende, vloog een jongere, kleinere Spencer de veranda op. 'Ali!' gilde de dertienjarige, wild om zich heen kijkend.

En toen was het plots alsof de zeventienjarige en de dertienjarige Spencer samensmolten: ze voelde ineens alle emoties van haar jongere ik. Zoals angst: wat had ze gedaan; ze had Ali gezegd op te rotten! En paranoia: niemand van hen had Ali ooit uitgedaagd. En nu was Ali kwaad op haar. Wat moest ze doen?

'Ali!' gilde ze. De kleine, pagodevormige lantaarns langs het pad naar het grote huis gaven akelig weinig licht af. Er leek iets te bewegen in het bos. Jaren geleden had Melissa haar wijsgemaakt dat er boze trollen in de bomen woonden; trollen die Spencer haatten en haar haar wilden afhakken...

Ze liep naar de plek waar het pad zich splitste: naar het huis of naar het bos achter de tuin. Ze wou dat ze een zaklamp had meegenomen! Er vloog een vleermuis op uit de bomen. Toen ze hem nakeek, zag ze een eind verderop op het pad, vlak bij de bomenrand, iemand over zijn mobieltje gebogen staan. Ali!

'Wat doe je?' riep Spencer.

Ali kneep haar ogen tot spleetjes. 'Ik ga ergens naartoe waar het veel cooler is dan bij jullie.'

Spencer verstrakte. 'Oké,' zei ze trots. 'Ga dan!'

Ali nam een uitdagende houding aan. De krekels sjirpten zeker twintig keer voor ze haar mond weer opendeed: 'Jij probeert altijd alles van mij af te pakken. Maar dit krijg je niet!'

'Wát niet?' zei Spencer, rillend in haar dunne shirtje.

Ali lachte vals. 'Dat weet je wel.'

Spencer knipperde met haar ogen. 'Nee... dat weet ik niet.'

'Ah, kom op. Dat heb je toch in mijn dagboek gelezen, is het niet?'

'Ik zou dat stomme dagboek van jou nooit lezen,' siste Spencer. 'Dat interesseert me geen klap.'

'Ja ja.' Ali deed een stap in Spencers richting. 'Dat interesseert jou juist veel te veel.'

'J-je ziet spoken,' sputterde Spencer.

'Ikke niet...' Ali stond nu vlak voor haar. 'Jíj!'

Toen borrelde er opeens zo'n felle razernij in Spencer omhoog dat ze Ali een enorme duw tegen haar schouder gaf – zo hard dat Ali achteruit wankelde en haar grip op de bedauwde tegels van het pad verloor. De oudere Spencer kromp ineen. Ze voelde zich als een soort pion die in een wilde achtbaanrit werd meegesleurd. Even trok er een verbaasde blik over Ali's gezicht, maar die veranderde algauw in sarcasme: 'Vriendinnen duwen elkaar niet.'

'Nou, misschien zijn wij dan wel geen vriendinnen,' zei Spencer.

'Dat moet dan wel,' zei Ali. Haar ogen vlogen druk heen en weer. Aan haar mondhoeken was al te zien dat ze iets heel smeuigs ging zeggen. Ze laste een lange pauze in voor ze haar mond weer opende, alsof ze haar woorden heel zorgvuldig afwoog. Hou vol, moedigde Spencer zichzelf aan. Herinner het je!

'Jij vindt dat gezoen met Ian zo bijzonder,' gromde Ali toen. 'Maar weet je wat hij mij heeft verklapt? Dat je niet eens wist hoe het moest!'

Spencer keek naar Ali's gezicht. 'Ian? Wacht eens even... wát heeft Ian jou verteld? Wanneer dan?'

'Toen wij samen op stap waren.'

Spencer staarde haar aan.

Ali rolde met haar ogen. 'Ach, je doet wel zo duf, alsof je niet weet dat wij een stel zijn. Maar dat weet je natuurlijk wel, Spence! Da's precies waarom je hem zo leuk vond, toch? Omdat ík iets met hem had, omdat je zus iets met hem had.' Ze haalde haar schouders op. 'De enige reden dat hij jou toen zoende, was omdat ík hem dat had gevraagd. Hij wilde het helemaal niet, maar ik heb het hem gesmeekt.'

Spencers blik aarzelde. 'Waarom dan?'

Ali trok nogmaals haar schouders op. 'Ik wilde weten of hij echt alles voor mij overhad.' Ze trok een pruilgezicht. 'O, Spence... dacht je werkelijk dat hij je leuk vond?'

Spencer deed een stap naar achteren. Vuurvliegjes trokken dunne lichtsporen in de lucht. Er hing een valse glimlach rond Ali's lippen. Nee! Doe het niet! schreeuwde Spencer tegen zichzelf. Alsjeblieft! Het is niet belangrijk! Doe het nou niet!

Maar het gebeurde toch. Spencer kwam naar voren en duwde Ali opnieuw – zo hard als ze kon. Ali gleed achterover, haar ogen groot van schrik... en viel recht op de stenen muur rond het terrein van de familie Hastings. Er klonk een afschuwelijke *krak!* Spencer sloeg haar handen voor haar gezicht en wendde zich af. De lucht rook metalig, naar bloed. Hoog in de bomen krijste een uil.

Toen ze haar handen weer weghaalde, was ze terug in haar slaapkamer, waar ze opgekruld op haar bed lag te gillen.

Ze kwam overeind en keek op de klok. Halfdrie in de ochtend. Haar hoofd bonkte. Alle lichten in haar kamer waren nog aan, ze lag boven op de dekens en droeg nog steeds haar zwarte feestjurk met de Elsa Peretti-zilverenboontjesketting. Ze had niet eens haar gezicht gewassen of de honderd slagen met haar haarborstel gemaakt – haar vaste rituelen voor ze ging slapen. Ze wreef over haar armen en benen. Er zat een paarsige vlek op haar bovenbeen. Toen ze erop drukte, deed hij pijn.

Ze sloeg een hand voor haar mond. Die herinnering! Ze wist onmiddellijk dat alles ervan waar was. Ali had iets met Ian gehad. En zij was het allemaal vergeten: dat was het deel van die avond dat ze was kwijtgeraakt!

Ze liep naar haar slaapkamerdeur, maar de klink wilde niet naar beneden. Haar hart begon te bonzen. 'Hallo?' riep ze voorzichtig. 'Is daar iemand? Ik zit opgesloten!'

Er kwam geen antwoord.

Ze voelde dat haar pols begon te versnellen. Er was iets heel erg mis, dat voelde ze gewoon. Een deel van de afgelopen avond drong zich weer aan haar op: het potje scrabble... LIAR SJH... A, die Melissa een deel van het Gouden Orchidee-essay had gestuurd... En toen? Ze legde haar handen rond haar hoofd, alsof ze de herinnering probeerde los te wrikken. Wat toen?

Opeens had ze haar ademhaling niet meer onder controle. Ze begon hevig te hyperventileren en zakte op haar knieën op het ivoorkleurige vloerkleed. Kalm nou, zei ze tegen zichzelf, terwijl ze zich als een bal oprolde en rustig probeerde in en uit te ademen. Maar het voelde alsof haar longen waren gevuld met piepschuimen pinda's; ze voelde zich alsof ze verdronk. 'Help!' riep ze zwakjes.

'Spencer?' klonk haar vaders stem aan de andere kant van de deur. 'Wat is er aan de hand?'

Ze sprong meteen op en rende naar de deur. 'Pappa? Ik zit opgesloten! Laat me eruit!'

'Spencer, je zit daar voor je eigen bestwil. Je hebt ons allemaal erg bang gemaakt.'

'Bang gemaakt?' vroeg Spencer. 'H-hoe dat dan?' Ze keek naar zichzelf in de passpiegel op haar slaapkamerdeur. Ja, ze was het nog steeds zelf. Ze was niet in iemand anders' leven wakker geworden.

'We hebben Melissa naar het ziekenhuis gebracht,' zei haar vader.

Alles begon ineens te tollen. Melissa? Ziekenhuis? Hoezo? Spencer sloot haar ogen en in een flits zag ze Melissa de trap af tuimelen. Of was het Ali die viel? Haar handen begonnen te trillen. Ze wist het gewoon niet meer. 'Is alles goed met haar?'

'Dat hopen we. Blijf jij maar even daar,' zei haar vader op de gang. Hij klonk behoedzaam. Misschien was hij wel bang voor haar; misschien kwam hij daarom niet binnen.

Ze ging op haar bed zitten en staarde een hele poos als verdoofd voor zich uit. Hoe kón het dat ze zich dit niet herinnerde? Hoe kón het dat ze zich niet herinnerde dat ze Melissa had verwond? Stel dat ze heel veel gruwelijke dingen deed... en ze het volgende moment alweer had uitgewist?

Ali's moordenaar staat recht voor je, had A gezegd – net toen zij in de spiegel keek. Kon dat werkelijk waar zijn?

Op het bureau begon opeens haar mobieltje te rinkelen. Spencer stond traag op om op het schermpje van haar Sidekick te kijken. Hanna.

Ze klapte het telefoontje open en drukte het tegen haar oor.

'Spencer?' riep Hanna meteen. 'Ik weet iets! Je moet naar me toe komen.'

Spencers maag trok zich samen; haar hoofd begon weer te tollen. *Ali's moordenaar staat recht voor je.* Zíj had Ali vermoord, ze had Ali níét vermoord... Het was net als met van die bloemblaadjes: hij houdt van me, hij houdt niet van me... Misschien moest ze toch maar naar Hanna toe en... En dan? Bekennen?

Nee! Het kón niet waar zijn! Ali was gevonden in een gat in haar eigen achtertuin... niet op het pad langs de stenen muur. Nou dan: zij had haar toch nooit helemaal naar hun achtertuin kunnen sjouwen? Daar was ze toch niet sterk genoeg voor? Ja, dat moest ze vertellen! Aan Hanna... en Emily... en Aria ook. Zij zouden haar zeggen dat ze gek was, dat zij Ali nooit kon hebben vermoord.

'Oké, zei Spencer schor. 'Waar?'

'Bij de schommels van de Rosewood Day-basisschool: onze plek. Kom zo snel als je kunt.'

Spencer keek om zich heen. Ze kon haar raam omhoogschuiven en langs de gevel van hun huis naar beneden klauteren – dat kon niet veel lastiger zijn dan de klimwand in de sportschool.

'Goed dan,' fluisterde ze. 'Ik kom eraan.'

36

STRAKS IS ALLES VOORBIJ

Hanna's handen trilden zo erg dat ze amper kon rijden. De weg naar de speeltuin van de Rosewood Day-basisschool leek donkerder en griezeliger dan anders. Ze maakte een slinger toen ze dacht iets voor de auto te zien wegschieten, maar toen ze in de achteruitkijkspiegel keek, zag ze niets. Er waren bijna geen tegenliggers, maar boven op een heuvel vlak bij de school reed er ineens iemand vlak achter haar. Ze voelde zijn koplampen haast branden tegen de achterkant van haar hoofd.

Rustig, zei ze tegen zichzelf. Die is jou heus niet aan het achtervolgen, hoor!

Haar hoofd tolde. Ze wíst nu wie A was. Maar... hoe kon het dat die A zoveel over haar wist... dingen die A met geen mogelijkheid kón weten? Misschien was die sms inderdaad een vergissing. Of misschien had A iemand anders' mobieltje gebruikt, om haar op een dwaalspoor te brengen.

Hanna was te overstuur om er fatsoenlijk over te kunnen nadenken. De enige gedachte die constant bovenkwam, was: het slaat nergens op, het slaat helemaal nergens op.

Ze wierp een blik in de achteruitkijkspiegel. Die auto was er nog steeds. Ze haalde diep adem en keek naar haar telefoontje. Misschien moest ze iemand bellen. Agent Wilden? Zou die hier op zulke korte termijn naartoe komen? Nou ja, hij wás politieagent... hij zou toch wel moeten? Ze stak haar hand net uit naar het mobieltje toen degene achter haar met zijn groot licht begon te knipperen. Moest ze aan de kant? Moest ze stoppen?

Hanna's vinger hing al boven de toetsen, klaar om het alarmnummer in te drukken. Maar toen haalde de auto haar opeens in. Het was een nietszeggend ding – een Toyota of zoiets – en door de donkere ramen kon ze de bestuurder niet zien zitten. Hij ging weer naar rechts en stoof toen weg: binnen enkele seconden waren zijn achterlichten al niet meer te zien.

De parkeerplaats bij de speeltuin van de Rosewood Day-basisschool was behoorlijk groot en werd gescheiden door een paar begroeide eilandjes vol bijna kale bomen, stekelig gras en bergen droge bladeren met die typische geur. Erachter stonden twee klimrekken, die werden verlicht door een felle lamp, waardoor het net skeletten waren. Hanna pikte een plekje in de zuidoosthoek van de parkeerplaats in – vlak bij het infoloket en de politietelefoon. Simpelweg dat woordje POLITIE te zien staan, gaf haar al een fijner gevoel. De anderen waren er nog niet, dus hield ze de ingang nauwlettend in de gaten.

Het was nu bijna drie uur. Hanna rilde in Lucas' sweater en voelde dat ze kippenvel op haar blote benen kreeg. Ze had eens ergens gelezen dat je om drie uur 's nachts in het diepste stadium van je REM-slaap verkeerde – dichter bij de dood kwam je niet. Wat ook betekende dat ze op dit moment maar niet op de hulp van veel inwoners van Rosewood moest rekenen: iedereen lag voor lijk in zijn bed... Het was zo stil dat ze de motor van haar auto heel langzaam tot rust hoorde komen, waarna haar eigen 'kalm-blijven-alsjeblieft'-ademhaling het overnam. Ze opende het portier en stapte naar buiten, op de gele lijn rond haar parkeerplek. Het leek wel een magische cirkel: als ze hierbinnen bleef, was ze veilig.

Ze komen zo, zei ze tegen zichzelf. Over enkele minuten was het allemaal voorbij. Niet dat ze wist wat er dán zou gebeuren. Geen flauw idee. Zo ver had ze nog niet vooruitgedacht.

Er verscheen een licht bij de ingang van de school. Hanna's hart maakte een sprongetje. De koplampen van een SUV gleden langs de bomen en draaiden langzaam de parkeerplaats op. Hanna kneep haar ogen tot spleetjes. Waren ze dat? 'Hallo?' riep ze zacht.

De SUV reed langs de noordkant van de parkeerplaats, langs het Kunstengebouw van de highschool, de studentenparkeerplaats en de hockeyvelden. Hanna begon met haar armen te zwaaien. Het móésten Emily en Aria wel zijn. Maar ze kon het niet zien: daarvoor waren de ruiten van de auto te donker.

'Hallo?' riep ze nog een keer. Geen antwoord.

Maar toen zag ze ineens nóg een auto de parkeerplaats op draaien en langzaam op haar afkomen. Toen ze Aria's hoofd uit het passagiersraampje zag steken, voelde ze een aangename, zoete opluchting door haar lichaam stromen. Ze wuifde en ging op hen af – eerst lopend, toen rennend, toen sprintend.

Ze was net midden op de parkeerplaats, toen Aria riep: 'Hanna, kijk uit!'

Hanna draaide haar hoofd naar links en haar mond viel nietbegrijpend open: de SUV kwam recht op haar af.

De banden piepten, ze rook verbrande rubber. Ze bevroor en wist even niet wat ze moest doen. 'Wacht!' hoorde ze zichzelf zeggen, turend naar de getinte voorruit van de SUV. Maar de auto bleef maar rijden, steeds harder ook nog. Lopen! beval ze haar benen, maar die leken wel cactussen, zo stijf en dor waren ze.

'Hanna!' gilde Emily. 'O, mijn god!'

In één tel was het gebeurd. Hanna besefte pas dat ze was geraakt toen ze door de lucht vloog... en ze besefte pas dat ze door de lucht had gevlogen toen ze op het wegdek landde. Er kraakte iets binnen in haar, gevolgd door hevige pijn. Ze wilde huilen, maar kon het niet. Alle geluiden kwamen ineens versterkt bij haar binnen: de bulderende motor van de auto, haar vriendinnen die als sirenes gilden... ja, zelfs het bloed dat haar hart door haar lichaam pompte, klonk nat.

Ze rolde haar hoofd opzij. Haar champagnekleurige enveloptasje was een paar meter verderop terechtgekomen; de inhoud lag ernaast – als confetti tijdens een feest. Daarna was de SUV er ook nog eens overheen gereden: haar mascara, haar autosleutels, haar kleine flesje Chloé-parfum en zelfs haar gloednieuwe BlackBerry waren verbrijzeld.

'Hanna!' gilde Aria. Het klónk alsof ze dichterbij kwam, maar Hanna kon haar hoofd niet omdraaien. En toen... werd alles wazig.

37

HET KON NIET ANDERS

'O, mijn god!' krijste Aria en ze hurkte samen met Emily neer bij Hanna's verdraaide lichaam. 'Hanna! O, mijn god! Hánna!' riepen ze door elkaar heen.

'Ze ademt niet meer,' jammerde Emily. 'Aria, ze ádemt niet meer!'

'Waar is je mobieltje?' vroeg Aria. 'Bel gauw 911!'

Met trillende handen trok Emily haar telefoon tevoorschijn. Hij glipte uit haar handen, schoof een eind over de parkeerplaats en kwam pas tot stilstand bij Hanna's geëxplodeerde tasje. Ze was steeds meer in paniek geraakt, vanaf het moment dat ze Aria had opgepikt en Aria haar alles had verteld: over A's cryptische boodschappen, over haar dromen, over Ali en Ian... en dat Spencer Ali moest hebben vermoord.

Eerst had Emily geweigerd het te geloven. Maar toen trok er achtereenvolgens een blik van afschuw en van besef over haar gezicht. Ze had Aria verteld dat Ali haar, niet lang voordat ze zoekraakte, had bekend dat ze iets met iemand had.

'En dat moet ze Spencer ook hebben verteld,' had Aria aangevuld. 'Misschien is dat wel waar al dat geruzie over ging, die weken voor het eind van dat schooljaar.'

'Met 911... om welk noodgeval gaat het?' hoorde Aria ineens door Emily's speaker.

'Mijn vriendin is zojuist aangereden!' jammerde Emily. 'Ik sta op de parkeerplaats van de Rosewood Day-school! We weten niet wat we moeten doen!'

Terwijl Emily de verdere bijzonderheden in haar telefoon gilde, legde Aria haar mond op Hanna's lippen en probeerde haar mond-op-mondbeademing te geven. Dat had ze in IJsland geleerd, maar ze wist niet meer of ze het wel goed deed. 'Kom op, Hanna: ademen!' huilde ze, knijpend in Hanna's neus.

'Blijft u aan de lijn tot de ambulance arriveert,' hoorde Aria de telefoniste van 911 zeggen. Emily zakte door haar knieën en aaide over Hanna's arm. Ze trok haar hand snel weer terug, alsof ze ergens bang voor was. 'O, mijn god... ga alsjeblieft niet dood...' Ze keek Aria aan. 'Wie kan dit gedaan hebben?'

Aria keek om zich heen. De schommels slingerden heen en weer op de wind, de vlaggen aan de vlaggenmast klapperden, het bos naast de speeltuin was donker en dicht. Opeens zag ze naast een boom iemand staan. Ze had vettig blond haar, droeg een korte zwarte jurk en haar gezicht had iets verwilderds, iets ontwrichts. Toen ze Aria recht aankeek, zette deze geschrokken een stap naar achteren. Spencer!

'Kijk daar!' siste Aria, wijzend in de richting van het bos. Maar net toen Emily haar hoofd oprichtte, verdween Spencer in de schaduwen.

Het gezoem deed haar schrikken. Het duurde even voordat Aria zich realiseerde dat het haar mobieltje was. Vervolgens begon een lampje op Emily's telefoon te branden. Op het schermpje stond: 1 nieuw bericht. Aria en Emily wisselden een vertrouwde, onbehaaglijke blik. Traag trok Aria haar Treo uit haar tas en keek naar het scherm. Emily boog zich naar haar toe om mee te kijken.

'Nee hè,' fluisterde Emily.

De wind ging abrupt liggen; de bomen stonden meteen doodstil, als standbeelden. In de verte klonken sirenes.

'O nee, alsjeblieft,' jammerde Emily. Het sms'je was maar vier huiveringwekkende woorden lang.

Zij wist te veel. –A

WAT HIERNA GEBEURT...

Oeps! Oké, dus ik heb een piepklein foutje gemaakt. Kan gebeuren. Ik heb een druk leven: dingen te doen, mensen te kwellen... Zoals vier mooie kleine ex-hartsvriendinnen.

Ja ja. Ik weet wel dat je van streek bent over Hanna. Pff. Stap daar maar gauw weer overheen. Ik ben mijn outfit voor haar begrafenis al aan het bedenken: keurig sober met een vleugje blits. Want denk je niet dat Hannaatje zou willen dat we in stijl om haar rouwden? Maar misschien loop ik wel op mezelf vooruit – onze Hanna hééft tenslotte wel iets met opstaan uit de dood...

Ondertussen blijft het voor Aria maar mislopen. Haar maatje zit in de gevangenis. Sean haat haar. Ze is dakloos. Wat moet zo'n meisje nou? Lijkt erop dat het tijd is voor een ander leven – nieuw huis, nieuwe vrienden, misschien zelfs een nieuwe naam. Maar pas op, Aria – zelfs als je nieuwe bv je werkelijke identiteit niet kent: met mijn ogen is niets mis! En je weet dat ik niets geheim kan houden.

En hoe zou 'gedetineerde' staan naast 'viceklassenvertegenwoordiger' op Spencers aanmeldingsformulier voor de universiteit? Want het ziet ernaaruit dat mejuffrouw Gouden Orchidee op het punt staat haar zachtgroene Lacoste-polo te verruilen voor zo'n ruwe oranje overall. Maar ja, Spencer heeft natuurlijk niet voor niets zo'n perfecte cijferlijst. Die heeft vast nog wel een paar trucjes achter de hand – zoals iemand anders de schuld van

Ali's dood in de schoenen schuiven. En weet je? Misschien heeft ze nog gelijk ook.

En Emily dan, op weg naar haar heilzame, Cheerio's-etende familie in Iowa? Ach, misschien blijkt dat niet eens zo erg; wordt ze een meidengekke-naald in die goeie ouwe seksueel gefrustreerde hooiberg, o zo ver van mijn nieuwsgierige blikken... Ha, had je gedroomd, meisje! Wat zal ze (hooi)balen als ze zich realiseert dat ze zich voor mij niet kán verstoppen. Jie-hááááá!

En ten slotte: met Hanna buiten dienst wordt het tijd dat ik een nieuw slachtoffer uitkies. Wie, vraag je je af? Nou, nieuwsgierig aagje, daar ben ik nog niet helemaal uit. Niet dat het moeilijk zal zijn: werkelijk iedereen in dit stadje heeft wel iets te verbergen. Jazeker, er schuilt zelfs een nog smeuïger geheim dan mijn identiteit onder Rosewoods glansrijke buitenkant – iets zo schokkend dat je het niet zou geloven als ik het je zou vertellen. Dus doe ik dat ook niet. Ha! Weet je, ik vind het best cool om mij te zijn...

Oké, gordels vast, meiden. Niets is zoals het lijkt.

Liefs!

A

DANKWOORD

Perfectie vond ik het lastigste Pretty Little Liars-boek tot nu toe, omdat er zoveel stukjes op exact de juiste plek terecht moesten komen om het allemaal te laten werken. Daarom wil ik alle secure lezers, plotbedenkers, tabellenmakers, woordschikkers en andere briljante mensen bedanken die mij hierbij hebben geholpen. Josh Bank en Les Morgenstern, die *Perfectie* door zijn eerste stadia heen hebben geholpen en dagen met mij hebben zitten delibereren hoe Spencer precies gek moest worden. Ik ben erg dankbaar dat ik jullie aan mijn zijde had. Die fantastische mensen van HarperCollins, Elise Howard en Farrin Jacobs, die zich over ettelijke concepten hebben gebogen en allerlei dingen opspoorden die ik constant over het hoofd zag. Lanie Davis van Alloy, die schitterende tabellen maakte, altijd en overal oproepbaar was en een onvermoeibare fan bleef. En, last but not least: mijn geduldige, ongelooflijk vakkundige en buitengewoon innovatieve redacteurs – Sara Shandler van Alloy en Kristin Marang van HarperCollins – wier enorme inzet heeft geholpen dit boek fris en helder te houden. Ik waardeer jullie allen, omdat jullie de hoofdpersonen zo goed kennen, net zo dol op deze reeks zijn als ikzelf en werkelijk geloven in het succes ervan. Het Pretty Little Liars-team – dat zijn wij! Misschien kunnen we een bowlingteam beginnen of een synchroonzwemteam, of misschien moeten we gewoon allemaal hetzelfde Lacoste-poloshirt gaan dragen...

Veel dank en liefs ook voor Nikki Chaiken, voor haar vakkundig advies bij de eerste concepten over Spencer en dokter Evans. En liefs voor mijn geweldige echtgenoot, Joel, voor zijn onderzoek naar wat voor soort vliegtuigen wordt ingezet bij het schrijven van boodschappen in de lucht en naar wat er bij een botsing precies met auto's gebeurt én die nog steeds elk concept van dit boek leest – verbluffend! Liefs ook voor al mijn geweldige vrienden en lezers, onder wie mijn fantastische ouders, Shep en Mindy (geen enkele poenige bar waar rode wijn wordt geschonken, is zonder een van jullie compleet), mijn lieve, loyale nicht Colleen (ook zonder jou is geen enkele poenige bar compleet) en mijn goede vriend Andrew Zaeh, die me zodra hij uit het vliegtuig was gestapt sms'te om me te vertellen dat hij iemand op zes kilometer hoogte in Pretty Little Liars had zien zitten lezen. En dank voor iedereen die van zich heeft laten horen, met bespiegelingen en vragen over deze reeks. Geweldig om te weten dat jullie er zijn! Jullie horen net zo goed bij het Pretty Little Liars-team.

En dank voor de maffe meid aan wie dit boek is opgedragen: mijn zus Ali! Omdat zij in niets lijkt op de Alison uit dit boek; omdat wij nog steeds uren kunnen kletsen over de magische wereld van pelikanen, uilen en wezens met vierkante koppen, die wij op ons zesde verzonnen; omdat zij niet boos wordt als ik toevallig eens haar Rock and Republics van $380 aantrek; en omdat in haar hals tatoeages erg goed staan – al vind ik toch dat ze had moeten kiezen voor het gezicht van een bepaalde man met een gigantische adelaar... Ali: dat is kwaliteit met een hoofdletter K en de beste zus die je je wensen kunt.

Lees ook de andere delen van de serie
PRETTY LITTLE LIARS!

PRETTY LITTLE LIARS 1: *Vriendschap*
ISBN 978 90 443 3603 0 * reeds verschenen

PRETTY LITTLE LIARS 2: *Vertrouwen*
ISBN 978 90 443 3626 9 * verschijnt september 2012

PRETTY LITTLE LIARS 4: *Waarheid*
ISBN 978 90 443 3628 3 * verschijnt mei 2013

PRETTY LITTLE LIARS 5: *Bedrog*
ISBN 978 90 443 3629 0 * verschijnt juli 2013

PRETTY LITTLE LIARS 6: *Moord*
ISBN 978 90 443 3630 6 * verschijnt juli 2013

PRETTY LITTLE LIARS 7: *Laster*
ISBN 978 90 443 3360 2 * reeds verschenen

PRETTY LITTLE LIARS 8: *Schuld*
ISBN 978 90 443 3615 3 * verschijnt mei 2013